연대하는 신체들과
거리의 정치

JUDITH
BUTLER

연대하는 신체들과 거리의

주디스 버틀러 지음 | 김응산·양효실 옮김

거리의 정치

JUDITH
BUTLER

집회의
수행성 이론을
위한 노트

창비

차례

일러두기
1. 외국의 인명과 지명 표기는 국립국어원 표기 원칙을 바탕으로 하되 현지 발음에 가
   깝게 표기했다.
2. 본문의 각주는 모두 옮긴이의 것이며, 미주는 원저자의 것이다.

들어가며

2010년 겨울 몇달간 지속된 이집트 타흐리르 광장(Tahrir Square)에서의 인민 봉기 이후 학자들과 활동가들은 공공집회의 형식과 그 효과에 대해 새로운 관심을 보여왔다. 공공집회라는 쟁점은 고대로 거슬러 올라가는 것이자 시의적절한 것이다. 갑자기 엄청난 수의 인민이 한데 모이는 것은 공포를 자아내는 동시에 희망의 근원이 되기도 한다. 군중의 집단행동이 가진 위험성을 두려워해야 할 이유가 충분한 것과 마찬가지로, 이를 예측 불가능한 집회가 가진 정치적 가능성과 구분해내야 할 이유 또한 충분하다. 어떤 면에서 민주주의 이론은 언제나 "군중"을 두려워해왔다. 심지어 거칠고도 정제되지 않은 형태로 민의(民意)가 표현될 때 민주주의 이론은 그 민의를 중요한 것으로서 단언해왔으나, 여전히 군중은 두려움의 대상이었다. 이와 관련된 문헌들은 실로 방대한데, 이 문헌들은 대개 민주주의 국가구조가 제어되지 않는 인민주권의 표현들을 견뎌낼 수 있는지, 혹은 대중정치(popular rule)가 다수 독재로 전이될 수 있는지 등을 고민했던 에드먼드 버크(Edmund Burke)와 알렉시 드 또끄빌(Alexis de Tocqueville) 같은 다양한 저술가들의 글로 되돌아가는 경향이 있다. 이 책은 민주주의 이론에서 행해진 이 같은 중요한 논의들을 검토하거나 평가하고자 하지 않는다. 다만 대중시위에 관한 논의들이 대개 혼란에 대한 공포라든가 미래에 대한 급진적 희망으로 점철되는 경향이 있음을 주장할 뿐이다. 물론 때로 공포와 희망은 복잡한 방식으로 맞물려지기도 하지만 말이다.

서로 동일하지 않은 개념인 정치적 형식으로서의 민주주의와 인민주권의 원칙 사이에 존재하는 어떤 괴리를 처음부터 강조하기 위해, 나는 민주주의 이론에 대한 논의에서 이와 같이 반복되는 갈등에 주목하고 있다. 민의의 표현이 어떻게 특정한 정치 형태를 의문시할 수 있는지, 특히 민주주의적이지 않다는 비판이 있음에도 스스로 민주주의적이라 칭하는 정치 형태에 어떻게 문제 제기를 하는지 우리가 이해하고자 한다면 이 두 개념을 분리시키는 것은 실로 중요하다. 물론 이런 원칙은 간단하고도 명확하지만, 여기서 가정하는 것들은 여전히 당혹스러운 수준에 머무르고 있다. 우리는 올바른 형태의 민주주의란 어떠한지를 결정할 수 있다는 희망을 버려야 할 수도 있고, 단순히 민주주의가 가진 다의성을 인정해야 할 수도 있다. 만일 복수(複數) 형태의 민주주의가 스스로를 민주주의적이라 부르는, 혹은 으레 민주주의적이라 불리는 모든 정치 형태로 이루어져 있는 것이라면, 우리는 이 문제에 명목론적인 접근을 취하게 될 것이다. 그러나 만일 민주주의적이라 여겨지는 정치질서가, 민의임을 자칭하면서 자신들이야말로 보다 실질적인 민주주의에 대한 전망을 갖고서 인민을 대표한다고 주장하는 어떤 조직된 집단에 의해 위태로워진다면 민주주의의 의미를 두고 각축전이 벌어지기 마련이다. 물론 이 같은 논쟁이 항상 진중한 고심 끝에 나오는 형식을 취하지는 않는다. 우리는 어떤 대중집회가 "진정" 민주주의적이고 어떤 것이 민주주의적이지 않은지를 판정하는 대신, 애초에 용어로서의 "민주주의"를 둘러싼 논쟁(struggle)이 몇가지 정치적 상황을 적극적으로 특징짓는다는 점에 주목해볼 수 있다. 때로 어떤 운동은 반민주주의적이고, 심지어 테러와 같다고 간주되는데, 이와 동일한 운동이 다른 상황에서, 혹은 다른 맥락에서는 보다 포괄적이고도 실질적인 민주주의를 실현하는 대중의 노력으로 이해되는 것을 고려해보면, 우리가 그런 논쟁을 어떤 이름으로 부르는지는 매우 중요한 문제인 것 같다. 이 같은 인식은 쉽게 뒤집어질 수 있는바, 전략적 연대체가 한 집단을 어떤 경우엔 "테러리스트"로, 또다른 경우엔 "민주주의적 동맹"으로 여길 필요가 있을 때, 우리는 호명으로서의 "민주주의"가 매우 쉽사리 전략적으로 담론화된 용어로서 다루어질 수 있음을 알 수 있다. 따라서 민주주의란 민주주의라 불리는 통치 형태들이라고 생각하는 유명론자들 외에도, 어떤 국가들과 어떤 대중운동들이 민주주의적이라 불릴 수 있을지에 대한 문제를 결정하는 공적 담론, 마케팅, 그리고 프로파간다 같은 양태들에 기대는 담론적 전략가들이 존재한다.

물론 민주주의 운동이란 그저 우리가 그런 이름으로 부르는 어떤 것이라고, 혹은 그 이름을 자칭하는 어떤 것이라고 말하고 싶을 수도 있다. 그러나 이는 민주주의라는 개념을 포기하는 것이다. 민주주의가 자기결정권(self-determination)의 힘을 내포하긴 하지만, 스스로를 대표 집단으로 규정하는 어떤 집단이든 마땅히 "인민"임을 주장할 수 있는 것은 아니다. 2015년 1월, 독일의 공공연한 반(反)이민자 정당인 페기다(Pegida, 서양의 이슬람화를 반대하는 애국 유럽인Patriotische Europäer gegen die Islamisierung des Abendlandes)는 "우리가 인민이다"라고 주장했다. 이는 민족(nation)이라는 유효한 관념으로부터 무슬림 이민자들을 콕 집어 배제하려 하면서도 스스로를 인민으로 명명하는 행위였다(그리고 페기다는 독일 "통일"에 더한층 어두운 의미를 부여하며, 자신들을 1989년 독일 통일 당시 유행하던 문구와 연결지음으로써 그와 같은 주장을 했다). 페기다의 수장이 히틀러를 연상시키는 모습으로 찍은 사진이 밝혀져 사임하게 된 바로 그 무렵, 앙겔라 메르켈(Angela D. Merkel) 독일 총리는 "이슬람은 독일의 일부다"라는 말로 이들에게 응수했다. 이 같은 대립은 진정 누가 "인민"인가라는 질문을 생생하게 제기한다. 그렇다면 어떤 주어진 순간에, 어떤 담론 권력의 작동이, 어떤 목적으로 "인민"의 범위를 제한하는 것일까?

"인민"은 이미 정해져 있는 어떤 무리가 아니라 오히려 우리가 암묵적으로 혹은 명시적으로 구축하는 경계선에 의해 구성된다. 그 결과 우리는 "인민"의 존재를 상정하는 어떤 주어진 방식이 포괄적인지 여부를 시험할 필요가 있음에도, 그저 경계를 더 지음으로써 배제된 이들의 존재를 보여줄 수 있을 뿐이다. 이런 조건에서 자기-구성(self-constitution)을 고려하는 것은 더욱더 문제적인 행동이 된다. 누가 "인민"인지를 확정짓고자 하는 모든 담론적 노력이 다 가능한 것은 아니다. 그러한 주장은 일종의 도박이자 종종 헤게모니를 쥐기 위한 노력의 일환으로 행해진다. 따라서 어떤 집단이나 집회, 혹은 조직된 집단이 스스로를 "인민"이라 부를 때, 그들은 누가 포함되고 누가 배제되는지를 추정하면서, 그리하여 자신도 모르게 "인민"이 아닌 이들을 구분하면서 어떤 면에서는 담론 권력을 행사하는 것이다. 실로 누가 "인민"에 포함되는지를 결정하고자 하는 논쟁이 격화될 때, 한 집단은 그들이 생각하는 "인민"을 그 범주 바깥에 존재하는 이들, 곧 그들이 생각하는 "인민"을 위협한다고 여겨지는 이들, 혹은 그들이 제안하는 "인민"에 반대된다고 여겨지는 이들과 대립시킨다. 그 결과 우리는 (1) 인민을 규정하고자 하는 이들(이 집단은 그들이 규정하고자 하는 이들보다 훨씬 더 작은 집단일 것이다), (2) 그와 같은 담론 게임(discursive wager) 과정에서 규정되고 (구분되는) 인민, (3) "인민"이 아닌 인민, (4) 이와 같이 "인민"에서 배제된 이들을 인민의 일부로서 자리매김하고자 하는 이들을 볼 수 있다. 심지어 모두를 포괄하는 집단을 상정하고자 "모두"라고 말할 때조차 우리는 여전히 이 범주에 누가 포함되는지를 암묵적으로 가정하게 된다. 따라서 샹딸 무페(Chantal Mouffe)와 에르네스또 라끌라우(Ernesto Laclau)가 매우 적절히 지칭했던바, 포용에 관한 그 어떤 생각도 "구성적 배제"에 의해 확립되기 마련이라는 사실을 극복하기가 매우 어렵다.[1]

정치체(body politic)는 결코 가능하지 않은 어떤 통일체인 것으로 단정지어진다. 그러나 이것을 냉소적인 결론인 양 받아들일 필요는 없다. 현실정치의 정신에 입각해 모든 형태의 "인민"은 편파적일 수밖에 없으므로 우리는 그저 그와 같은 편파성을 정치적 현실로서 받아들여야만 한다고 생각하는 이들은 그러한 배제의 양상을 밝혀내 이에 저항하고자 하는 이들의 반대에 부딪힌다. 후자는 완전한 포용이란 가능하지 않다는 사실을 대체로 매우 잘 알고 있지만, 그럼에도 이 문제로 고군분투하는 이들을 위해 목소리를 낸다. 이 같은 문제가 발생하는 이유를 두가지 정도 들 수 있다. 한편으로는 배제가 부지불식간에 이뤄질 때가 많기 때문이다. 배제는 종종 자연스러운 것이 돼버려서, 어떤 확실한 문제로 인식되는 게 아니라 "일상화된 상태"(state of things)로 여겨지곤 한다. 다음으로는 포용이 민주주의 정치, 특히 급진 민주주의 정치의 유일한 목표가 아니기 때문이다. 물론 인민의 일부를 배제하는 어떤 형태의 "인민"도 포용적일 수 없음은 자명하며, 따라서 이들이 인민을 대표할 수도 없다. 그러나 "인민"을 확정짓는 행위가 대개 그 사람의 국적이 무엇인지를 토대로 하거나, 그 사람이 어떤 국민국가 출신인지에 따라 구분하는 경계짓기 행위를 포함하는 것 또한 사실이다. 그리고 그와 같은 경계선은 즉시 논쟁을 유발하게 된다. 달리 말해, 그 경계선이 이미 존재하는 국민국가 간의 국경, 인종 구성에 따른 공동체, 혹은 언어를 공유하는 공동체에 따라 그어졌건, 아니면 정치적 배경에 따라 그어졌건 간에 어디엔가 그어진 담론적 경계선이 없는 "인민"이란 가능하지 않다. 어떻게든 "인민"을 확정짓고자 하는 담론적 움직임은 특정한 경계를 인정받게 하려는 노력이나 다름없다. 우리가 그 경계를 어떤 국가의 국경으로서 이해하건, 혹은 인민으로 "인정되는" 이들의 계급적 경계로서 이해하건 간에 말이다.

따라서 포용이 민주주의, 특히 급진 민주주의의 유일한 목표일 수 없는 이유 중 하나는 바로 민주주의 정치란 누가 "인민"으로 인정되는가의 문제와 관련될 수밖에 없고, 아울러 누가 "인민"인지를 전면에 내세우면서 한편으로는 "인민"으로 인정되지 않는 이들을 후면으로, 주변부로, 혹은 망각의 영역으로 내모는 경계짓기가 어떻게 이루어지는가의 문제와 관련될 수밖에 없기 때문이다. 민주주의 정치의 요점은 단순히 인정을 모든 인민에게 평등하게 확대하자는 것이 아니다. 그 요점은 오히려 오직 인정 가능한 이들과 인정되지 않는 이들 사이의 관계를 바꿀 때에만 우리는 (1) 평등을 이해할 수 있고, 평등을 추구할 수 있으며, 아울러 (2) "인민"이라는 개념을 더 넓은 논의의 장으로 이끌어낼 수 있다는 사실을 이해하자는 것이다. 심지어 어떤 형태의 인정이 모든 인민에게 확대되는 경우일지라도 셀 수 없이 많은 인정되지 않는 이들이 존재할 수밖에 없으며, 그와 같은 형태의 인정이 확대되는 매 순간마다 그에 따른 권력의 격차가 재생산될 수밖에 없다는 전제는 여전히 유효하다. 여기서 역설적인 점은 특정한 형태의 인정이 확대될 경우 인정되지 않는 이들의 영역 또한 그에 따라 보존되고 확장된다는 것이다. 결론을 말하자면, 종종 포용이나 인정 같은 근본적인 범주에 의해 재생산되곤 하는, 명백한 혹은 암묵적인 형태의 불평등은 시간적으로 열려 있는 민주주의 투쟁의 일부분으로서 이해되어야만 한다는 것이다. 인민, 대중, 그리고 민의를 지칭하는 가장 기초적이면서도 가장 당연시되는 형태의 일부 집단에 의해 지속적으로 제기되고 있는, 명백한 혹은 암묵적인 형태의 국경의 정치에 대해서도 동일하게 말할 수 있다. 실제로 지속적인 배제의 관행들을 꿰뚫어보다 보면 우리는 명명하기와 재명명하기의 과정으로, 또 우리가 말하는 "인민"의 의미와 다양한 이들 입에 오르는 그 이름의 의미를 갱신하는 과정으로 되돌아올 수밖에 없다.

인민을 인정하거나 오인하는 데 관련된 모든 담론적 행동이 다 자명한 것은 아니기 때문에, 경계짓기의 문제는 또다른 차원의 문제를 야기한다. 담론적 행동에 있어서의 권력의 작동은 어느정도는 수행적이다. 이 말인즉, 불평등과 배제를 비롯해 어떤 정치적 구별짓기가 항상 명확하게 명명되면서 이루어지는 것은 아니라는 얘기다. 우리가 "인민"이 오직 부분적으로만 인정될 때, 혹은 심지어 인민이 민족 혹은 국가라는 제한 안에서 "온전하게" 인정될 때에도 불평등이 "실질적으로" 재생산된다고 말한다면, 우리는 인민 개념을 정립하는 것이 인민이 누구인지를 명명하는 것 이상의 일임을 주장하는 셈이다. 경계를 짓는 행위는 심지어 민주주의가 그 핵심 요소인 "인민"을 전면에 제시할 때조차, 아니 민주주의가 "인민"을 제시하는 바로 그 순간에 **수행적** 형태의 권력에 의거해 작동하게 된다.

우리는 이 같은 담론적 문제를 좀더 고찰해볼 수 있을 것이다. 왜냐하면 "인민"이 "민의"를 표현하는 이들과 동일한 집단인가, 그리고 인민의 자기명명 행위들이 자기결정권으로서, 혹은 심지어 민의의 정당한 표현으로서 여겨질 수 있는가와 같은 언제나 열려 있는 문제들이 여전히 남아 있기 때문이다. 또한 이러한 문제에는 자기결정권이라는 개념이 영향을 미치고 있으며, 따라서 인민주권 사상도 잠재적으로 영향을 끼치고 있다고 할 수 있다. 특히 우리가 아랍의 봄, '점령하라' 운동, 혹은 경제적 불안정성(precarity)에 반대하는 여러 집회들에서 보아왔던바, 공공집회와 시위에 대한 최근 논쟁들에 비춰볼 때 이 같은 민주주의 이론의 용어들을 명확히 하는 것이 중요하기는 하지만, 아울러 그런 운동들이 진정한 민의의 실례, 혹은 민의를 기대할 수 있을 만한 예시인지에 대해 문제 제기를 하는 것 역시 중요하기는 하지만, 이 책이 제안하는 바는 그런 운동의 현장들을 그것들이 대변하는 인민의 관점에서만이 아니라 그 운동들을 실행하게 한 권력관계들의 관점에서도 읽어낼 수 있어야 한다는 것이다.[2] 그와 같은 운동의 실천은 의회 내에서 이뤄지지 않는 한 언제나 일시적일 수밖에 없다. 또한 만일 그런 운동이 새로운 의회 형태를 실현한다면, 그 운동은 민의로서의 특징을 잃어버릴 위험이 있다. 대중집회는 예기치 않게 형성되며, 자발적인 혹은 강제적인 조건 아래 해산된다. 그리고 내가 주장하고 싶은바, 이런 일시성은 그 집회들의 "비판적" 기능과 결부되어 있다. 민의의 집단적 표현들은 인민을 대변한다고 주장하는 정부의 정당성에 의문을 제기할 수도 있지만, 그만큼 그것들이 지지하고 도입하려 하는 정부 형태 속에 함몰될 수도 있다. 동시에, 정부는 때로 인민의 실천적 행동에 의해 수립되거나 사라지기도 하기 때문에 그러한 단결 행동들은 마찬가지로 일시적이다. 이와 같은 행동들은 지지를 철회하고, 정부의 정당성에 대한 주장을 와해시키기도 하지만, 새로운 형태의 정부를 구성하기도 하기 때문이다. 민의는 스스로 도입하려 하는 정치 형태를 고집할 것이기에, 정당성을 유지하지 못하는 모든 정치 형태에 대한 지지를 철회할 수 있는 권리를 보유하려면 민의가 그런 정치 형태에 함몰되지 않아야 한다.

그렇다면 이처럼 일시적이고 비판적인 인민의 집회에 대해 우리는 어떤 사유를 해볼 수 있을까? 이와 관련해 한가지 중요한 점은 인민의 집회에는 실제로 신체들이 한데 모인다는 점, 즉 시위를 통해 상연된(enacted) 정치적 의미들이 글이든 발화든 어떤 담론을 통해서만 상연되는 것은 아니라는 점이다. 다양한 종류로 체현된 행동들은 엄밀히 말해 담론적인 방식으로도 선담론적인 방식으로도 의미화하지 않는다. 달리 표현하자면, 여러 형태의 집회들은 거기서 요구하는 특정한 사안보다 먼저, 그리고 그 요구와 분리된 채로 이미 의미화한다. 야간 침묵시위, 장례식 등을 포함하는 침묵집회는 종종 그 집회의 목적을 설명하는 특정한 글이나 발화보다도 더 강력하게 의미화한다. 이처럼 체현된, 복수 형태의 수행성(performativity)은 심지어 그것들이 필연적으로 불완전한 형태일 때조차 "인민"을 이해하는 데 중요한 요소가 된다. 모든 이가 자신의 신체를 드러내는 방식으로 출현할 수 있는 것은 아니다. 나설 수 없는 이들, 나설 수 없도록 제한당하는 이들, 혹은 가상 네트워크나 디지털 네트워크를 통해 운동을 꾀하는 이들 중 많은 이들도 "인민"의 일부분이다. 실로 특정한 신체는 공적 공간에 출현하는 일이 제한될 수밖에 없는데, 바로 그 때문에 나설 수 없는 이들 또한 인민으로 정의될 수 있는 것이다. 이로써 우리는 "공적 영역"을 이해하는 제한적인 방식, 즉 어떤 지정된 플랫폼에 출현하는 데 충분한 접근성과 권리를 갖는 것을 당연시하는 이들이 무비판적으로 상정해온 공적 영역을 재고

할 수밖에 없다. 말해진 것이 무엇이건 그 이상으로 의미화하는 행동과 이동성의 체현된 형식에 비추어볼 때, 여기서 상연에 관한 두 번째 논점이 출현한다. 왜 집회의 자유가 표현의 자유와 분리되는지를 고민해보면, 그것은 바로 인민이 함께 모였을 때 갖게 되는 권력이 이미 중요한 정치적 특권이며, 이는 인민이 모였을 때 무슨 말이든 할 수 있는 권리와는 분명 다르기 때문이다. 인민의 집회는 인민이 말하는 바를 넘어서서 의미화한다. 그리고 그 의미화의 양상은 여러 신체가 모여 이루는 어떤 단결된 실천이며, 어떤 복수 형태의 수행성인 것이다.

이런 논의를 할 때 우리는 오랜 습관대로 이렇게 말하고 싶을지도 모른다. "그런데 만일 집회가 의미화한다면, 그것은 분명 담론적이기도 하다." 아마도 틀린 말은 아닐 것이다. 그러나 말은 옳은 말일지라도 이런 반응은 우리로 하여금 언어적 형태의 수행성과 신체적 형태의 수행성 사이의 교차관계를 살펴볼 수 없게 한다. 이 두가지 수행성은 서로 겹치는데, 온전히 독립적이지도, 그렇다고 해서 동일하지도 않다. 쇼샤나 펠먼(Shoshana Felman)이 보여주었듯, 심지어 발화 행위조차 우리 삶의 신체적 조건들과 관련되어 있다.[3] 발성 행위는 후두, 혹은 발성을 위한 기계장치를 필요로 한다. 또한 우리가 표현을 통해 의미하는 바는, 때로 발화 행위 자체의 목표로서 명확하게 인정되는 것과 매우 다른 양상을 보이기도 한다. 만일 수행성이 종종 개인의 수행(performance)과 결부되어왔다면, 우리는 오직 조직화한 행동을 통해서만 작동하는 형태의 수행성에 대해 재고해야 한다. 즉 우리는 복수 형태의 행위성과 저항의 사회적 실천을 재구축하는 것이 조건이자 목적인 수행성 형태들에 대해 재고해봐야 하는 것이다. 따라서 이런 움직임 혹은 침묵과 정지, 이미 진행되고 있는 다른 이들의 행동에 나의 신체를 참여시키는 이와 같은 행위는 나의 행위도 아니고 너의 행위도 아니다. 그것은 우리 사이의 관계에 의해 일어나는 어떤 것이다. 그것은 우리 사이의 관계로부터 발현하여 나와 우리 사이를 애매하게 가로지른다. 아울러 그것은 그 애매함이 가진 생성의 가치를 유지하고 또 널리 퍼뜨리려 한다. 능동적이면서도 한결같이 유지되는 관계를, 그리고 한낱 망상이나 혼동의 산물과는 전혀 다른 우리의 협동을 말이다.

*

이 책이 논하고자 하는 바는 단결된 행동이란 일종의 신체적 형태로서 여전히 비확정적이지만, 그럼에도 강력하게 작동하는 정치적인 것에 대한 기존의 지배적 개념들에 의문을 제기할 수 있다는 점이다. 이와 같은 의문 제기가 가진 신체적 특성은 적어도 두가지 방식으로 작동한다. 한편으로 논쟁은 집회, 파업, 야간 침묵시위, 공공장소 점령 등에 의해 실행된다. 다른 한편으로 그렇게 모인 신체들은 불안정성을 동원해 그들의 행동을 자극하려고 하는 많은 시위들의 대상이기도 하다. 결국 미디어에 보도되고 있는 어떤 한 지역에 다른 신체들과 함께 도착하는 신체에는 어떤 지시적 권력이 존재한다. 고용, 주거지, 의료보장, 식량을 요구하며, 아울러 갚을 수조차 없는 빚을 떠안고 살아야 하는 미래가 아닌 대안적 미래를 요구하는 이 신체, 그리고 이 신체들이 있는 것이다. 또한 생계의 위태로움, 인프라의 파괴, 그리고 불안정성의 심화를 살아내고 있는 이 신체 내지는 이 신체들, 혹은 이 신체 내지는 이 신체들과 같은 신체들이 존재하는 것이다.

어떤 면에서 내 목적은 자명한 것이 사라져가는 조건 아래 자명한 것들을 강조하고자 하는 것이다. 즉 공공집회에서 쉽게 볼 수 있는바, 신체적 행동 및 표현의 자유 형식들과 중요하게 관계된 불안정성이란 개념을 표현하고 보여줄 수 있는 방식들이 존재한다는 것이다. 어떤 논자들은 '점령하라' 운동이 오직 인민을 거리로 이끄는 데에만 성공했으며, 가속화하는 사유화로 공공의 지위가 위태로워진 공간에 대한 점령을 용이하게 했을 뿐이라고 주장한다. 때로 그런 공간을 두고 경합이 벌어지는데, 왜냐하면 그 공간들이 (이스탄불의 게지 공원Gezi Park 사례처럼) 문자 그대로 개인 투자자들에게 팔리고 있기 때문이다. 그러나 다른 경우 그런 공간들은 "안보" 혹은 심지어 "공중보건"의 명목으로 폐쇄되고, 공공집회를 불가능하게 만든다. 그런 집회의 명시적 목적은 전제적 지배, 안보 중심 정권, 민족주의, 군국주의, 경제 불평등, 불평등한 시민권, 무국적성, 생태 파괴에 대한 저항, 그리고 경제 불평등의 심화와 불안정성의 가속화에 대한 저항 등으로 다양하다. 때로 집회는 자본주의 자체, 혹은 신자유주의에 노골적으로 도전하고자 한다. 이때 자본주의 혹은 신자유주의는 신개발이라든지 변종 자유주의로 여겨지거나, 유럽의 경우 긴축정책의 모습으로 드러나며, 칠레나 세계 다른 지역에서는 고등 공교육의 잠재적 파괴를 유도하는 것으로서 비판받는다.[4]

물론 이것들은 각기 다른 집회이자 각기 다른 연대다. 나는 최근 대중시위와 점령 운동을 아우르는 어떤 단일한 설명을 내놓음으로써 이들 시위와 운동을 더 넓은 차원의 공공집회 역사와 원칙들에 연결할 수 있다고는 생각지 않는다. 꼭 다중(multitude)의 변형태들이라고 볼 수 없을 그 집회들은, 그렇다고 한데 묶어 어떤 유대를 이끌어낼 수 없을 만큼 제각각인 것도 아니다. 사회나 법을 연구하는 역사학자라면 아마도 이에 대한 비교연구를 진행해야 할 수도 있을 것이며, 개인적으로 나는 그들이 최근 집회의 형태들에 관한 비교연구를 계속 진행하길 바란다. 내가 가진 매우 제한적인 관점에서 볼 때, 나는 단지 신체들이 거리에, 광장에, 혹은 (가상공간을 포함한) 다른 형태의 공적 공간에 모일 때, 그들은 복수적이고 수행적인 출현할 권리를 실천하는 것이라는 사실을 주장하고 싶다. 이 출현할 권리는 신체를 정치의 장 한가운데로 내세우고 자리매김하며, 그 표현과 의미화 기능을 통해 더이상 불안정성에 의해 야기된 조건들 때문에 괴로울 필요가 없는, 좀더 살 만한(livable) 수준의 경제적·사회적·정치적 조건들을 신체적인 차원에서 요구한다.

신자유주의 경제가 지속적으로 학교와 대학을 포함한 공공서비스와 공공기관을 재편해가는 이 시기에, 그리고 인민이 집, 연금, 일에 대한 전망을 지속적으로 상실해가는 이 시기에 우리는 어떤 이들은 폐기 가능한 인구로 여겨질 수 있다는 생각에 새롭게 직면하고 있다.[5] 짧은 시간 일하는 기간제 일자리를 가져야 하거나 아예 일자리 자체가 없기도 하고, 혹은 노동자들의 대체 가능성과 폐기 가능성에 의존하는 포스트포드주의 형태의 노동 유연성이 팽배해 있다.

의료보험과 사회보장에 대한 우리 사회에 팽배해 있는 태도에 의해 증폭된 이런 개발이 시사하는 것은, 누구의 건강과 생명이 보호받아야 하고 누구의 건강과 생명은 그럴 필요가 없는지를 시장 합리성이 결정하고 있다는 것이다. 물론 공공연하게 특정 인구의 죽음을 추구하는 정책과, 효율성이란 명목 아래 사람들을 그냥 죽게 내버려두는 구조적 방치의 조건들을 생산하는 정책 사이에는 차이가 있다. 미셸 푸꼬(Michel Foucault)는, 누가 살고 누가 죽어야 하는지 결정하고 집행하는 군주를 더이상 필요로 하지 않는 방식으로 삶과 죽음을 관리하는 생명정치의 특정한 전략들에 대해 논하면서, 우리가 이와 같은 두 정책을 분명하게 구분할 수 있도록 도와준 바 있다.[6] 아울러 아실 음벰베(Achille Mbembe)는 "시신 정치"(necropolitics)라는 개념화를 통해 이 같은 구분에 대한 깊은 사유를 하기도 했다.

그런데 우리 중 일부는, 미국 티파티(Tea Party) 모임에서 하원의원이었던 론 폴(Ron Paul)이 심각한 질병을 앓고 있지만 의료보험료를 지불할 수 없는 이들, 혹은 그의 말대로라면 보험료 지불을 거부하기로 "선택한" 이들은 그냥 죽어야만 한다고 주장했던 사건에서 이에 대한 가장 통렬한 실례를 찾기도 한다. 발행된 보고서에 따르면 당시 모임에서 론 폴의 주장이 있자 환호성이 번져나갔다고 한다. 추측건대 이는 병사들이 전쟁에 나갈 때, 혹은 민족주의적 열의 같은 형태에 뒤따르는 종류의 환호성이었을 것이다. 만일 그런 주장이 어떤 흥겨운 일반 행사 도중 나왔다면, 이는 충분한 임금을 받지 못하거나 충분히 안정적이지 못한 직장을 다니는 이들은 의료보장 혜택을 받을 자격이 없다는 믿음, 그리고 우리 중 누구도 그들에 대한 책임이 없다는 믿음에 고무되어 나온 주장이었을 것이다. 여기에는 분명 의료보장 혜택이 따르는 직업을 얻지 못하는 이들은 죽어도 마땅한 이들에 속한다는 생각, 그리고 그들 자신의 죽음에 대한 책임은 결국 그들이 그런 집단에 속한 데서 비롯한다는 생각이 함축되어 있다.

여전히 사회민주주의라는 이름의 체제 아래 살고 있는 많은 이들에게 충격적인 점은 위와 같은 생각에 깔려 있는 가설, 즉 개인은 자기 자신만을 돌봐야 하고 다른 이들은 신경 쓸 필요가 없다는, 그리고 의료보장은 공공재가 아니라 상품이라는 가설이다. 당시 티파티 행사에서 론 폴은 불우한 이들을 돌보는 교회와 자선단체가 가진 전통적인 기능을 추켜세운 바 있다. 비록 유럽을 비롯한 세계 곳곳에서 이 같은 상황에 대한 몇몇 기독교 좌파 대안운동이 생겨나 사회복지가 방기한 이들을 인류애적, 혹은 공동체적 "돌봄"의 실천을 통해 아우르려 하고는 있지만, 그런 대안적 움직임은 종종 의료보장 같은 공공서비스가 약화되는 상황을 보완하거나 심지어 지지하기까지 한다. 달리 말해 그런 움직임은 기본적 사회복지가 약화함에 따라 기독교 윤리와 실천(그리고 기독교의 헤게모니)에 수여된 새로운 역할을 수락하고 있는 셈이다. 폭격, 식수 배급, 올리브나무 제거, 기존 관개수로에 대한 해체 작업 등으로 삶의 근간이 끊임없이 파괴되고 있는 팔레스타인에서도 이와 비슷한 일이 일어나고 있다. 이러한 파괴는 도로와 주거지를 다시 닦고 건설하는 비정부기구들에 의해 개선되고 있지만, 이 같은 노력이 파괴 자체를 바꾸지는 못한다. 비정부기구의 개입은 곧 파괴가 계속해서 지속될 것이라는 가정 아래 이루어지고 있으며, 비정부기구는 자신의 과업을 파괴의 소란들 사이에서 파괴가 초래한 상황을 보수하거나 개선하는 일로 이해하고 있다. 요컨대 파괴 작업과 (종종 재건 과정에서 일시적인 시장 잠재력마저 불러일으키는) 재개발 혹은 재건 작업 사이에서 어떤 소름 끼치는 리듬이 발생하는 것이다. 그리고 이 모든 것이 점령의 정상화를 떠받치고 있다. 물론 파괴된 집과 거리를 재건하고, 더 나은 관개수로와 더 많은 식수를 공급하며, 파괴된 올리브나무를 다시 심는 노력이 있어서는 안 된다는 얘기는 아니다. 또한 비정부기구들이 아무 역할도 하지 않는다는 얘기도 아니다. 그들의 역할은 실로 중요하다. 그러나 만일 그러한 원조의 노력들이 점령을 종식시키는 보다 전면적인 저항의 자리를 대신한다면, 그 노력들은 점령을 계속 작동시키는 관행이 될 위험이 있다.

조금 전 언급했던 티파티 모임에서 터져 나온 가학적인 환호성은 어떠한가? 의료보장에 접근할 수단을 좀처럼 찾을 수 없는 이들은 당연히 질병에 걸리거나 사고를 당하며 그 결과 당연히 죽게 될 것이라는 생각으로 해석할 수 있는 그 환호성 말이다. 대체 어떤 경제적·정치적 조건에서 그런 흥겨운 형태의 잔혹함이 나타나며 또 그런 정서를 공공연히 밝힐 수 있게 되는 것일까? 우리는 이를 죽음에 대한 동경이라 부르고 싶은 것일까? 나는 빈곤에 놓여 있거나 보험의 보장을 받지 못하는 이의 죽음에 대한 생각이 티파티 공화당 지지자의 환호성을 이끌어내는 그 순간 무언가가 정말 잘못되었다는, 혹은 오랫동안 잘못된 채로 여기까지 왔다는 전제에서 논의를 시작하고 있다. 그들의 환호는 말하자면 경제적 자유지상주의의 민족주의적 변종이며, 타인에 대한 잔혹한 학대에 기꺼이 관계함으로써 공통의 사회적 책임감을 냉혹하면서도 보다 계산적인 셈법으로 무색하게 만들고 있다.

비록 "책임"이란 단어가 종종 신자유주의와 정치적·경제적 개인주의의 새로운 버전을 옹호하는 이들 사이에서도 회자되고 있지만, 나는 집단적 형태의 집회를 사유하는 맥락에서 책임의 의미를 뒤집어보고 이를 갱신해볼 것이다. 자유나 책임 같은 주요 개념을 비롯한 윤리의 개념은, 그것이 담론적으로 전유되고 있는 와중에 옹호하기는 쉽지 않다. 왜냐하면 사회복지를 축소하는 게 좋다고 보는 이들 말마따나 만일 우리가 저마다 자기 자신에 대해서만 책임이 있고 타인에 대해서는 책임이 없음을 분명히 한다면, 그리고 만일 책임이란 게 자립의 모든 가능성이 허물어지는 조건 아래서도 경제적 자립을 의미하게 된다면, 우리는 누군가를 미쳐버리게 하는 모순에 직면할 것이다. 즉 그런 규범을 실현하는 데서 구조적으로 폐제(廢除)된 주체가 되라는 도덕적 압박이 우리에게 가해질 것이다. 신자유주의적 합리성은 자립을 어떤 도덕적 이상으로서 요구하고 있는데, 이와 동시에 신자유주의적 형태의 권력은 경제적 차원에서 바로 그와 같은 자립의 가능성을 파괴하고 있기도 하다. 신자유주의적 효율성은 모든 이를 잠재적으로 혹은 실제로 불안정한 상태로 만들고 있으며, 심지어 공적 공간에 대한 규제 강화와 시장 확대에 대한 규제 완화를 정당화하기 위해 언제나 존재해왔던 불안정성의 위험성과 이에 따른 불안을 십분 활용하고 있기도 하다. 우리가 자립의 규범에 순응할 수 없다는 것이 증명되는 순간(예를 들어 우리가 의료보험료를 낼 수 없거나 민간 의료보험의 혜택을 받을 수 없을 때), 우리는 잠재적으로 폐기 가능한 사람이 된다. 그리하여 이처럼 폐기 가능한 존재는 개인주의적 책임감을 요구하는, 혹은 "돌봄"의 민영화 모델에서 작동하는 정치윤리에 의해 호명되는 것이다.

실로 우리는 다양한 인구들이 이른바 "불안정성의 일상화"(precaritization)에 갈수록 종속되어가는 생명정치적 상황 한가운데에 서 있다.[7] 대개 정부기관이나 경제기관에 의해 초래되고 재생산되는 이 같은 과정은 시간이 지남에 따라 불확실성과 절망에 익숙해지는 인구를 양산해낸다. 이 과정은 비정규직 노동과 약화된 사회복지 등으로 구조화되어 나타나며, 아울러 개인의 책임이라는 흉포한 이데올로기와 자신의 시장가치를 인생의 궁극적 목표로서 극대화할 의무 등에 의해 지지되는 기업가적 사고체계를 선호함으로써, 여전히 잔존하는 사회민주주의적 기반을 전반적으로 약화시킨다.[8] 내가 볼 때, 이와 같이 중요한 불안정성의 일상화 과정에 대한 이해는 로런 벌랜트(Lauren Berlant)가 자신의 감응 이론에서 주장했던바, 불안정성이 정신적 현실의 변화에 영향을 끼친다는 생각에 의해 보충되어야 한다.[9] 이는 곧 사회 각 구성원에게 차별적으로 할당되는 이른바 소모 가능성, 혹은 폐기 가능성이라는 고조된 인식을 의미한다. 우리는 독립적 개인이 되기 위한 "책임"의 요구에 따르면 따를수록, 더욱더 사회적으로 고립되고 더 큰 불안정함을 느끼게 된다. 그리고 더욱더 많은 사회적 지원체계들이 "경제적인" 이유로 사라지면 사라질수록, 우리는 증대된 불안감과 "도덕적 좌절감"에 의해 더 깊은 고립감을 느끼게 된다. 이것은 우리의 미래, 그리고 우리에게 의지하고 있는 이들의 미래에 대한 불안감이 고조됨을 함의한다. 이것은 그런 불안감에 고통받고 있는 사람에게 개인적 책임이라는 혐의를 씌우며, 아울러 그처럼 애매모호한 소명 자체를 불가능하게 만드는 조건하에서도 자기 자신을 경영하는 기업가가 되어야 한다는 요구로 책임 개념을 재정의한다.

  그렇다면 여기서 생겨나는 한가지 의문은 다음과 같다. 이 같은 "책임의 정당화"(responsibilization)라는 맥락에서 공공집회는 어떤 기능을 하며, 공공집회는 어떤 형태의 저항 윤리를 담아내고 표출해 내는가? 갈수록 각 개인에게 피부로 와닿는 불안감과 좌절감을 넘어서서, 그리고 그것들에 저항하면서, 공공집회는 지금 이 상황이 모두에게 해당되는 불공정한 사회적 상태이며, 집회가 "책임의 정당화"에 대한 분명히 윤리적이고 사회적인 대안을 구축하는 공존을 잠정적으로, 또 복수적 형태로서 실행해낸다는 통찰을 체현해낸다. 내가 제안하고 싶은 바는 이런 집회 형태들이 잠정적이며 초기 단계인 인민주권의 형태로 이해될 수 있다는 것이다. 또한 이 집회들은 민주주의 이론과 실천에서 정당성이 어떻게 작동하는지를 우리에게 환기시켜주는 없어서는 안 될 중요한 것으로 여겨질 수 있다. 비록 집회가 그 실천을 통해 불안정성과 그것의 심화에 대한 저항을 주장하고 있기는 하지만, 이와 같은 복수적 형태의 연대가 존재한다는 주장이 결코 모든 형태의 불안정성에 대한 승리인 것은 아니다.

  극도로 궁핍한 상황은 아닐지라도 점점 가속화되고 있는 불안정성의 조건 아래 기업가적인 자기실현을 수행할 수 있는 개인에 대한 환상은, 삶이 위태로워진 조건에서도 인민이 자주적인 방식으로 행동할 수 있고 그래야만 한다는 기이한 전제를 만들어낸다. 이 책의 논지는 우리 가운데 그 누구도 행동할 수 있는 조건 없이는 행동할 수 없다는 것이다. 비록 우리가 바로 그 조건들을 만들어내고 유지하는 행동을 해야 할 때도 있지만 말이다. 여기서 분명 모순이 존재하지만, 그럼에도 불안정성으로 고통받는 이들이 집회를 할 때 우리는 행동할 수 있고 살아갈 수 있는 조건들을 요구하는 형태의 또 다른 행동을 볼 수 있다. 무엇이 그와 같은 행동에 영향을 끼치는 걸까? 그리고 그와 같은 역사적 상황에서 복수의 신체들이 모여 함께 하는 행동을 우리는 어떻게 재사유할 수 있을까?

이런 핵심적 질문들을 다루기에 앞서, 먼저 이처럼 모순적인 책무가 다른 영역에서 어떻게 작동하는지를 고민해보자. 만일 우리가 국가에 소속된 "인민"은 보호받아야 한다는 주장에 기초한 군국주의화 논리에 대해 생각해본다면, 우리는 오직 그 인민 중 일부만이 보호될 수 있는 존재이며, 인민을 인구와 구분함으로써 결국 보호될 수 있는 이들과 보호될 수 없는 이들 사이의 구별이 작동한다는 사실을 알게 된다. 불안정성은 이처럼 "인민을 보호해야 한다"는 책무 한가운데에서도 보인다. 국방은 그 목표가 되는 이들 사이에서만이 아니라 그 목표를 위해 모집하는 이들, 곧 군인들 사이에서도 불안정성을 요구하고 불안정성을 만들어낸다. 적어도 미국 군대에 징집된 이들에게는 기술·훈련·일자리가 약속되지만, 종종 그들은 명확한 정부나 통치 조직이 없는 무법지대로 보내지곤 하며, 사지 불구가 될 수도 있고, 정신적 외상을 입을 수도 있고, 심지어 목숨을 잃을 수도 있는 분쟁 지역으로 보내지기도 한다. 한편으로 그들은 국방을 위해 "필수불가결한" 이들로 여겨지지만, 다른 한편으로 그들은 없어도 되는 잉여 인구로서 지명된다. 그들의 죽음이 칭송받을 때도 있으나, 그럼에도 그들은 여전히 없어도 되는 불필요한 이들, 곧 국민의 이름으로 희생되어야 하는 인구로서 지명되는 것이다.[10] 여기에는 어떤 모순이 분명 작동하고 있다. 나라를 방어하고자 하는 신체가 그런 일을 하는 과정에서 종종 육체적으로, 또 정신적으로 피폐해지기 때문이다. 이러한 방식으로, 곧 인민을 보호한다는 명목 아래 국가는 그 인민 중 일부를 헌신짝처럼 내버리는 것이다. "방어"의 목적으로 도구화된 신체는 바로 그 "방어"를 제공하는 과정에서 폐기 가능한 존재가 된다. 그와 같은 신체는 국가를 방어하는 과정에서 무방비 상태로 버려진 채, 필수불가결한 동시에 없어도 되는 존재가 된다. 따라서 "인민에 대한 방어"를 제공하라는 책무는 그와 같은 방어의 임무를 가진 이들의 폐기 가능성과 무방비를 요하는 것이다.

물론 우리가 여러 종류의 시위들을 분별하여, 이를테면 불안정성에 저항하는 운동을 반군국주의 운동과 구분하고, '흑인의 생명도 중요하다'(Black Lives Matter) 운동을 공교육에 대한 요구와 구분하는 것은 정당한 일이다. 하지만 동시에, 불안정성은 그런 다양한 종류의 운동 모두를 관통하고 있다. 이를테면 전쟁에서 죽임을 당한 이들의 불안정성, 기본적인 인프라도 없이 사는 이들의 불안정성, 거리에서 비할 데 없을 정도로 수많은 폭력에 노출된 이들의 불안정성, 혹은 도저히 갚을 수 없을 정도의 빚을 떠안고서 교육의 기회를 찾는 이들의 불안정성과 같이 말이다. 때로 집회는, 삶을 지속하며 심지어 번성할 권리가 있는 살아 있는 신체의 이름으로 열리기도 한다. 동시에 그 시위가 무엇에 관한 것이건 간에 그것은 집회를 열 수 있고, 함께 모일 수 있으며, 경찰 폭력이나 정치 검열에 대한 걱정 없이 자유롭게 모일 수 있어야 한다는 요구 또한 내포하고 있다. 따라서 불안정성과 투쟁하며 지속성을 띠고자 애쓰는 신체가 여러 시위들의 핵심에 자리하고 있지만, 이 같은 신체는 또한 시위 자체 안에서 그 가치와 자유를 예증하며, 그리고 여러 신체가 한데 모이는 형태의 집회를 통해 정치적인 것에 대한 권리를 실행해내며 위태롭게 존재하고 있다.

*

한 무리의 인민이 여전히 존재하고, 공간을 점유하며 고집스럽게 살아가고 있다는 사실을 단언하는 것은 이미 언어적 표현을 통한 행동이자 정치적으로 중요한 사건이며, 예측할 수 없고 일시적으로 이뤄지는 집회 과정에서 별다른 말 없이도 일어날 수 있다. 그런 복수 형태의 실천들은, 경제적 자립이라는 도덕규범을 갈수록 자립이 실현 불가능해지는 조건 아래 정확히 위치짓는 개인주의적 도덕관에 이의를 제기하며, 어떤 특정한 상황이 여러 사람들에게 공유되고 있다는 이해를 천명한다는 점에서 또다른 "실질적" 결과를 이끌어낸다. 나타나고, 맞서고, 숨 쉬고, 움직이고, 가만히 있고, 연설하고, 침묵하는 것은 모두 갑작스럽게 조직된 집회의 양상들이자, 살 만한 삶을 정치의 최전선에 내세우는, 이제껏 보지 못했던 형태의 정치적 수행성이다. 게다가 이는 그 어떤 집단이 자신들의 요구 사항을 내세우기 전에, 혹은 적절한 정치적 발언을 통해 자신들에 대한 설명을 시작하기 전에 이미 발생하는 것 같다. 이런 잠정적 집회는 문서와 발언을 통해 이뤄지는 의회 차원의 움직임 바깥에서 일어나지만, 그럼에도 정의를 요구한다. 그러나 우리가 이런 "요구"를 이해하려면, 정치적 행동을 표현하는 데서 입으로 구호를 외치는 것이 여전히 규범으로 존재하는 이 상황이 과연 옳은가를 질문해야 한다. 실로 우리는 특정한 종류의 신체를 매개로 하는 실천이 이루어내고 행하는 것들을 이해하기 위해 발화 행위를 재사유해야만 한다. 예를 들어 한데 모인 신체들은 그저 침묵한 채 서 있을지라도 자신들이 처분 가능한 사람들이 아니라고 "말하고" 있는 것이다. 이 같은 표현적 가능성은 복수 형태로 체현된 수행성의 일부이며, 우리는 이것을 의존성과 저항이 깃든 것으로 이해해야만 한다. 이렇게 한데 모여 집회하는 이들은 지속하기 위해서, 그리고 그런 지속성의 상태에 대한 권리를 함께 주장하기 위해서 삶의 과정, 제도상 절차, 인프라 같은 조건들에 의지한다. 이들이 주장하는 권리는 정의에 대한 보다 넓은 차원의 요구의 일부로서, 어쩌면 집단적으로 침묵하는 저항 행위에 의해 잘 표현될 수 있는 성질의 것이다. 물론 그런 저항을 할 때는 말을 통한 표현이 중요하기는 하겠지만, 그럼에도 말이 복수 형태로 체현된 행동의 정치적 중요성을 소진시키는 것은 아니다.

집회가 민의를 의미화하는 것만큼이나, 아니 심지어 집회가 국가의 정당성에 필수적인 조건들을 의미화하면서 바로 "그" 민의에 대한 권리를 주장하는 것만큼이나 집회는 한편으로 국가에 의해 교묘하게 조직되기도 한다. 곧 국가가 표면적으로 향유하는 대중의 지지를 미디어 앞에서 뽐내기 위한 목적으로 말이다. 달리 말해 집회의 의미화 효과, 그 정당화 효과는 교묘하게 조직된 행동과 미디어 보도에 의해서도 작동할 수가 있으며, 이는 "대중"의 입장이 전달되는 것을 국가의 자기정당화 전략으로 끌어내리고 날조하는 것이다. 미디어의 프레임 안으로 제한되고 그 프레임 안에서 생산되는 정당화 효과만을 실천하는 민의란 존재하지 않기 때문에 정당화에 대한 투쟁은 대중의 실천과 미디어상의 이미지 사이에서 이뤄지기 마련이며, 여기서 국가에 의해 통제되는 광경들은 휴대전화 및 소셜 네트워크가 다루고 있는 사건과 그 중요성을 상대로 겨룰 수밖에 없다. 경찰의 행위들을 녹화하는 것은, 현재 집회의 자유가 국가 지원을 받는 강압 행위 아래 제한적으로 작동되고 있음을 드러내는 데 주요한 방식이 되었다. 누군가는 그것이 그저 이미지 놀음일 뿐이라는 냉소적인 결론을 쉽게 내릴 수도 있다. 그러나 우리는 여기에서 보다 중요한 통찰을 얻을 수 있는바, "인민"이란 그저 그들의 음성화된 주장을 통해서만 만들어지는 것이 아니라 그들의 출현이 가능한 조건들에 의해서도 만들어진다는 것이다. 말하자면 시각적인 영역 안에서도, 그리고 그들의 행동에 의해서도, 아울러 체현된 수행의 일부로서도 인민이 생성되는 것이다. 이런 출현의 조건들에는 어떤 집회, 인민이 한데 모이는 어떤 순간과 그 조직을 시각적·음성적 영역에서 전달하고 포착할 수 있는 기술뿐만 아니라, 출현 장소와 관련된 인프라가 포함된다. 인민이 말하는 소리, 혹은 인민이 말하는 바를 시각적으로 보여주는 표지들은 다른 수단들만큼이나 공적 영역에서의 자기-구성 행위에서 (그리고 마찬가지로 출현의 한 조건으로서의 공적 영역 구성에서도) 중요하다. 만일 인민이 수행, 이미지, 음성, 그리고 그들의 생성에 관계된 다양한 기술들이 복합적으로 작용하여 구성된다면, "미디어"는 인민이라 주장하는 이들이 누구인지를 그저 보도하는 데 그치지 않고, 인민의 정의 그 자체 안으로 들어온 것이라 할 수 있다. 미디어는 단순히 인민을 정의하는 데 도움을 줄 뿐만 아니라, 혹은 그 정의를 가능케 할 뿐만 아니라 자기-구성의 재료이자 "우리"가 누구인지에 대한 헤게모니 투쟁의 현장이 된다. 물론 우리는 공식적인 미디어 프레임이 경쟁 상대인 이미지들에 의해 와해되는 경우, 어떤 이미지들의 집합이 사회에 강고한 분열을 촉발하는 경우, 무언가에 저항하고자 모인 인민의 수가 그 인민 규모를 축소해 보여주려는 어떤 프레임을 압도하는 경우, 인민의 주장이 한바탕 소란으로 전이되는 경우에 대해 연구해봐야 할 것이다. 그러한 집회가 민주주의 자체와 동일한 것은 아니다. 우리가 어떤 잠정적이고 일시적인 집회를 두고서 "민주주의가 작동하는 것이다"라고 말할 수는 없는 일이며, 아울러 민주주의에 대해 우리가 기대하는 모든 것이 그러한 순간 속에 실행되거나 전형화되어 나타난다고 주장할 수도 없다. 집회란 필시 일시적이기 마련이며, 바로 그와 같은 일시성은 집회의 비판적 기능에 연결되어 있다. 누군가는 "그런데 집회는 계속되지 않는 것 아닌가?"라고 말하면서 모종의 공허감에 빠질 수도 있다. 그러나 그런 상실감은 앞으로 열릴 것들에 대한 기대에 의해 상쇄된다. "집회는 언제든지 열릴 수 있지 않은가!" 이와 같은 집회는 민주주의가 시작되는 순간들, 혹은 민주주의의 "탈주적" 순간들의 하나로서 기능한다.[11] 불안정성에 저항하는 시위 역시 정확히 이와 같은 경우라 할 수 있다.

*

내가 『전쟁의 프레임』(Frames of War)에서 분명하게 주장했던바, 불안정성은 단순히 어떤 실존적 진실, 곧 우리가 우리 통제 밖의 어떤 사건이나 과정을 통해 박탈, 상해, 질병, 쇠약, 혹은 죽음에 시달리고 있는 우리 스스로를 발견할 수 있다는 사실만을 의미하지는 않는다.[12] 우리 모두는 앞으로 일어날 일들에 노출되어 있지만 그것이 어떤 일인지는 알지 못한다. 그리고 알지 못한다는 것은 곧 우리가 우리 삶을 구성하는 그 모든 조건을 통제하진 않고 있으며 그럴 수도 없다는 것을 의미한다. 그러한 일반적 진실이 실로 얼마나 불변의 진실인가에 상관없이 우리가 그 진실을 실제 경험하는 바는 저마다 다를 수밖에 없다. 예컨대 일터에서 얻을 수 있는 부상에의 노출, 혹은 제대로 작동하지 않는 사회복지 등에 대한 경험은 노동자들과 실업자들에게 분명 더욱더 큰 영향을 미치기 때문이다.

한편으로 살 만한 삶을 유지하기 위해 우리 모두는 사회적 관계와 지속 가능한 인프라에 의존하고 있으며, 따라서 그런 의존성을 제거하는 것은 불가능하다. 다른 한편으로 그런 의존성은 예속의 조건과 동일하진 않을지라도 쉽게 예속의 조건으로 변화할 가능성이 있다. 우리를 지원하는 지속 가능한 인프라에 대한 인간의 의존은 인프라의 구성이 개개 생명의 지속 가능성과 긴밀하게 관련되어 있음을 보여준다. 즉 생명이 어떻게 지탱되는지, 생명이 어떤 수준의 고통, 살 만한 삶에 대한 가능성, 혹은 희망에 의해 지탱되는지와 말이다.

달리 말해 개개인, 나아가 모든 사람이 이용할 수 있도록 주거 환경을 조성하는 데 사회가 실패하지 않는다면, 그 누구도 주거지 없는 고통을 겪지 않을 것이다. 아울러 실업 가능성에 대비하는 데 시스템이나 정치경제가 실패하지 않는다면, 그 누구도 실업을 겪지 않을 것이다. 이 말인즉 사회적·경제적 박탈이 유도하는 가장 위태로운 경험은, 비단 개인으로서 우리의 불안정 상태만이 아니라 사회경제 기관 및 정치기관의 태만과 불공정함도 드러낸다는 (아니, 드러낼 수밖에 없다는) 것이다. 사회적으로 발생하는 불안정성에 대한 우리 개개인의 취약성(vulnerability)을 깨달으면서 각각의 "나"는 스스로에게만 해당되는 것으로 보이던 불안감과 열패감이 어떻게 항상 더 광범위한 사회와 관련되어왔는지를 알게 될 수도 있다. 이는 서로 간 의존성, 일할 만한 인프라와 사회적 네트워크에 대한 의존성을 다질 수 있는 연대의 에토스(ethos)를 우선시함으로써, 각 개인에게 부담을 지우며 우리를 미치게 하는 형태의 책임을 해체하고, 아울러 야기된 불안정성을 다루는 집단적이면서도 제도적인 차원의 방식들을 마련할 가능성을 열어준다.

이어지는 장들에서 나는 우선 즉흥적 형태의 공공집회가 가진 의견 표명의 기능, 혹은 의미화 기능을 이해해보려 할 것이다. 또 아울러 무엇이 "공공"에 포함되는지 그리고 누가 "인민"일 수 있는지의 문제에 대해 숙고해볼 것이다. 여기서 "의견 표명"이란 이미 확립된 인민 개념이 공공집회 형태들을 통해 표현되는 것을 의미하지 않는다. 단지 내가 의미하고자 하는 바는 발언의 자유가 "표현의 자유"의 하나로서 여겨지듯이 집회의 자유 역시 그러하다는 것이다. 바로 이와 같은 집회에서 정치적 중요성의 문제가 실행되고 전달되기 때문이다. 이 문제는 다음과 같은 질문이 생겨나는 어떤 역사적 시간 안에 자리하고 있다. 과연 갑작스럽게 조직된 집회들에서 어떻게 불안정성이 상연되며, 어떻게 불안정성에 대한 저항이 일어나는가? 상호의존성(interdependency)의 형태들이 그와 같은 집회들의 전면에 위치하고 있다는 점에서 집회는 사회적 행동과 표현이 가진 체현적 특성을, 그리고 신체를 매개로 한 복수 형태의 수행성으로 이해될 수 있는 것들을 반추해볼 기회를 제공한다. 인간의 관계성에 대한 어떤 윤리적인 개념화가 이 책에 등장하는 모든 정치 분석을 횡단하고 있는데, 이는 특히 공거(cohabitation)에 대한 한나 아렌트(Hannah Arendt)의 논의, 그리고 윤리적 요구가 어떤 면에서는 선택하는 주체의 형성보다 앞서 존재한다는, 따라서 계약이라는 상투적인 자유주의적 개념들보다 선행한다는 에마뉘엘 레비나스(Emmanuel Levinas)적 명제에서 더 선명하게 부각될 것이다.

이 책 앞부분은 정치 시위가 일어날 때 소속의 양태와 시위 장소에 따라 달라지는 상황들을 상정하는 집회의 형식에 집중하고 있다. 그리고 이 책 뒷부분은 지리적 혹은 언어적 소속감이 없는 이들 사이에서 유지되는 윤리적 책무의 형식들을 탐구하고 있다. 마지막으로, 이미 그릇된 삶을 영위하는 상황에서 올바른 삶을 살아내는 것은 불가능하다는 테오도어 아도르노(Theodor W. Adorno)의 주장을 받아들이면서 나는 우리가 살아내야 하는 "삶"이란 언제나 사회적 삶으로서, 각자의 관점과 처지를 바탕으로 한 일인칭적 성질을 넘어서는 보다 큰 사회·경제·인프라의 세계로 우리를 매개한다고 주장한다. 이런 이유로 나는 윤리적 질문들이 반드시 사회적·경제적 질문들에 연루되어 있다고 주장하는 바다. 비록 그 윤리적 질문들이 항상 사회적·경제적 문제들에 가려 소진되는 것은 아니지만 말이다. 실로, 여러모로 제한받고 있는 인간 행동의 개념화에 대해 고민해본다면 우리는 다음과 같이 말할 수 있을 것이다. 즉 '나는 어떻게 행동해야 하는가'라는 기본적인 윤리적·정치적 질문을 할 때 우리는 그 행동을 가능케 하는 세계의 환경에 대해 말하고 있다는 것, 혹은 불안정성이 만연한 상태에서 더욱더 그러하듯이 행동의 조건들을 약화시키는 세계의 환경에 대해 은연중에 말하고 있다는 것이다. 함께 행동할 수 있는 조건들이 파괴되고 와해되었을 때 함께 행동한다는 것은 무엇을 의미하는가? 그와 같이 어려운 교착상태는 역설적이게도 타자의 고통을 애도함과 동시에 함께 희열을 느끼는 어떤 사회적 연대를 위한 조건이 될 수 있기도 하다. 곧 강압의 상태에 놓여 있는 신체들에 의해 실행되는 집회, 혹은 강압의 이름으로 실행되는 집회, 집회 그 자체가 이미 끈기 있는 근성과 저항을 의미하는 그런 사회적 연대 말이다.

1장

젠더 정치와
출현할 권리

2011년 브린 모어 대학교에서 행한 몇차례 강연이 이 책에 밑거름을 제공했다. 당시 내가 선택했던 "제목"은 원래 '연대하는 신체들'(Bodies in Alliance)이었다. 비록 그 제목을 생각했을 때만 해도 그 제목의 의미가 시간이 지나서 어떻게 변화할지, 또 어떻게 원래와 다른 모양과 힘을 지니게 될지 몰랐지만, 이제 와 돌이켜보면 실로 시의적절한 제목이었다. 인민이 미국을 비롯한 여러 나라들에서 전제정치와 경제적 불공정성을 포함한 다양한 사안들에 반기를 들면서, 혹 때로는 자본주의 자체나 자본주의가 변형된 오늘날의 여러 형태들에 도전하면서 집회를 열던 그 시기에 우리는 대학이라는 학술기관에 모여 있었던 것이다. 그리고 다른 시기에, 아니 아마도 이와 동시에, 군중이 복수 형태의 정치적 현전으로서, 그리고 정치적 힘으로서 스스로를 드러내고 목소리를 전하기 위해 한데 모였던 것이다.

"책임"이라는 개념은 이 개념이 신자유주의적 목적을 위해 그간 얼마나 문제적으로 재전유되어왔는가에 상관없이, 심화되고 있는 불평등을 비판하는 데 여전히 중요한 요소다. 신자유주의 도덕과 관련해 우리 각자는 그저 스스로에 대한 책임만을 지며 타인에 대한 책임은 지지 않는다. 따라서 그 책임이란 무엇보다도 자립이 구조적으로 훼손되어 있는 상황에서도 경제적으로 자립해야 한다는 의미의 책임이다. 의료보험료를 낼 수 없는 이들은 폐기 가능하다고 여겨지는 이들의 한 버전일 뿐이다. 부유한 이들과 가난한 이들 사이에 커져만 가는 간극을 목도하는 모든 이들, 여러 형태의 안전망과 장래에 대한 희망을 잃어버린 것을 알고 있는 이들은 또한 다수 일반인들의 희생을 댓가로 극소수가 부를 축적하도록 도와주고 있는 정부와 정치경제가 자신들을 버렸음을 알게 된다. 따라서 인민이 거리에 대규모로 운집할 때 여기서 드러나는 분명한 함의 하나는 다음과 같다. 그들은 여전히 여기에, 여전히 거기에 머무르고 지속할 것이며, 집회를 통해 그들 모두가 놓인 상황을 공유하고 있음을 천명하거나 혹은 그런 상황을 함께 깨닫기 시작하고 있음을 보여줄 것이다. 그리하여 그들이 발언하지 않거나 혹은 협상 가능한 요구를 제시하지 않을 때조차 정의에 대한 요구가 실행되고 있다. 그들이 그 순간 직접적으로 언어를 사용하건 안 하건 간에, 한데 모인 신체들은 "우리는 폐기 가능한 이들이 아니다"라고 "말하고" 있다. 그들이 말하는 바는 "우리는 끈질기게 버티면서, 보다 큰 정의와 불안정성으로부터의 해방, 그리고 살 만한 삶에 대한 가능성을 요구하면서 여전히 여기에 있다"라는 것이다.

물론 정의를 요구한다는 것은 강력한 행동으로서, 정의를 요구하

는 그 즉시 모든 활동가는 어떤 철학적 문제에 직면하게 된다. 정의
란 무엇인가? 그리고 정의에 대한 요구가 만들어지고, 이해되고, 시
작되게끔 하는 수단은 무엇인가? 여러 신체들이 이러한 방식으로,
또 이와 같은 목적으로 모일 때 간혹 "우리는 요구하는 바가 없다"
라고 말하는 이유는 그들이 요구하는 바 때문에 요구하는 정의의 의
미가 훼손되어서는 안 되기 때문이다. 달리 말해 우리는 모두 의료
보장 문제, 공교육 문제, 주거 문제, 그리고 식량의 분배 및 이용 가
능성 문제에 대한 정의로운 해결책을 상상해낼 수 있다. 그 말인즉,
우리는 다수의 불공정한 것들을 목록화하여 특정한 요구의 형태로
제시할 수 있다는 것이다. 그러나 비록 정의에 대한 요구가 그와 같
이 개별적인 요구들 하나하나 안에 존재하고 있기는 하지만, 정의에
대한 요구는 그 모든 개별적 차원의 요구를 필연적으로 넘어설 수밖
에 없다. 분명 이는 플라톤주의적인 논점이라 할 수 있지만, 정의에
대한 요구가 작동하는 다른 방식들을 이해하기 위해 우리가 여기서
플라톤의 형상 이론에 의거할 필요는 없을 것이다. 신체들이 모여
분노를 표출하고 공적 공간에서 복수 형태로서의 그들 존재를 상연
할 때, 그들은 또한 인정받고 존중받을 수 있게 해달라는 보다 넓은
차원의 요구를 하고 있는 것이다. 아울러 그들은 출현할 권리, 자유
를 행사할 권리를 실천하고 있는 것이며, 또한 살 만한 삶을 요구하
고 있는 것이다. 물론 그런 주장이 하나의 주장으로서 표명되기 위
해서는 필요조건들이 있다. 게다가 2014년 여름에 있었던 미주리주
퍼거슨의 공공시위 사례를 볼 때 대중의 정치적 저항 형태 — 이 경
우 마이클 브라운(Michael Brown)이라는 비무장 청년을 경찰이 살

해한 사건에 대한 저항이었다 —— 가 얼마나 빨리 "소요"나 "폭동"으로 재명명되는지를 쉽게 알 수 있다.[1] 이 경우, 국가 폭력에 저항하기 위해 모인 집단의 단결 행동은 그들이 실제로 폭력적 행동을 하지 않았을 때에도 폭력적인 행동으로 이해되었다. 우리는 그들이 저항하는 대상에 의해 명명되는 방식과 관련해, 그와 같은 시위들이 전하고자 하는 의의를 어떻게 이해할 수 있을까? 이것이 별도의 고려를 요하는, 복수 형태로 상연된 수행성의 한 정치적 형태인 것일까?

*

나는 다음과 같은 질문을 종종 받곤 한다. 우리는 어떻게 젠더 수행성 이론으로부터 불안정한 삶에 대한 고려로 나아갈 수 있을까? 비록 이 질문이 종종 어떤 전기적인 대답을 구하고 있긴 하지만, 그럼에도 그것은 분명 이론적 사안이다. 이는 곧, 이 두 개념 사이에 어떤 연결점이 존재한다면 그것은 대체 무엇인가라는 질문이다. 이러한 질문은 내가 과거에는 퀴어(queer) 이론과 성소수자들 및 젠더소수자들의 권리 문제에 관심을 가졌으나 지금은 전쟁이라든지 다른 사회적 상태가 특정한 이들을 애도 불가능한 존재로 지명하는 방식에 대한 글을 더 많이 쓰고 있다고 지적하는 듯하다. 『젠더 트러블』(*Gender Trouble*, 1989)에서 나는 때때로 개인들이 수행할 수 있는 특정한 행동들이 젠더 규범에 어떤 전복적인 효과를 만들어낼 수 있다고 했던 것 같다. 현재 나는 폐기 가능한 존재로 간주되는 다양한 소수자들이나 인구들 사이의 연대 문제에 몰두하고 있다. 좀더 구체적으로 말하자면, 나는 중명사(中名辭)이자 어떤 면에서는 중재하는 용어라 할 수 있는 불안정성이, 다른 경우 같으면 서로 간에 공통점을 찾을 수 없고, 종종 심지어 의심과 반목을 가졌을 이들 사이에서 어떻게 연대의 현장으로서 작동할 수 있는지, 혹은 작동하고 있는지에 관심이 있다. 다만 내 초점이 옮겨 갔을지언정 한가지 정치적 관점만큼은 여전히 그대로일 것이다. 바로 함께 산다는 것, 자발적인 선택이 아닐 때도 있지만 서로 차이를 가로지르며 가까이에서 함께 산다는 것, 특히 아무리 어렵더라도 이를 윤리적이고도 정치적인 의무로 둔 채 함께 산다는 것이 정치적으로 어떤 의미인지에 대해, 정체성 정치는 좀더 폭넓게 개념화를 제공해주지 못한다는 점이다. 게다가 자유는 대개 타자와 함께 행사되는 것이고, 이를 위해 꼭 통일되거나 일치된 방식이 필요하진 않다. 자유는 어떤 집단적 정체성을 상정하지도 생산하지도 않으며, 오히려 상호지원, 갈등, 관계의 끊어짐, 기쁨, 그리고 연대를 포함하는 활성적이면서도 역동적인 관계들의 집합을 만들어낸다.

　이와 같은 역학을 이해하기 위해 나는 "수행성"과 "불안정성"이라는 용어로 축약된 두가지 이론 영역을 살펴볼 것을 제안한다. 그리하여 우리가 젠더 소수자들 및 성소수자들을 불안정한 인구에 보다 일반적으로 연결해주는 형태, 곧 어떤 연합(coalition)의 틀로서의 출현할 권리에 대해 어떻게 사유할 수 있을지 알아보고자 한다. 수행성은 무엇보다 먼저 발화를 하는 순간에 무언가를 일어나게 하거나 어떤 현상을 존재하도록 만드는 언어적 발화의 특성을 의미한다. 이 개념은 원래 J. L. 오스틴(J. L. Austin)이 창안했으나, 특히 몇몇 예를 들자면, 그동안 자끄 데리다(Jacques Derrida), 삐에르 부르디외(Pierre Bourdieu), 이브 코소프스키 세지윅(Eve Kosofsky Sedgwick) 등 이론가들에 의해 여러 수정과 변화를 거쳐왔다.[2] 발화는 그것이 말하는 바를 만들어내거나(발화수반적illocutionary), 혹은 말해진 발화의 결과로서 일련의 사건들을 일어나게 하기도 한다(발화효과적perlocutionary). 왜 우리가 이처럼 비교적 애매모호하다고 할 수 있는 화행 이론에 관심을 가져야 할까? 우선 수행성은 새로운 상황을 초래하거나 일련의 효과들을 이끌어내는 데 언어가 가진 힘을 명명하는 한가지 방식이다. "빛이 있으라" 하니 갑자기 빛이 생겨났다는 성서 구절에서 알 수 있듯 하느님이 최초의 수행적 발화자로 여겨지는 것은 우연이 아니다. 혹은 전쟁을 선포하는 대통령은 대개 본인의 선언 결과로서 전쟁이 실현되는 것을 보게 되기도 한다. 마치 적절한 법적 조건 아래 두 사람이 혼인했다고 선언하는 판사가 대개 본인의 선언 결과로서 혼인한 커플을 만들어내는 것처럼 말이다.* 여기서 중요한 점은 언어가 행위를 할 뿐만 아니라 그 행위가 강력하게 행해진다는 데 있다. 그렇다면 어떻게 수행적 화행 이론이 젠더 수행 이론이 되는 것일까? 먼저 대개 전문 의료인들은 첫 울음을 터뜨리는 아기가 남자아이인지 여자아이인지를 선언하곤 하는데, 설령 그들의 발화가 아기 울음을 비롯한 시끄러운 소리에 묻혀 들리지 않을지라도 그들이 그 순간 체크 표시를 한 성별 항

---

* 미국의 경우 대부분 판사의 입회 아래 시청 등 지정된 공공기관에서 혼인신고를 하게 되어 있다.

목은 국가에 등록되는 법적 서류들에서 분명히 확인할 수 있다. 내가 여기서 주장하려는 바는 우리 대다수가 성별 항목에 체크를 해서 이를 기관에 제출하는 누군가에 의해 우리의 젠더를 결정받는다는 것이다. 비록 몇몇 경우에, 특히 간성(intersexed) 상태로 태어난 이들의 경우에 성별 항목에 체크를 하는 데 시간이 좀 걸릴 수도 있고, 체크 표시가 몇번이고 지워질 수도 있고, 기관에 제출하는 서류가 수차례 지연될 수도 있긴 하지만 말이다. 어떤 경우든 우리 대다수에겐 우리의 젠더를 최초로 결정짓는 어떤 생생한 사건이 분명 존재했을 수밖에 없다. 혹은 우리가 태어났을 때 아마도 누군가가 그저 허공에 대고 "남자아이야" 혹은 "여자아이야"라고 외치는 일이 있었을지도 모른다. 비록 그 최초의 외침이 때로는 분명 질문의 형태였을 수도 있지만 말이다. 예를 들어 남자아이를 갖길 원하는 이는 한가지 질문만을 할 것이다. "남자아이야?" 혹은 만일 우리가 입양되었다면 우리를 입양할지 고민하던 누군가는 선호하는 성별을 체크하거나, 스스로 입양 절차를 진행하기에 앞서 우리의 젠더에 동의해야만 했을 것이다. 어떤 면에서 이 모든 것은 우리의 젠더화된 삶이 시작되는 담론적 순간으로 남는다. 그리고 우리의 운명을 결정한 이가 오직 한명이었을 경우는 거의 없다. 엄청난 언어적 힘을 가진 주권이라는 개념은 그동안 보다 장황하고 복잡한 담론적·제도적 권력에 의해 대부분 교체되어왔으니 말이다.

만일 수행성이 언어적인 것으로 여겨진다고 한다면, **신체를 매개로 한 행동들**은 어떻게 수행적이게 되는 걸까? 이는 우리가 젠더의 형성을 이해하기 위해서만이 아니라 대규모 시위의 수행성을 이해하기 위해서도 물어봐야 할 질문이다. 젠더의 경우, 앞서와 같이 태어남과 동시에 이루어지는 젠더에 대한 최초의 기입과 호명은 얼핏 제어 불가능한 방식으로 우리에게 영향을 미치는 타인들의 기대와 환상을 수반하는데, 이는 분명 사회심리적인 부담임과 동시에 점진적으로 규범이 주입되는 과정이다. 그러한 기입은 우리가 그것을 거의 기대할 수 없을 때 도착하고, 우리와 함께 나아가며 우리가 가진 여러 형태의 반응성을 작동하게 하고 아울러 이를 구성해낸다. 그 규범들이 단순히 우리에게 각인되기만 하거나, 혹은 우리를 어떤 문화 기계에 대한 수많은 수동적 수용자들처럼 특징짓기만 하는 것은 아니다. 그 규범들은 또한 우리를 "생산해낸다". 여기서 생산해낸다는 말은 규범이 우리를 만들어낸다든가, 우리가 누구인지를 엄격하게 결정한다는 뜻이 아니다. 오히려 규범들은 우리가 시간이 지남에 따라 습득하게 되고 실제 경험하게 되는 체현을 우리에게 일러주고, 아울러 그런 체현의 형태가 바로 그 규범들과 겨룰 수 있는, 아니 심지어 그 규범들과의 관계를 끊어낼 수 있는 방법이 됨을 일러준다.

이런 과정이 어떻게 일어나는지를 가장 확연히 볼 수 있는 한가지 실례는 바로 우리가 젠더 지정(gender assignment)의 규약을 거부하는 경우다. 이 경우 우리는 실로 우리의 견해를 말로 표현하기 이전에 그러한 거부를 실행하거나 구현해내고 있는 것이다. 우리는 그 거부를 우선 젠더 지정에 의해 매개되는 규범들에 순응하는 것을 온몸으로 거부하는 일로 이해할 수 있다. 비록 우리가 어떤 면에서는 부득이하게 젠더 규범을 재생산하기도 하지만, 우리가 그런 의무를 준수하고 있는지 감독하는 "경찰"은 때때로 감독 업무 중에 잠들기도 한다. 그리하여 우리는 지정된 길에서 벗어나기도 하고, 몰래 어둠 속에서 부분적으로 그런 일탈을 실행하기도 하고, 어떤 경우에 자신이 여자처럼 행동하는지, 혹은 충분히 여자답게 행동하는지, 혹은 충분히 남자답게 행동하는지 궁금해하기도 한다. 또는 우리가 되어야만 하는 바로 그 남자의 모습에서 충분한 남자다움을 찾을 수 있는지, 자신이 그 표식을 잃어버리진 않았는지 궁금해하기도 하고, 그에 따라 기존의 젠더 구분 사이에서 행복하게 혹은 그다지 행복하지 못한 채로 살고 있는 우리 자신을 발견하기도 한다. 젠더를 상연하는 데서 젠더의 표식을 잃어버릴 가능성은 언제나 존재한다. 실로 젠더는 그 표식을 잃어버리는 것이 매우 중요한 결정적 특성이 되는 바로 그 상연(enactment) 자체라 할 수 있다. 젠더의 문화 규범들에는 비록 환상적인 차원까지는 아닐지라도 어떤 이상성이 존재한다. 심지어 새롭게 나타난 인간들이 그런 기존 규범들을 반복하고 기꺼이 수용하고자 할 때조차 그들은 그러한 이상들, 곧 많은 것이 서로 갈등관계에 있는 이상들 사이에서 끊임없는 간극을 발견할 수밖에 없다. 아울러 그들은 우리 자신에 대한 이해와 타인에 대한 이해가 상충하는 체현의 현장에서 결국 우리가 다양한 차원에서 노력할 수밖에 없다는 사실을 알게 된다. 만일 젠더가 우선 다른 누군가의 규범으로서 우리에게 오는 것이라면, 결국 젠더는 타인에 의해 구성되는 동시에 내가 구성하는 일부분이기도 한 어떤 환상으로서 우리 안에 살게 되는 것이다.

그러나 지금 논하고 있는 사안에 국한해보자면 내 논점은 단순한 편이다. 젠더는 받아들여지는 것이다. 그렇다고 해서 마치 우리가 어떤 표식이 기입되는 수동적인 석판인 양 젠더가 우리의 육체에 단순하게 기입되는 것은 분명 아니다. 그러나 우선 우리가 일종의 의무로서 해야 하는 일은 우리에게 지정되어 있는 젠더를, 그리고 다양한 종류의 호명을 통해 매개되는 일련의 환상에 의해 부지불식간에 형성되는 젠더를 상연해내는 것이다. 젠더는 몇번이고 상연되지만 그 상연이 항상 특정한 종류의 규범들을 따르는 것은 아니며, 언제나 규범에 정확히 일치하는 것도 아니다. (어떤 버전의 젠더가 습득되는지, 그리고 그 젠더가 어떤 수단을 통해 습득되는지를 매개하는 서로 갈등하는 여러 요구들이 있을 수 있으므로) 그런 규범들이 어떤 규범인지를 해독해야 하는 문제가 있을 수 있다. 하지만 우리가 불복종할 수 있는 가능성을 그 안에 품고 있는 규범을 상연한다는 것에 관하여 생각해볼 무언가가 있다. 비록 젠더 규범이 우리보다 선행하고 우리에게 영향을 미치기는 하지만(이것이 바로 규범 상연의 첫번째 의미라 할 수 있다), 우리는 그 규범들을 재생산해야만 하고, 우리가, 언제나 부지불식간에, 규범의 재생산을 시작할 때면, 언제나 무언가가 엇나가게 된다(그리고 이것이 바로 규범 상연의 두번째 의미라 할 수 있다). 그러나 이 같은 재생산 과정에서 규범의 어떤 약점이 드러나거나, 규범의 장 안에서 혼란과 갈등을 야기하는 일련의 또다른 문화적 관습들이 개입하기도 한다. 혹은 규범 상연 중에 또다른 욕망이 작동하기 시작하거나 저항 형태들이 나타나기도 하고, 계획하지 않았던 어떤 새로운 무언가가 생겨나기도 한다. 심지어 우리 삶의 가장 이른 시기에도, 젠더 호명이 가진 분명할 것 같은 목적은 결국 완전히 다른 목적으로 변화하여 실현된다.

그와 같은 목적의 "변화"는 젠더가 상연되는 와중에 일어나는데, 곧 우리는 무언가 다른 것을 하고 있는 우리 자신을, 다른 이들이 우리에 대해 기대하는 바와 꼭 같지는 않은 방식으로 행동하는 우리 자신을 발견하게 된다.

비록 법·의학·정신의학을 비롯해 젠더에 대해 이른바 권위를 내세우는 담론들이 존재하며, 아울러 그것들이 각각의 젠더화된 규약들 안에서 인간 삶을 빚어내고 유지하고자 하기는 하지만, 그 담론들이 언제나 의도하는 바대로 젠더 담론의 효과들을 유지할 수 있는 것은 아니다. 게다가 신체를 매개로 한 규범의 상연 없이는 젠더화된 규범의 재생산 또한 있을 수 없다. 그리고 비록 임시적일지라도 그와 같은 규범의 장이 깨져서 열릴 때, 우리는 규제 담론의 생생한 목적들이 신체적으로 실행될 시에는 그것이 언제나 미리 예상했던 결과로 이어지지는 않는다는 것을, 그리하여 우리가 이미 널리 퍼져 있는 인정 규범들에 도전하는 방식으로 젠더를 표현하며 살아갈 가능성을 열어낸다는 것을 알게 된다. 그러므로 우리는 트랜스젠더, 젠더퀴어, 부치, 펨, 그리고 과장되거나 혹은 저항적인 형태의 남성성 및 여성성의 출현을, 또 심지어 이와 같은 모든 범주적 구분에 반대하는 젠더화된 삶의 영역마저도 분명하게 목도할 수 있다. 몇 년 전 나는 젠더 수행성 안에서 어떤 우발적인 형태의 행위성을 찾아내려 한 적이 있다. 그리고 이 행위성이 분명 모든 문화, 권력, 그리고 담론의 바깥에 존재하는 것이 아니라, 바로 그 규약들의 내부로부터, 갑작스러운 일탈로부터 출현한다는 게 중요하다. 이로써 그 행위성은 사전에 젠더에 대한 지식을 확정짓고 정상화하는 모든 제도적 체제, 가령 자녀 양육의 구조를 포함하는 체제들이 가진 절대적 목적들을 와해할 수 있는 문화적 가능성을 확립해낸다.

따라서 무엇보다 먼저, 젠더가 수행적이라고 말하는 것은 젠더가 일종의 상연이라고 말하는 것과 같다. 젠더의 "외양"(appearance)은 종종 젠더의 내적인, 혹은 고유한 진실인 듯 오해받지만, 젠더는 우리에게 (대개 엄격히 이분법적인 틀 안에서) 이런 젠더 혹은 저런 젠더가 되어야 한다고 요구하는 강제적 규범들에 의해 유발되는 것이다. 따라서 젠더의 재생산은 언제나 권력과의 절충일 수밖에 없다. 결국 그 반복된 실행 과정에서 젠더화된 실재를 새로운 방향으로 재구성할 가능성을 열면서 기존 규범들을 예기치 못한 방식으로 허물거나 재구성할 위험을 가진, 이와 같은 규범의 재생산 없이는 젠더 또한 존재할 수가 없다. 이런 분석에 깃든 정치적 열망은, 아니 그 규범적 목적은 젠더 소수자들 및 성소수자들의 삶이 보다 가능해지고 보다 살 만해지도록 하는 것이다. 그리하여 기존 젠더에 따르지 않는 신체들, 또 반대로 (큰 값을 치르고서라도) 젠더 규범에 너무나도 잘 순응하는 신체들이 공적 및 사적 공간에서, 그리고 공적 공간과 사적 공간을 가로지르거나 그 구분을 와해하는 모든 지대에서 보다 자유롭게 숨 쉬고 움직일 수 있도록 말이다. 물론 내가 구성했던 젠더 수행성 이론에서 나는 어떤 젠더 수행이 옳다거나 더 전복적이라고, 어떤 젠더 수행이 잘못되었다거나 반동적이라고 주장한 적이 결코 없다. 이는 심지어 내가 특정한 종류의 젠더 수행이 경찰의 만행, 괴롭힘, 범죄화 및 병리화 등에서 해방되어 공적 공간 진입의 돌파구를 찾는 것을 분명 높게 평가했음에도 그렇다. 내 논지는 곧, 보다 살 만한 삶을 영위하기 위해 젠더화된 삶에 가해지는 규범의 강압적인 영향력을 완화시켜야 한다는 것이었다(이는 모든 규범을 초월해야 한다거나 그와 같은 규범 모두를 철폐해야 한다는 말과는 동일하지 않다). 지금 말한 것은 일종의 규범적인 시각일 텐데, 이는 그 시각 자체가 어떤 형태의 정상성이라는 의미에서가 아니라 그저 그런 시각이 어떤 세계를 마땅히 그래야 하는 것으로 보는 시각을 대표한다는 의미에서 그렇다. 실로, 이른바 제대로 돌아가는 세계라면 정상성으로부터의 이탈을 보호해주어야만 할 것이고 그렇게 이탈하는 이들을 지원하고 지지해야만 할 터다.

누군가는 젠더 수행성이 젠더 소수자 및 성소수자가 (혹은 때로 심리적·신체적으로 큰 댓가를 치르고서 규범적인 "척하며 살아가는" 젠더 다수자가) 살아가기엔 전혀 살 만하지 못한 조건들에 반하는 이론이자 실천이라고 말할지도 모른다. 따라서 앞의 논의 구도 안에 어떻게 불안정성 문제가 늘 자리 잡아왔는지를 이해해볼 수도 있다. "불안정성"이란 어떤 인구가 제대로 작동하지 않는 사회적·경제적 지원체계 탓에 남들보다 더 많이 고통받으며 상해, 폭력, 그리고 죽음에 더 많이 노출되는, 정치적인 문제로 초래된 어떤 상태를 의미한다. 앞서 언급했듯 불안정성은 곧 불안정 상태의 차별적 할당이라 할 수 있다. 불안정 상태에 차별적으로 노출된 이들은 적절한 보호나 보상도 받지 못한 채 질병, 가난, 기아, 추방, 그리고 폭력에 대한 취약함 같은 위험에 노출될 위험이 매우 높다. 또한 불안정성은 국가의 임의적 폭력, 거리나 가정에서의 폭력, 혹은 국가에 의해 자행되는 폭력은 아니더라도 사법기관의 충분한 보호나 보상을 제공받지 못하는 형태의 폭력에 노출된 인구에서 보듯 정치적으로 초래된 극대화된 취약성과 노출 상황을 특징짓는 말이기도 하다. 따라서 불안정성이라는 용어를 사용함으로써 우리는 굶주리거나 거의 굶주림 상태에 근접한 인구, 즉 하루는 식량원을 구하지만 그 다음 날은 구하지 못하는, 혹은 자원 부족 때문에 조심스럽게 나누어지는 배급에 의존해야 하는 인구를 언급할 수도 있다. 우리는 가자 지구의 팔레스타인인들이 생존하기 위해 어느 정도의 식량이 필요한지의 문제를 이스라엘 국가가 결정하고 있는 상황에서 이를 알 수 있다. 혹은 주거지가 임시적이거나 살 집 자체를 잃은 전세계 여러 인구의 실례들을 통해서도 이를 알 수 있다. 또한 우리는 거리의 폭력과 경찰의 괴롭힘에 맞서 스스로를 지켜야만 하는 트랜스젠더 성노동자들에 대해서도 말할 수 있을 것이다. 이들은 때로 같은 집단이기도 하고 때로 다른 집단이기도 하다. 그러나 이들이 같은 인구의 일부일 때 그들은 불안정성에 대한 그들의 갑작스러운, 혹은 이미 오래 지속된 종속에 의해 서로 연결된다. 심지어 그들이 이러한 결속을 인정하고 싶어 하지 않을지라도 말이다.

이처럼 불안정성은 명백히 젠더 규범과 직접적으로 연결되어 있는 것 같다. 왜냐하면 우리는 이해 가능한* 방식으로 자신들의 젠더

• 이해 가능한(intelligible), 혹은 이해 가능성(intelligibility)은 원래 플라톤이 시시각각, 그리고 여러 조건 및 상황에 따라 변화무쌍한 인간의 감각적(aisthete/ aisthos, sensible) 인식에 대비되는 용어로서 사용하고 있짓 noete/noetos의 영어 번역어다. 국내에서는 이를 '가지적(可知的)' 등의 용어로 번역하고 있는데 이 책에서는 모두 '이해 가능한'으로 옮겼다.

를 살아가고 있지 않은 이들이 괴롭힘을 당하고, 병리적 문제집단으로 취급받거나 폭력에 노출될 위험이 매우 크다는 것을 알고 있기 때문이다. 젠더 규범은 결국 우리가 공적 공간에서 어떻게, 또 어떤 방식으로 나타날 수 있는지, 공적인 것과 사적인 것이 어떻게, 또 어떤 방식으로 구별되는지, 아울러 그런 구별이 어떻게 성정치를 위해 도구화되는지와 관련해 있다. 공적 영역에서 스스로를 어떻게 드러내는지에 근거해 누가 범죄자 취급을 받게 되는지를 물음으로써 나는 누가 범죄자로서 취급되는지, 그리고 누가 범죄자로 만들어지는지를 묻고 있는 것이다(여기서 범죄자로 만들어진다는 것이, 특정한 젠더 규범의 표현이나 특정한 성적 실천을 차별하는 법 조항에 의해 범죄자로 명명되는 것과 항상 같은 것은 아니다). 또한 나는 이 질문을 통해 누가 거리에서, 혹은 일터에서, 혹은 가정에서 법에 의한, 아니 좀더 구체적으로 말하자면 경찰에 의한 보호를 받지 못하게 되는지, 그리고 누가 사법적 규정이나 종교기관 안에서 보호를 받지 못하는지를 묻고 있다. 누가 경찰 폭력의 대상이 되는가? 부당한 상해를 입었다고 주장하는 이들 가운데 누구의 주장이 거부되는가? 누가 한편으로는 매혹의 대상이자 그 대상을 소비하는 이들의 쾌락의 대상이 되는 동시에, 또 한편으로는 낙인찍히고 그 권리를 박탈당하게 되는가? 누가 법 앞에서 의료보장 혜택을 받게 되는가? 누구의 친밀한 관계, 누구의 친족관계가 법 앞에서 인정되고, 또 누구의 관계가 법에 의해 범죄 취급을 받게 되는가? 그저 24킬로미터 정도의 거리를 이동했을 뿐인데, 이동한 지역에서 누가 새로운 권리를 가진 주체가 되거나 혹은 범죄자가 되는가? 법원이 종교적이건 세속적이건 간에, 그리고 법률들 사이의 갈등이 우리가 나타나는 순간 우연히 해결되건 안 되건 간에, 많은 (혼인상, 혹은 부모자식 간) 관계들의 법적 지위는 우리가 어떤 사법체계의 영향 아래 있느냐에 따라 극명하게 달라진다.

인정에 대한 질문은 매우 중요하다. 왜냐하면 만일 우리가 모든 인간 주체란 동등하게 인정받을 자격이 있다고 말한다면, 우리는 모든 인간 주체가 동등하게 인정 가능한 존재라고 추정하고 있는 것이기 때문이다. 그러나 만일 고도의 통제를 받고 있는 출현의 장이 여러 사람들의 출현을 배제하거나 그들의 출현을 합법적으로 금지하는 공간을 만들어냄으로써, 결국 모든 이의 진입을 허락하는 것은 아니라면 어떻겠는가? 그처럼 제한적인 출현의 장은 왜 오직 특정한 종류의 존재만 인정 가능한 주체로서 나타날 수 있도록 하고 다른 이들은 그러지 못하게 하면서 규제되고 있는가? 실로 다른 방식이 아닌 오직 한가지 방식으로만 출현해야 한다는 강제적 요구는 출현 행위 자체를 가능하게 하거나 가능하지 않게 하는 선제조건으로서 기능하곤 한다. 이것이 의미하는 바는, 인정 가능한 지위를 얻게 만드는 규범을 우리가 체현하는 것은 타인에게 가해지는 특정한 인정 규범들을 승인하고 재생산하는 한가지 방식이 된다는 것이다. 이로써 인정 가능한 것들의 영역을 제한하면서 말이다.

이는 분명 동물권 운동에 의해 제기된 질문 중 하나다. 왜냐하면 동물권 운동은 '왜 오직 인간 주체만이 인정되고, 인간이 아닌 생물은 인정되지 못하는가'라는 질문을 하기 때문이다. 인간이 인간으로서 인정받도록 만드는 행동이 있다면, 그 행동은 인간을 다른 동물들로부터 분명하게 변별해주는 특성들만을 은연중에 선별한 것인가? 이런 식의 인정에 대한 자만은 그 자체로 불완전하게 비틀거릴 수밖에 없다. 만일 그렇게 인간이라는 피조물이 그 생명체로서의 현전에서 어떻게든 분리된다고 가정한다면, 과연 그 생명체는 실제로 인정 가능한 것인가? 그 생명체는 어떤 모습으로 보일 것인가? 이 질문과 연결되는 동시에 이를 반박하는 또다른 질문이 있다. 대체 어떤 인간들이 인간으로 여겨지는가? 어떤 인간들이 출현의 영역 내에서 인정받을 수 있고 또 어떤 인간들이 그럴 수 없는 것인가? 예를 들면 어떤 인종주의적 규범들이 작동해, 인간으로서 인정받을 수 있는 이들과 없는 이들을 구별하는 것인가? 특히 마지막 질문은 역사적으로 뿌리 깊은 형태의 인종주의가 이른바 짐승으로서의 흑인이라는 개념 구성에 의존할 때 더욱더 적절한 질문이 된다. 내가 어떤 인간들이 인간으로서 인정되고 또 어떤 인간들은 그러지 못하는가를 물을 수 있다는 바로 그 사실은, 지배적 규범에 의거할 경우 인정 가능하지 않은 채로 존재하지만, 반헤게모니적 형태의 지식에 의해 열리는 인식론적 영역 내에서는 분명 인정 가능한 인간의 영역이 존재한다는 것을 의미한다. 한편으로 다음 문장은 분명 모순이다. '어떤 인간 집단은 인간으로서 인정되며, 또다른 인간 집단은 인간이긴 하지만 인간으로서 인정되지 않는다.' 아마도 이런 문장을 쓰는 사람은 '두 집단 모두 동등하게 인간이다'라고 생각할 텐데, 문장 속 '또다른 인간 집단'은 그렇게 생각지 않을 것이다. 인간으로 인정되지 않는 그 또다른 집단은 비록 분명하게 공표되진 않을지언정, 인간을 인간으로서 구성하는 어떤 척도를 여전히 유지하고 있다. 만일 인간으로 인정되지 않는 이 두번째 집단이 그들이 생각하는 형태의 인간됨을 옹호하고자 한다면, 그들은 곧 곤경에 처할 것이다. 왜냐하면 어떤 집단이 인간이라는 주장, 혹은 심지어 그저 패러다임상 인간이라는 주장은, 인간인 것 같은 그 누구라도 그에 따라 판단받게 되는 어떤 척도를 도입하게 되어 있기 때문이다. 아울러 이 두번째 집단이 제기한 척도는 그것이 이른바 진리가 되는 데 필요한 합의를 도출할 수 없을 것이다. 그 척도는 비인간으로서의 인간이라는 영역을 상정한다. 즉 그 척도는 그것이 옹호하고자 하는 인간이라는 패러다임에서 분리된 비인간이라는 영역에 의존하고 있다. 물론 이는 실로 우리를 미치게 하는 종류의 사고임에 틀림없다. 우리는 인정되어야만 하는 이들과 인정되어서는 안 되는 이들을 지속적으로 구별해내는 인정 규범들이 초래한 이런 불화를 정확히 표현해내기 위해서 합리적인 언어를 이른바 틀린 방식으로 사용해야만 하며, 심지어 논리적 오류를 범해야만 할 수도 있다. 우리는 잔인하면서도 한편으로는 흥미로운 곤경, 즉 '인간으로 인정되지 않는 인간은 인간이 아니며, 따라서 우리는 그들을 인간인 것처럼 부르면 안 된다'라는 상황에 놓이게 된다. 우리는 이것이 그 규범을 강요할 때조차도 모순을 드러내는 노골적인 인종주의의 주요 공식 중 하나라고 이해할 수 있을 것이다. 이로써 우리는 젠더 규범들이 우리 스스로 만들어내지 않은 사회심리적 환상을 통해 우리에게 전해진다는 것을 이해할 필요가 있지만, 인간에 대한 규범들이 인간들을 차등적으로 구별하거나 비인간의 영역을 마음대로 확장함으로써 특정한 종류의 인간을 다른 인간들보다 더 정상인 것으로 확립하고자 하는 권력 양태들에 의해 형성되고 있다는 사실 또한 알 수 있다. 이 같은 규범들이 어떻게 확립되고 정상화되는지를 묻는 행위는 그 규범을 당연시하지 않는 과정의 출발이자, 어떻게 그 규범이 확립되고 실행되어왔으며 그 과정에서 누구의 희생을 담보로 했는지를 묻는 시발점이다. 자신들이 체현하도록 되어 있는 바로 그 규범에 의해 지워지거나 비하된 이들의 고투는 그들의 신체 자체와 관련된 인정 가능성에 대한 요구일 것이다. 즉 그들이 세상에 존재하고 있음에 관한, 그리고 그들 자신이 인간이라는 어떤 질료이자 중요한 대상임에 관한 공개적 요구인 것이다. 따라서 오직 인정 규범들에 대한 비판적 접근을 통해서라야 우리는 인종주의와 인간중심주의를 떠받치고 있는 사악한 논리들을 와해하는 작업을 시작할 수 있다. 그리고 오직 우리가 지워지는 바로 그때 그곳에 끈질기게 출현하는 방식을 통해서라야 그 출현의 영역은 부서지고 또 새로운 방식으로 열리게 된다.

그러나 이러한 종류의 비판이론은 일련의 언어적 난제에 의해 지속적으로 곤란한 상태에 놓인다. 헤게모니적 담론 안에서 "주체"로서 출현하지 않고, 출현할 수도 없는 이들을 우리는 무엇이라 불러야 할까? 이에 대한 한가지 분명한 응수는 이 질문을 다시 제기하는 것이다. 곧, 배제당한 이들은 스스로를 무엇이라 부르는가? 그들은 어떻게 출현하는가? 그들은 어떤 관습을 통해 출현하는가? 또한 그들은 당연시되는 논리 구도를 통해 작동하는 지배 담론에 어떤 영향을 끼치면서 출현하는가? 비록 젠더가 인간의 규범적 구성에 저항하는 모든 존재를 위한 패러다임으로서 기능할 수는 없지만, 젠더는 우리에게 권력, 행위성, 그리고 저항에 대한 사유의 출발점을 제공해줄 수 있다. 만일 우리가 누가 인정 가능하고 "판별 가능한지", 또 누가 그렇지 못한지를 좌우하는 성적 규범과 젠더 규범이 존재한다는 사실을 인정한다면, 우리는 "판별 불가능한" 이들이 어떻게 집단을 이루면서 서로에게 판별 가능한 존재가 되는 형태들을 발전시킬 수 있는지, 어떻게 그들이 차별적인 형태로 작동하는 젠더 폭력에 노출되어 있는지, 그리고 이처럼 흔히 폭력에 노출되는 것이 어떻게 저항의 동력이 될 수 있는지에 대해 이해하기 시작할 수 있다.

예를 들어, 그들이 오인되고 있다거나 혹은 분명하게 인식 가능하지 않은 상태로 존재한다는 사실을 이해하기 위해서는 아마도 사유, 체현, 그리고 심지어 인간 됨됨이에 대한 기존 규범들의 한계 지점에서 그들이 어떻게 존재하고 삶을 지속해나가는지를 이해하는 것이 필수적일 터다. 욕망, 지향성, 성적 행위, 그리고 쾌락에 대해 우리가 생각하는 방식을 결정하는 강력한 논리들 탓에 판별이 불가능해지는, 그리하여 우리가 적절한 용어로 표현할 수 없는 섹슈얼리티의 형태들이 있는가? 존재 가능한 무엇만이 아니라 젠더 규범에 순응하지 않는 삶들의 존재 가능성마저 제한하는 규범들을 열어젖히기 위해서는, 기존에 우리가 가진 용어들을 재고하거나, 평가절하된 이름들 및 호명 형태들을 재평가해야 한다는 비판적 요구가 있지 않은가?

젠더 수행성은 젠더가 나타나는 어떤 출현의 장을 상정하고 있으며, 아울러 젠더가 스스로를 표현해내는 방식대로 나타나는 인정 가능성의 체계 또한 상정하고 있다. 출현의 장이 그 자체로 위계적이고 배제적인 인정 규범들에 의해 규제되고 있기 때문에, 젠더 수행성은 주체를 인정 가능하게 하는 차별적인 방식들과 밀접하게 관련되어 있다. 어떤 젠더를 인정할 수 있느냐 하는 것은 그 젠더가 표현되는 방식, 곧 그 젠더가 출현할 수 있는 조건이 존재하느냐에 근본적으로 달려 있다. 우리는 이것을 젠더의 매개, 혹은 젠더 표현의 방식이라 부를 수 있을 것이다. 앞서 서술한 내용이 사실인 것만큼이나, 젠더가 때로는 기존의 출현 조건들을 응용하거나 수정하는 방식으로, 또 심지어 기존 규범들로부터 벗어나면서 혹은 예상치 못한 문화적 유산들로부터 새로운 규범들을 도입하면서 젠더 출현의 기존 조건들을 파괴하는 방식으로 출현하기도 한다는 것 역시 사실이다. 심지어 어떤 젠더가 출현할 수 있고 어떤 젠더가 출현할 수 없는지를 결정할 때조차 규범들은 출현의 영역을 통제할 수 없는바, 규범은 실질적으로 작동하는 어떤 전체주의적 권력이라기보다는 오히려 부재하는, 혹은 오류를 범하는 치안 권력으로서 작동한다. 나아가 만일 우리가 인정에 대해 좀더 신중하게 사유해본다면, 다음과 같이 질문해야 할 것이다. 완전한 인정과 부분적 인정을 구분할 수 있는 방법이 존재하는가? 그리고 심지어 인정을 오인으로부터 구분해낼 수 있는 방법이 존재하는가? 어떤 젠더를 인정하는 것이 종종 규범에 대한 특정한 형태의 신체적 순응을 수반한다는 점에서, 그리고 규범들이 어느정도는 모두 온전히 받아들이고 살아갈 수는 없는 이상들로 이루어져 있다는 점에서 두번째 질문은 매우 중요하게 고려돼야만 한다. 따라서 어떤 젠더를 인정할 때 우리는 어떤 규제된 이상 안에 머무르고자 하는 노력의 궤도를 인정하게 된다. 곧 세상에 온전히 체현하기 위해서 그 댓가로 생명체로서 자기 삶이 가진 차원의 일부분을 희생해야만 하는 그런 노력 말이다. 만일 우리 중 어느 누구가 최종적으로 어떤 규범적인 이상이 "된다"고 한다면, 이제 우리는 모든 노력, 모든 모순, 모든 교착상태를 극복한 것이 된다. 말하자면 이로써 우리는 살아간다는 것이 의미하는 몇몇 주요한 차원을 잃어버리게 되는 셈이다. 과도하게 초규범적인 젠더는 일부 살아 있는 생명체들을 거리낌 없이 걷어찰 수도 있다. 그러나 때로 그 초규범적인 "과도함"이야말로 우리의 젠더가 구성적으로 잘못되었다는 인식과 더불어, 또 그런 인식에 맞서 작동한다. 이는 우리의 숙고, 인내, 쾌락, 그리고 현재 우리의 젠더가 맞는 것이라는 인식과 함께 작동한다. 그 과도함은 분명 우리가 지지해야 할 트랜스젠더가 보여주는 새로운 삶의 양태들을 창출해내는 새로운 방식이 될 수 있다. 그러나 또 어떤 때에는 우리가 스스로 그렇다고 느끼는 젠더가 우리를 인정해줄 젠더가 되고, 우리의 젠더가 올바르다는 인식이 살 만한 삶의 전제조건이 될 수 있도록 그 간극을 좁히는 방법이 있기도 하다. 젠더 이상(gender ideal)은 어떤 덫이 아니라, 오히려 바람직한 삶의 방식이자, 아울러 인정을 요함과 동시에 또한 인정받을 만한 가치가 있는 자신의 젠더가 올바르다는 인식을 체현하는 방식인 것이다.

완전한 체현과 완전한 인정이라는 것이 그저 모종의 환상일지언정, 그리고 그것이 우리 존재가 가진 살아 있는 특성을 박탈하는 어떤 이상들 속으로 우리를 가둬놓겠다고 으름장을 놓는 무언가일지언정, 그런 종류의 환상이 없다면 과연 잘 살아가는 것이 가능할까? 살 만한 삶은 자신의 젠더에 대한 신체적 감각을 가멸차게 실행해내라는, 그럼으로써 그런 존재 방식이 세상에서 자유롭게 살아가게 허락하지 않는 제한으로부터 벗어나게 하라는 요구로부터 나올 수 있다. 인정을 근본적으로 박탈당하는 것은 존재와 지속의 가능성 자체를 위협한다.[3] 어떤 주체가 된다는 것은 우선 인정을 지배하는 특정한 규범들 틈에서 스스로의 길을 찾아갈 것을 요한다. 이 규범들은 결코 우리 스스로 선택한 것이 아니지만, 우리에게 다가와 구성적이고도 역동적인 문화적 힘을 통해 우리를 에워싼다. 따라서 만일 우리가 우리에게 할당된 젠더나 섹슈얼리티 규범들 안에서 스스로의 길을 찾지 못한다면, 혹은 오직 크나큰 어려움을 겪어야만 스스로의 길을 찾을 수 있다면, 우리는 인정 가능성의 한계 지점이라 할 만한 상태에 노출되는 것이다. 이 같은 상황은 때에 따라 끔찍할 수도, 흥분되는 일일 수도 있다. 그런 한계 지점에 존재한다는 것은 우리 삶의 생존 가능성 자체가 의문시됨을 의미한다. 즉 우리의 지속성에 대한 사회적인 존재론적 조건들이 의문시된다는 얘기다. 또한 이는 우리가 우리를 살게 하는 조건들을 개발하는 데 한계에 이를 수도 있음을 의미한다.

몇몇 자유주의 담론에서 주체는 기존의 법 앞에 도래하는, 그 조건들 안에서 인정을 요청하는 어떤 존재로 여겨진다. 그러나 (이는 분명 카프카Franz Kafka적인 질문일 텐데) 법 앞에 오는 것을 가능하게 하는 것은 무엇일까? 우리는 법에 대한 접근권이나 자격을 갖추어야만 할 것 같고, 혹은 어떤 특정한 형태로 법 안에 들어가거나 나타나야만 할 것 같다. 피고인을 법정에 세우는 것은 말하자면 인정받기 위해 노력하는 주체에게 어떤 기회를 만들어주는 것, 즉 그런 기회가 주어지는 주체를 생산해내는 것이나 다름없다. 이는 인종적 규범에 순응하는 것 혹은 스스로를 "포스트인종적"(postracial) 존재로 생산해내는 것을 종종 의미하기도 한다. "법"은 이미 피고인이 법정에 들어서기 전부터 작동하고 있다. 법은 누가 보일 수 있고, 누구의 말이 들릴 수 있으며, 누가 인정될 수 있는지를 규정짓는 출현의 장을 규제적으로 구조화하는 형태를 취한다. 법의 영역은 정치의 장과 겹친다. 이 문제에 대한 구체적인 예로 우리는 그저 취업 비자, 혹은 시민권을 원하는 미등록 이주노동자들이 놓인 상황에 대해 생각해보면 된다. "합법적이게 되고자 하는" 그들의 바로 그런 노력이 곧 범죄 행위가 되는 상황 말이다. 변호사에게 자문을 의뢰하는 것 자체가 이미 미등록 이주노동자들을 체포되고 추방되는 상황에 노출시키는 행위가 될 수 있다. 적절한 "출현의 조건들"을 찾는 것은 복잡한 문제인데, 왜냐하면 이는 단순히 어떤 신체가 법정에 어떻게 나서느냐의 문제가 아니라, 결국 법정 출두로 이어질 가능성이 있는 그 기다림의 자리에 그가 어떻게 설 수 있느냐 하는 문제이기 때문이다.

미등록 이주노동자들이 행한 집단시위가 지난 수년간 증가했던 것은 아마도 정치적·경제적 과정에서 (그리고 공공서비스를 민간에 팔아넘기는 정부와 신자유주의 경제 사이의 특수한 결탁에 의해) 버림받은 이들이 시위를 행한 동기와 관련이 있을 수 있다. 그런 이들이 출현의 장으로 들어오는 것은 곧 인정받을 권리, 그리고 살 만한 삶이 허락될 권리에 대한 일련의 요구를 하는 것이나 다름없다. 또한 그것은 공적 영역에 대한 권리를 주장하는 한 방식이기도 하다. 라디오방송이건, 광장에서의 집회 형태건, 도심 주요 거리에서의 행진이건, 혹은 대도시 주변부에서의 봉기건 간에 말이다.

지금 내가 인간 공동체라는 확장되는 개념화 안에서 권리를 박탈당한 인민의 온전한 자리가 허락되어야 한다고 탄원하고 있는 것처럼 보이는 것도 당연하다. 어떤 면에서 이 말은 맞는 말이다. 비록 이같은 주장은 내가 지금 논하고 있는 바를 그저 단순하게 요약한 것일 뿐이지만 말이다. 만일 이 기획이 가진 규범적 궤도가 그런 주장으로 한정된다면, 우리는 인간이 어떻게 차별적으로 생산되는지, 또 누구를 희생시키면서 인간이라는 것이 구성되는지를 이해할 수 없을 것이다. 희생을 감내해야 하는 이들, 혹은 사실상 인간의 댓가이자 인간의 잔여물 혹은 잔재"인" 이들이야말로 바로 강제적 형태의 집단주의로 함몰되지 않은 채 편협한 개인주의를 극복하는 차원의 자유 형태를 실천하고 끈질기게 관철시키려 애쓰는 와중에, 뜻하지 않게 때로 서로 연대하게 되는 이들인 것이다.

인간의 규범이 어떻게 구성되고 유지되는지에 대해 비판적으로 사유하기 위해 우리는 그 규범이 만들어내는 규약들 외부의 입장을 취해야만 한다. 이는 비인간, 혹은 심지어 반인간이라는 이름으로 나서야 한다는 말이 아니다. 오히려 우리는 인간 형태의 삶으로 환원되지 않는, 그리고 인간 본성 혹은 인간 개인에 대한 그 어떤 강제적 정의로도 적절하게 지칭할 수 없는 사회성과 상호의존의 입장을 취해야만 한다. 인간 삶을 살아간다는 게 무엇인가에 대해 말하는 것은 이미 인간 삶의 방식이 비인간적 차원의 삶과 밀접하게 관련되어 있음을 인정하는 것이다. 헤겔(Georg W. F. Hegel)의 개념을 빌리자면, 만일 인간이 비인간 없이는 인간이 될 수가 없다면, 비인간은 인간에게 필수적일 뿐만 아니라 인간의 본질로서 위치하고 있다고 할 수 있다. 이것이 바로 인종주의자들이 자기네가 끝내 거부할 수 없는 인간성을 가진 이들에 대한 증오에 그토록 절망적으로 의존하고 있는 한 이유다.

여기서 논점은 단순히 우리 모두가 비인간, 혹은 비인간적인 것이라는 기치 아래 한데 모일 수 있도록 관계를 전복해야 한다는 것이 아니다. 아울러 한데 모일 능력도 저항할 힘도 없는 "헐벗은 생명"(bare life)으로서 배제된 이들의 현 상태를 그대로 받아들여야 한다는 것도 아니다. 오히려 우리는 아마도 "인간 삶"에 대한, 즉 이 말을 이루는 각 부분인 "인간"과 "삶"이 결코 서로 온전히 일치하지 않는 "인간 삶"에 대한 새로운 사유를 하는 와중에 이와 같은 분명한 역설을 함께 고려하는 데서부터 논의를 시작해볼 수 있을 것이다. 달리 말하자면, 비록 이 개념이 하나의 용어로서 때로는 서로를 밀어내는, 혹은 각기 다른 방향으로 작동하는 두가지 용어를 함께 보유하고자 하는 것일지라도, 우리는 "인간 삶"이라는 개념을 계속 유지해야만 한다. 인간 삶이 곧 삶의 전체인 것은 결코 아니며, 그것이 의존하고 있는 모든 삶의 과정을 이름하는 것도 아니다. 아울러 삶이란 결코 인간을 결정짓는 단일한 특성이 될 수 없다. 따라서 우리가 인간 삶을 무엇이라 부르건 간에 그것은 필시 이와 같은 갈등에 대한 타협으로 이루어질 수밖에 없다. 아마도 인간이란 것은 여러 피조물들 중 단독적인 하나의 생명체로서 출현하지만, 또한 우리를 넘어서는 살아 있는 존재들의 일부로서 출현한다고 하는, 바로 그 타협에 우리가 부여하는 이름일 수 있다.

내 가설인즉, 특정한 형태의 상호의존성을 인정하고 그것을 보여주는 방식들에는 출현의 장 자체를 변화시킬 수 있는 가능성이 있다는 것이다. 윤리적 차원에서 생각해볼 때, 일련의 유대와 연대를 발견하고 구축할 수 있고, 상호의존성을 평등의 가치에 대한 원리와 연결시킬 수 있는 방식이 있어야만 한다. 아울러 인정 가능성을 차별적으로 할당하는 권력들에 반대하면서, 혹은 당연시되는 권력의 작동을 와해하면서 이런 일을 수행하는 방식 또한 필요하다. 왜냐하면 삶이 모두에게 평등하게 가치 있는 것이면서 또한 동시에 상호의존적인 것이라면, 여기에는 어떤 윤리적 논증이 따를 수밖에 없기 때문이다. 『전쟁의 프레임』에서 나는 비록 나의 생명이 전쟁에서 파괴되지 않을지라도 타인의 생명과 그들 삶의 과정이 전쟁에서 파괴될 때 내 삶의 무언가도 파괴되는 것이라고 주장한 바 있다.[4] 이 같은 주장에서 어떤 논의를 더 진전시킬 수 있을까? 타인의 삶들은 나를 넘어서서 존재하는 삶의 일부로서 이해될 때 내 존재의 조건이기 때문에, 나의 삶만이 삶에 대한 배타적 권리를 주장할 수 있는 것은 아니다. 아울러 나 자신의 삶이 다른 모든 삶인 것은 아니며 그럴 수도 없다. 달리 말해, 살아 있다는 사실은 이미 나 스스로를 넘어서서, 그리고 나의 인간성을 넘어서서 다른 살아 있는 존재들과 연결되어 있는 것이다. 그리고 이처럼 인간이라는 동물의 영역을 넘어서서 존재하는 다른 생명들과의 생물학적 네트워크가 없이는 그 어떤 자아도, 그 어떤 인간도 살 수 없다. 이미 구축된 소중한 환경 자산과 지속 가능한 인프라가 파괴되는 것은 삶을 살 만하게 조직해주고 지탱해주는 것들이 파괴되는 것이나 다름없다. 흐르는 물은 아마도 이에 딱 들어맞는 적절한 예일 것이다. 전쟁에 반대한다는 것이 곧 다른 인간 생명의 파괴에 반대하는 것(물론 이것이 가장 주된 목적이지만)일 뿐만 아니라 환경 파괴, 그리고 살아 있는 이 세상에 대한 보다 일반적인 폭력에 반대하는 것이기도 한 까닭이 여기 있다. 땅에 의존해 살아가는 인간이 유독한 토양 위에서 생존할 수 없다는 사실만 중요한 것은 아니다. 토양을 해치는 이들은 삶에 대한 "자신의" 가능성이 다른 모든 이의 생존 가능성과 부득이하게 연결되어 있을 수밖에 없는, 함께 살아가는 이 세상에서 결국 자신들의 생존 기반마저도 약화시키고 있는 것이라는 사실 또한 중요하다.

인간은 오직 살아 있는 세계라는 맥락에서만 행위자적인 존재로서 나타날 수 있다. 즉 타인에 대한 의존과, 삶의 과정에 대한 자신의 의존이 인간의 행위 능력을 가능케 한다는 말이다. 그 누구라도 살아갈 수 있도록 만들어주는 조건들이 곧 정치적 반향과 행동의 일부가 되는 식으로, 살아가는 것과 행동하는 것은 서로 한데 엮여 있다. 윤리적 질문인 '나는 어떻게 살아가야 하는가', 혹은 심지어 정치적 질문인 '우리는 어떻게 함께 살아가야 하는가' 같은 질문들은 그 질문들을 의미 있게 다루는 행위를 가능케 하는 삶의 조직 여하에 달려 있다. 따라서 '살 만한 삶에 기여하는 것은 무엇인가'라는 질문은 '나는 어떠한 삶을 살아가야 하는가'라는 질문보다 앞선다. 이 말인즉, 누군가가 생명정치적 조건이라 부르는 무엇이 우리가 삶에 대해 던지는 규범적인 질문을 규정한다는 것이다.

나는 이것을 한나 아렌트 같은 정치철학자들의 논의에 대한 중요한 비판적 응답이라 여긴다. 아렌트는『인간의 조건』(*The Human Condition*)에서 의존성과 비행위의 영역으로서의 사적 영역, 그리고 독립적인 행위의 영역으로서의 공적 영역을 매우 단호하게 구분하고 있다. 사적인 것으로부터 공적인 것으로 이어지는 이런 과정에 대해 우리는 어떤 사유를 할 수 있을까? 이미 확립된 공적 영역 안에 우리가 독립적인 행위자로서 출현할 때에도, 그 순간 의존성의 영역을 "뒤에 제쳐두고" 갈 수 있는 이들이 우리 가운데 있을까? 만일 행위가 의존성과 근본적인 차이를 갖고 있는 독립적인 것으로서 규정된다면, 행위자로서 우리의 자기-이해는 우리 삶이 의존하는 살아 있는 상호의존 관계들을 부인하는 데 근거하고 있는 셈이다. 만일 우리가 생태 현안의 중요성, 가족 및 가사와 관련된 정치, 의료보장, 주택 문제, 전지구적 식량 정치, 그리고 비무장화의 중요성을 확고히 하고자 하는 정치적 행위자라면, 인간이라는 개념, 그리고 우리의 노력을 지탱하고 있는 생명체로서의 삶이라는 생각은 실로 행위와 의존성의 분리를 극복할 수 있는 생각이 될 것이다. 존재를 위한 사회적 조건들이 경제적·정치적 차원의 공격을 받게 된 시기에 우리는 오직 우리의 지속성과 번성을 보장하는 상호의존성이라는 조건을 인식하는 생명체로서만이 위에 열거한 어떤 중요한 정치적 목표들의 실현을 위해 투쟁할 수 있다.

정치적 수행성이 가진 함의는 중요한 것 같다. 만일 수행성이 행위성을 내포하고 있다면, 과연 행위성의 삶의 조건, 사회적 조건은 무엇일까? 행위성이 발화가 가진 특정한 힘일 수는 없으며, 발화 행위가 정치적 행동의 본보기라 할 수도 없다. 『인간의 조건』에서 아렌트의 가정은 신체가 발화 행위 속으로 들어오지 않는다는 것이었고, 아울러 발화 행위가 사유와 판단의 한 양태로 이해될 수 있다는 것이었다. 아렌트의 시각에 따르면, 발화 행위가 어떤 전형적인 정치적 행동으로서 자격을 얻게 되는 공적 영역은 여성, 노예, 아이들, 그리고 일하기에는 너무 늙어버렸거나 허약한 이들의 영역인 사적 영역과 이미 분리되어 있는 것이다. 어떤 면에서 그와 같이 사적 영역과 결부된 인구는 문화적인 일과 언어를 통한 행위의 창출을 포함하는 이른바 진정한 행위들과 대조되는, 이른바 "일시성"(transience)이 특징인 신체적 존재 형태와 연동되곤 한다. 『인간의 조건』에서의 논의에 내재되어 있는 육체와 정신의 구분은 얼마간 페미니즘 이론가들의 비판적 관심을 받아왔다.[5] 여기서 중요한 것은 사적 영역에 속하는, 외국에서 온, 숙련되지 않은, 여성화된 신체에 대한 이 같은 관점이 남성 시민(아마도 이들은 누군가에 의해 먹여지고 어딘가에 거주하며 보호를 받을 텐데, 이들의 식량과 주거지는 권리를 박탈당한 다른 이들이 규칙적으로 관리하고 돌볼 것이다)이 스스로 말하는 주체가 되기 위한 전제조건이 된다는 점이다.

그러나 아렌트의 논의에 대해 좀더 공정하게 말하자면, 아렌트는 한편으로 『혁명론』(On Revolution)에서 혁명은 신체를 매개로 한 것이라 진술하고 있기도 하다. "거리로 물밀듯 쏟아져 나오는 가난한 이들"을 언급하면서 아렌트는 무언가 "저항할 수 없는" 것이 그들을 움직이게 한다고 쓰고 있다. 또한 아렌트는 "우리가 '혁명'의 원래 의미와 매우 밀접하게 관련되어 있는 것이라 알고 있는 이런 저항할 수 없는 무언가가 신체를 매개로 표출된다"고 쓰고 있다. 그러나 아렌트는 이런 "저항할 수 없음의 요소"를, 즉시 "유기체로서 자기 자신이 필수불가결하고도 저항할 수 없는 삶의 과정들에 종속되어 있음을 깨닫게 되는 한 우리는 생활에 필수적인 것들을 경험할 수밖에 없기 때문에 (…) 우리가 종종 그저 자연적인 과정인 것으로 여기는 우리 삶에 필수적인 것들"과 연결시킨다. 가난한 이들이 거리로 물밀듯 나올 때, 그들은 궁핍함 때문에, 배고픔과 빈곤함 때문에 행동하는 것이고, 그리하여 그들은 "폭력이라는 수단을 통해 (…) 〔생활에 필수적인 것들로부터의〕 해방을 얻고자" 한다. 그 결과, 아렌트가 우리에게 이르는 바에 따르면 "인간 생활에 필수적인 것들이 인간이 진정 자유로워질 수 있는 유일한 영역인 정치 영역을 침범했다".[6] 배고픔에서 촉발된 정치적 운동은 자유가 아닌 생필품에서 촉발된 것으로 해석되고, 아울러 그와 같은 운동이 구하고자 하는 형태의 해방은 자유가 아닌 생필품으로부터 해방되고자 하는 불가능하고도 폭력적인 노력인 것으로 해석된다. 이 같은 주장은 가난한 이들의 사회운동이 가난한 이들에게서 가난을 덜어주고자 하는 것이 아니라 생필품에서 해방시키고자 하는 것이며, 아렌트 자신이 분명하게 언급하고 있듯이, 생활에 필수적인 것들이 이미 해결된 인간들 사이의 폭력은 가난한 이들에 의한 폭력보다 "덜 끔찍하다"는 결론으로 이어지는 것 같다. 아렌트의 견해에 따르면, "오늘날 우리는 정치적 수단을 통해 인류를 가난에서 해방시키고자 하는 것만큼 시대에 뒤떨어진 행위는 없을 것이라 말할 수 있을지도 모른다".[7] 우리는 여기서 해방운동이 "진정한" 의미의 자유에 미치지 않는 방식으로 작동하고 있음을 분명하게 함의하는 "해방"과 "자유"

의 구분을 목도할 뿐 아니라, 정치 영역이 또다시 경제적 필요의 영역으로부터 확고하게 구분되고 있다는 사실 또한 알게 된다. 아렌트가 보기에 생활의 필요에 따라 행동하는 이들은 그들 신체로부터 비롯된 행동을 하는 것만 같다. 아렌트에게 필요는 결코 자유의 형태가 될 수 없으며(오히려 이 둘은 서로 반대다), 자유는 오직 배고프지 않은 이들에 의해서만 획득될 수 있는 것 같다. 그러나 우리가 배고프고, 분노하고, 자유로우면서도 분별력 있게 사고할 가능성은 없을까? 그리고 식량 분배상의 불평등을 극복하고자 하는 정치적 운동이 정의로우면서도 공정한 정치적 운동일 가능성은 없을까? 만일 신체가 생활의 필요 수준에 머무르고 있다면, 자유에 대한 그 어떤 정치적 해석도 신체를 매개로 한 것일 수 없을 터다.

린다 제릴리(Linda Zerilli)는 생활에 불가피한 필요의 영역으로서의 신체라는 아렌트의 개념이 일시성이 가진 리듬의 패턴을 나타내는 것이라는 탁월한 주장을 펼친 바 있다. 즉 인간이라는 가공물은 세상에 왔다가 죽음으로써 가버리며, 그런 유한성이 인간의 제작(포에시스poesis)과 행동(프락시스praxis) 형태 모두에 그림자를 드리운다는 것이다.[8] 우리가 무자비하면서도 반복적인 육신의 유한성이라고 이해할 수 있는 그 무언가는 인간 행동에 의해 해결되거나 완화될 수 없는 노릇이다. 우리가 자유 자체를 잃어버리지 않고서, "살아가는 데서의 필요"라 이해될 수 있는 "신체적 실존으로부터 탈출"하는 것은 불가능하다. 자유는 이처럼 살아가는 데서의 필요와의 조화를 요하는 것이다. 이러한 서술은 "신체를 매개로 한 행동"이 "살아가는 데서의 필요"와 동일시되는 한은 타당하겠지만, 만일 자유가 신체를 통해 체현된다면, 이 같은 논지는 과도하게 폭넓은 것이 될 터다. 죽음을 극복할 수 있는 인간 행동 형태를 찾는 것은 그 자체로 불가능한 일이며 위험한 일이다. 그런 일은 삶의 불안정 상태에 대한 인식으로부터 우리를 더욱 멀어지게 만든다. 이러한 관점에서 볼 때, 신체는 겸양의 원칙, 그리고 모든 인간 행동에는 필수적으로 한계가 있을 수밖에 없다는 관념을 우리에게 부과한다.

그러나 만일 이 문제를 각 사회 구성원에 대한 불안정성의 불평등한 할당이라는 관점에서 접근한다면, 우리는 이렇게 질문해야만 할 것이다. 대체 어떤 이들의 삶이 다른 이들의 삶보다 더 쉽게 단축되는가? 대체 어떤 이들의 삶이 보다 심각한 차원의 일시성과 때 이른 죽음이라는 나락으로 추락하는가? 그와 같은 죽음에 대한 차별적 노출은 어떻게 관리되는가? 달리 말해, 우리가 인간 생명의 일시성과 유한성을 사유할 때 우리는 이미 정치적인 것 안에 존재하게 된다. 이 말이 공정한 세상에는 죽음이 존재하지 않는다는 것을 의미하지는 않는다! 이는 당연히 불가능한 일이다. 이 말은 그저 평등과 정의에 헌신한다면, 오늘날 예속 상태에 있는 인민들과 불안정성으로 고통받는 이들의 삶 ── 종종 구조적 인종주의 혹은 계산된 방치의 결과로서 나타난다 ── 을 특징짓는 '죽음과 죽어감에 대한 차별적 노출'을 둘러싸고 모든 제도적 차원에서 문제 제기가 이뤄질 것임을 의미한다. 이제는 잘 알려진 루스 길모어(Ruth Gilmore)의 인종주의에 대한 해석이 이 같은 논점을 매우 명확하게 보여준다. "인종주의는 특히 각 집단별로 차별화되어 일어나는 때 이른 죽음에 대한 취약성을 국가의 승인 아래, 혹은 초법적인 차원에서 생산하고 착취하는 것이나 마찬가지다."[9]

이처럼 분명한 한계에도 불구하고, 아렌트는 우리에게 "흑인의 생명도 중요하다"라는 이름으로 행해지는 시위를 비롯한 여러 시위와 집회가 어떻게 출현의 공간을 확립하거나 재확립하는 데 임하는지 이해할 수 있는 길을 열어준다. 왜냐하면 비록 우리가 신체의 유한성이 온전하게 선(先)정치적인(prepolitical) 삶의 조건이라는 사실을 받아들일 수 없다 해도, 우리는 아렌트의 저작들에서 여전히 복수 형태의 인간 행동이 가진 신체적 특질을 이해할 몇가지 중요한 방안들을 발견할 수 있기 때문이다. 아마도 이런 논의의 목적 한가지로 들 수 있는 것은 아렌트에게서 보이는 구분들을 재고해봄으로써 신체, 더 정확하게는 다수의 신체가 모여 행하는 단결된 행동 — 집회, 몸짓으로 행하는 의견 표명, 침묵시위 등을 비롯하여 쉽게 언어적 발화로 동화될 수 없는 형태의 "집회"의 모든 부분 요소들 — 이 평등과 자유의 원칙들을 나타낼 수 있음을 보여주는 것이라 할 수 있다.

비록 내가 하나 아렌트가 제시한 신체 정치의 몇가지 차원들을 비판하고 있기는 하지만,[10] 나는 권리 없는 이들의 권리 문제를 다루고 있는 아렌트의 글, 「국민국가의 쇠퇴와 인간 권리의 종말」에 주목하고자 한다.[11] 심지어 국가 없는 이들마저도 "권리를 가질 권리"를 가진다는 그녀의 주장은, 보니 호니그(Bonnie Honig)를 비롯한 다른 학자들이 설득력 있게 주장했듯이 그 자체로 일종의 수행적 실천이라 할 수 있다. 아렌트는 바로 자신의 주장 자체를 통해서 권리를 가질 권리를 확립하고 있는 것이며, 이 주장 외에 이 주장의 근거는 존재하지 않는다. 종종 그 주장은 순전히 언어적인 것으로 이해되기는 하지만, 분명 신체를 매개로 한 운동, 집회, 행동, 그리고 저항을 통해서 실행되고 있다. 2006년 멕시코 출신의 미등록 이주노동자들은 공공장소에서 스페인어로 미국 국가를 부름으로써 자신들의 권리를 주장한 바 있다. 그들은 노래라는 발화 행위 자체 안에서, 또 그 발화 행위를 통해서 자신들의 권리를 주장한 것이다. 그리고 이른바 '로마'(Roma)라 불리는 집시들을 프랑스에서 추방하는 데 맞서 싸운 이들은 '로마'만을 위해 소리를 낸 게 아니라, 한 국가가 인민의 일부를 무국적 상태로 추방하는 독단적이고도 폭력적인 국가권력에 저항해 소리를 낸 것이다. 이와 비슷하게, 프랑스에서는 경찰이 히잡 등 베일로 얼굴을 가린 여성들을 체포해 추방하는 것을 국가가 승인했는데, 우리는 이것이 소수자를 겨냥한 차별적 행위의 또다른 예라 말할 수 있으며, 여기서 그 여성들은 원하는 대로 공공장소에 출현할 권리를 명백히 거부당했다. 스스로를 보편주의자들이라 칭하는 프랑스의 페미니스트들은 경찰이 프랑스 거리에서 얼굴을 베일로 가린 여성을 체포하고, 구금하고, 벌금을 부과하고, 추방할 수 있도록 하는 법을 지지해왔다. 공적 영역에서 종교적 소수자 집단에 속한 여성들을 감시하고 그들의 권리를 제한하기 위해 국가의 경찰 기능을 소환하는 이와 같은 정치란 대체 무엇이란 말인가? 트랜스젠더가 경찰의 괴롭힘 없이 공공장소에 자유롭게 출현할 수 있는 권리에 대해 공공연하게 동의하는 보편주의자들이 왜 한편으로는 공공장소에서 종교적 의복을 착용하고 있는 무슬림 여성에 대한 경찰 구금을 지지하는 것일까? 히잡 착용 금지를 지지했던 이들은 보편주의 페미니즘의 이름을 내건 채, 얼굴을 가리는 천이 보편주의 감성을 침해한다는 주장을 폈다.[12] 그렇다면 매우 특수한 세속적 전통에 그 뿌리를 두고서 종교적 소수자들로 하여금 의복 착용 수칙을 따르지 못하게 하는 이러한 보편주의는 대체 어떤 종류의 보편주의란 말인가? 아무리 우리가 그와 같은 보편주의의 문제적 구조 안에 머물고 있다 할지라도, 왜 무슬림 여성들과 달리 트랜스젠더들은 경찰 폭력에 맞서 보호받아야 하고 공공장소에 출현할 권리를 가져야 하는지에 대해서, 그리고 왜 무슬림 여성들과 달리 종교적 배지나 마크를 달고 다니는 기독교도 및 유대교도 여성들은 그들의 종교적 소속을 나타내면서 공공장소에 출현할 권리를 박탈당할 필요가 없는지에 대해서 모순되지 않고 일관적인 규준을 생각해내기란 어려울 것이다. 만일 세속적 규범을 따르는 이들을 위해서만, 혹은 법에 의해 보호받을 만하다고 여겨지는 종교에 소속된 이들을 위해서만 권리가 보편화될 수 있는 것이라면, 그럼 분명 "보편적인 것"은 그 의미를 소진한 것이자, 혹은 더 심한 경우 차별, 인종주의, 그리고 배제의 기제가 되어버린 것이라 할 수 있다. 출현할 권리가 "보편적으로" 존중되어야 하는 것이라면 이는 그토록 분명하고도 지지받을 수 없는 모순을 이겨낼 수 없을 것이다.

우리가 종종 출현할 "권리"라 부르는 것은 오직 특정한 주체들만이 그 권리를 행사할 수 있도록 인정하는 규범적 구조에 의해 암묵적으로 뒷받침된다. 따라서 출현할 권리가 얼마나 "보편적"이건 간에, 그 보편성은 누가 출현할 수 있고 누가 출현할 수 없는지를 가르는 차별적 형태의 권력에 의해 그 의미가 퇴색되기 마련이다. 따라서 권리를 갖기에 "부적합하다고" 여겨지는 이들에게는 서로 연대를 꾀하고자 하는 노력이 무엇보다 중요할 수밖에 없으며, 그와 같은 노력은 이전에는 존재하지 않았던 그 적합성을 복수 형태로, 그리고 수행적으로 확정짓는 것을 포함한다. 이런 종류의 복수적 수행성은 단순히 이미 존재하는 출현의 영역 안에서 무시되어왔던, 그리고 불안정한 상태로 살아야 했던 이들의 자리를 확고히 하는 것만을 꾀하지는 않는다. 오히려 그것은 보편성에 대한 주장이 확정되거나 무효화되는 모순을 드러내면서 출현의 영역 안에 어떤 틈을 만들어 내고자 한다. 출현의 영역을 구성하는 차별적 권력 형태에 대한 비판 없이는, 또 그런 차별적 형태의 권력을 극복하고자 하는 새로운 출현 형태를 확립하기 위해, 무시되고, 부적합하다고 여겨지는, 따라서 불안정한 삶을 살 수밖에 없는 이들이 구성하는 비판적 연대 없이는 출현의 장으로 들어갈 수 없다. 모든 형태의 출현이 그 "외부"에 의해 구성되는 것은 당연하지만, 그렇다고 해서 위와 같은 투쟁을 계속하지 않을 이유는 없다. 실로 그것이야말로 투쟁을 지속해야 하는 이유다.

*

불안정성에 기인하되 불안정성에 맞서는 투쟁의 수행적 정치를 우리가 이해하고자 할 때 종종 위태로워지는 일상의 행위들이 있다. 잘 알다시피, 모든 이가 괴롭힘의 걱정 없이 거리를 걸어 다니거나 술집에 들어갈 수 있는 권력을 갖는 것은 아니다. 경찰의 괴롭힘에 대한 걱정 없이 혼자 거리를 걸어 다니는 것은 다른 이들과 동행하며 걷거나 혹은 경찰의 보호가 아닌 다른 형태의 보호를 받으며 걷는 것과는 분명 다르다. 그러나 어떤 트랜스젠더가 터키 앙카라의 거리를 걷거나 혹은 미국 볼티모어의 맥도날드 매장으로 걸어 들어간다고 할 때,[13] 그 권리가 그 개인 혼자에 의해 행사되는 것인가 하는 질문이 생긴다. 만일 그 사람이 자기방어를 탁월하게 잘하는 사람이라고 한다면, 아마 그럴 수도 있을 것이다. 또 그와 같은 행동이 받아들여지는 문화적 공간에서라면 당연히 그럴 수 있을 것이다. 그러나 만일 일상생활 자체가 폭력에 대한 걱정을 할 필요가 없어서 보호받을 필요 없이 걸을 수 있고 그럼에도 여전히 안전하다면, 이와 같은 권리가 오직 한 사람에 의해 행사되는 것이더라도 그 안전함은 결국 그 권리를 지지하는 여러 다른 사람들이 존재하기 때문에 가능하다. 만일 그 권리가 행사되고 존중받는다면, 이는 그 권리를 행사하는 많은 이들이 거기 존재하기 때문이다. 그 행위가 일어나는 장소에 이들이 실제로 있건 없건 간에 말이다. "나"라는 개개인은 문안으로 들어오거나 문밖으로 나가며 스스로가 어떤 보호받지 못하는 공간에 있음을, 혹은 노상에 그대로 노출되어 있음을 깨달을 때 "우리"를 소환한다. 따라서 우리 눈에 보이건 안 보이건, 연대까지는 아니더라도 우리와 함께 걷고 있는 어떤 집단이 있다고 말할 수도 있다. 거기서 걷는 위험을 감수하는 이는 물론 홀로 걸어야 하는 단수의 사람이다. 그러나 그런 특정한 누군가의 걸음걸이와 걷기, 세상에서 하나뿐인 그 움직임을 가로지르는 것은 바로 사회적 범주다. 따라서 만일 그렇게 홀로 걷는 이가 어떤 공격을 받는다면,

그 공격은 그 개인과 사회적 범주를 동시에 겨냥한 것이다. 아마도 우리는 이와 같은 젠더의 실천과 평등에 대한 신체적 차원의 정치적 요구, 폭력으로부터의 보호, 그리고 자신의 사회적 범주와 더불어 또 그 범주 내에 자리하며 공공장소에서 움직일 수 있는 권리에 대한 정치적 요구를 여전히 "수행적"이라고 부를 수 있을 것이다. 걷는다는 것은 여기가 트랜스젠더들이 걷는 공공장소라고 말하는 것이며, 마찬가지로 입고 있는 옷이 성별에 따라 구분되어 있건 혹은 어떤 종교를 의미하건 간에 여기가 다양한 종류의 의복을 입은 이들이 폭력의 위협 없이 자유롭게 걸을 수 있는 공공장소라고 말하는 것이다.

정치의 참여자가 되기 위해, 그리고 단결된 집단행동의 일원이 되기 위해 우리는 평등(평등한 권리, 평등한 대우)에 대한 권리를 주장할 필요가 있을 뿐만 아니라 타인을 동등하게 지지하는 행위자로서 그 평등의 조건들 안에서 행동하고 청원해야만 한다. 그런 방식으로 거리에 모인 공동체들은 그들이 반대하는 것과는 다른 차원의 평등, 자유, 그리고 정의에 대한 개념을 실천해낼 수 있다. "나"는, 그 자체로 불가능할 수밖에 없는 어떤 통일된 개체로 융합되지 않고서도 동시에 "우리"인 것이다. 정치적 행위자가 된다는 것은 일종의 기능이며, 다른 인간들과 함께 평등의 조건들에 영향을 주고자 하는 어떤 특성이다. 이와 같이 중요한 아렌트의 개념화는 오늘날 민주주의 투쟁에 여전히 유효하다고 할 수 있다. 평등은 그 자체로 목적임과 동시에 정치적 행동의 조건이자 그 특징이다. 자유의 행사는 나에게서, 혹은 너에게서 비롯되는 무언가가 아니다. 그것은 우리 사이의 무언가에서 오는 것이자, 우리가 자유를 함께 행사하는 그 순간 우리가 만드는 어떤 유대로부터 오는 것이다. 그것 없이는 그 어떤 자유도 존재할 수 없는 그런 유대 말이다.

2010년 터키 앙카라에서 나는 동성애 혐오와 트랜스 혐오에 반대하는 국제 학회에 참석한 바 있다. 이 행사는 특히나 중요한 행사였는데, 왜냐하면 터키의 수도인 앙카라에서 트랜스젠더들은 종종 공공장소에 나타나는 것만으로 벌금이 부과되거나 두들겨 맞기도 하고 때로는 경찰에 의해 그와 같은 부당한 취급을 받기도 하기 때문이다. 더군다나 트랜스 여성에 대한 살인은 최근 거의 한달에 한번 꼴로 일어나고 있었다. 내가 이와 같은 터키의 예를 제시하는 것이 터키가 "뒤처져 있다"는 것을 지적하기 위함은 아니다. 이는 당시 실제로 덴마크 대사관의 한 인사가 내게 한 말이기도 한데, 나는 그의 재빠른 일반화에 맞서 역시 신속하게 그 주장을 반박했다. 장담하건대 미국 로스앤젤레스와 디트로이트, 와이오밍주와 루이지애나주에서 터키와 동일한 수준의 잔인한 살해가 일어나고 있고, 볼티모어에서도, 그리고 잘 알려졌다시피 뉴욕 펜실베이니아역에서도 괴롭힘과 구타가 있었다. 오히려 터키에서 연대의 문제에 대한 모범적인 예를 찾자면, 여러 페미니스트 단체들이 퀴어들, 게이/레즈비언들, 트랜스젠더들과 함께 경찰 폭력뿐만 아니라 군국주의, 민족주의, 그리고 그것들을 지탱하는 남성중심주의에 저항하여 연대했던 것을 들 수 있다. 그리하여 학회가 끝나고 나서 앙카라 거리에는 페미니스트들이 드래그퀸들과 함께, 젠더퀴어들이 인권 활동가들과 함께, 그리고 젠더 표현상 여성적인 레즈비언들(lipstick lesbians)

이 그들의 양성애자 및 이성애자 친구들과 함께 일렬로 서서 행진을 했다. 행진에는 세속주의자들과 무슬림들도 참여했다. 그들은 "우리는 군인이 되지 않을 것이다, 우리는 죽이지 않을 것이다"라고 구호를 외쳤다. 당시 트랜스 여성들에 대한 경찰 폭력에 저항하는 것은 군사적 폭력과 군국주의의 강화에 공개적으로 저항하는 것이기도 했다. 이 행진은 쿠르드족에 대한 군사적 탄압과 그들의 정치적 요구를 인정하지 않는 것에 대한 저항이기도 했고, 아울러 아르메니아인에 대한 학살을 추념하기 위함이기도 했고, 다른 방식으로 국가 폭력을 지속시키는 다양한 부인의 양태에 대한 반대이기도 했다.

그렇게 터키에서 페미니스트들은 트랜스 활동가들과 함께 거리로 나섰지만, 많은 페미니스트 집단들 내에서는 여전히 그런 종류의 연대를 이루는 것에 저항하는 움직임이 이어지고 있다. 예를 들어 프랑스에서는 스스로를 좌파라고, 아니 심지어 유물론자라고 인식하고 있는 몇몇 페미니스트들이 트랜스섹슈얼리티가 일종의 병리적 현상이라며 자신들의 뜻을 모은 바 있다. 물론 공공장소에 나타나는 퀴어 및 트랜스젠더를 범죄화하는 것과 그들을 환자로 병리화하는 것 사이에는 차이가 있다. 앞의 입장은 대개 공중도덕이라는 그럴듯한 개념에 기반한 일종의 도덕적 입장일 터다. 어떤 집단을 범죄화하는 것은 그들에게서 경찰을 비롯한 다른 여러 형태의 공적 폭력에 대한 보호를 박탈할 뿐만 아니라, 비범죄화와 권리 부여를 위해 힘쓰는 정치적 운동의 영향력을 약화시키는 것이기도 하다. 아울러 이른바 "병리적 질환" 모델, 혹은 "정신 질환" 모델로 이 문제의 핵심을 돌리는 것은 다른 이들에게 어떠한 해도 끼치지 않는 특정한 신체적 실존 형태가 가진 권리를 손상시키고자 하는 목적에서 의사(擬似) 과학적 설명을 들이대는 것에 불과하다. 실제로 병리화 모델은 권리를 얻기 위한 정치적 운동을 약화시키기도 하는데, 왜냐하면 거기서 하는 설명은 해당 성소수자와 젠더 소수자에게 권리보다 "치료"가 필요함을 함의하기 때문이다. 결론적으로 우리는, 스페인 정부가 그랬듯 트랜스섹슈얼의 권리를 옹호하겠다고 하면서 한편으로 어떤 정신건강 기준을 채택해, 권리를 옹호받아야 할 바로 그 인구 집단을 병리화하는 식의 노력을 경계해야만 한다. 『정신장애 진단 및 통계 편람』(*Diagnostic and Statistical Manual of Mental Disorders*)이 널리 퍼져 있는 미국을 비롯한 여러 나라들에서 우리는 트랜스젠더들로 하여금 그들이 성전환을 위한 재정 지원을 받기 위해, 그리고 트랜스로서 혹은 자신이 원하는 젠더로서 법적인 인정을 받기 위해 병리적 상태를 확증하기를 요구하는 "전환"(transition) 규정들에 대해서도 마찬가지로 경계해야만 한다.

만일 트랜스젠더들이 때때로 자신의 욕망이 가진 비병리적 특성을 실현하고, 자신이 가진 신체적 차원에서 살 만한 삶을 영위하기 위한 한 방편으로 "병리화"를 거쳐야 한다면, 그와 같은 권리 부여의 댓가로 그들은 언제나 자신의 삶에 대한 병리화라는 굴레를 짊어지고 살아가야만 하는 것이다. 이와 같은 권리 부여는 대체 무엇이란 말인가? 그리고 그처럼 끔찍한 댓가를 지불하지 않을 방법은 어떻게 가능한 것일까? 우리가 사용하는 기제들은 사용하면 할수록, 그리고 그것들이 원하는 바의 결과를 달성하면 할수록 더욱더 강력해진다. 그러나 원하는 바의 결과가 언제나 보다 넓은 차원의 사회적·정치적 효과와 동일한 것은 아니다. 따라서 우리는 트랜스섹슈얼리티 자체가 내세우는 요구들에 대해 사유해볼 필요가 있다. 이는 공공장소에 출현할 권리, 이런 종류의 자유를 행사할 수 있는 권리와 관련이 있으며, 폭력의 위협 없이 거리에 출현하기 위한 모든 다른 투쟁과도 관련된다. 이런 관점에서 출현의 자유는 모든 민주주의 투쟁의 중심이라고 할 수 있다. 이 말은 곧, 그와 같은 출현의 자유를 가능케 하는 여러 종류의 제약과 중재 형태를 포함하는 출현의 정치적 형태들에 대한 비판은 그러한 자유가 무엇일 수 있는지, 그리고 어떠한 개입이 필요한지를 이해하는 데 매우 중요하다는 뜻이다.

물론 이 모든 논의에는, 출현하는 것이란 대체 무엇을 의미하는지, 그리고 출현할 권리가 신체적 차원의 현전이라는 생각, 혹은 누군가는 "현전의 형이상학"이라 부를 법한 생각을 특권화하는 것은 아닌지 같은 문제가 여전히 남아 있다. 미디어는 무엇이 나타날 수 있고 누가 나타날 수 있는지를 선별하지 않는가? 나타나고 싶어 하지 않는 이들, 혹은 다른 방식으로 민주주의 운동에 참여하고 있는 이들은 또 어떠한가? 때로 정치적 행동은 드러나지 않는 그늘에서, 혹은 주변부에서 시작될 때 보다 효율적으로 이루어지기도 한다. 예를 들어 "이스라엘에 대한 보이콧, 투자 철회와 제재를 지지하는 팔레스타인의 퀴어들" 협회는 퀴어 운동이 항상 대중에 완전히 노출되는 방식으로 이뤄져야 한다는 생각에 의문을 제기한 바 있다.[14] 실로 모든 활동가는 자신의 정치적 목적을 달성하기 위해 어느 정도의 노출이 필요한지, 그리고 어떤 식의 대중 노출이 필요한지 절충을 모색해야 한다. 우리는 이것이 보호받을 필요와 공적인 위험을 떠안아야 한다는 요구 사이에서 절충하는 한 방식이라 말할 수도 있다. 때로는 대중 앞에 나서는 것이 언어를 통한 일련의 의견 표명이 될 수도 있고, 또 때로는 거리에 나선 신체들이 자신들의 주장을 하는 데에 말을 할 필요가 아예 없을 수도 있다.

그 어느 누구도 자신의 젠더 표현을 이유로 범죄화돼서는 안 되며, 그 어느 누구도 자신의 젠더 표현이 가진 수행적 특성을 이유로 불안정한 삶을 살아야 한다는 위협을 받아서는 안 된다. 그러나 인민이 어떤 젠더로 출현하건 간에 상관없이 괴롭힘과 협박으로부터 보호받아야 한다는 이 같은 주장은 그들이 나타나야 하는지, 혹은 어떻게 나타나야 하는지에 대한 방침을 결코 규정하지 않는다. 실로, 다른 방식으로 정치적 공동체를 이루고 자신들의 자유를 위해 투쟁하고 있는 이들에게 미국에 기반한 초가시성의 규범, 곧 공적 영역에 거리낌 없이 나서야만 한다는 생각을 강요하지 않는 것은 중요하다. 오히려 여기서 핵심은 젠더 표현을 범죄화하는 부당함 자체를 드러내는 것이다. 젠더 표현 혹은 젠더화된 외양의 선택에 기반해 범죄화를 정당화하는 형법은 그 자체로 범죄적이며 불법적이다. 만일 젠더 소수자나 성소수자가 어떻게 스스로를 드러내는지에 따라, 어떤 언어로 공적 영역에서 자신의 주장을 펼치는지에 따라, 어떤 수단으로 자신의 사랑이나 욕망을 표현하는지에 따라, 자신이 공공연하게 연대하고, 가까이 있기를 선택한, 아니면 섹스를 하기로 선택한 이가 누구인지에 따라, 혹은 자신의 신체적 자유를 어떻게 행사하는지에 따라 범죄화되거나 병리화된다면, 그와 같은 범죄화 행위들은 그 자체로 폭력적이다. 이런 점에서 그것들은 또한 부당하고 범죄적인 것이다. 젠더를 규제하는 것은 범죄 행위이며, 경찰이 바로 범죄자가 되는 행위, 아울러 폭력에 노출된 이들이 보호받지 못하게 되는 행위인 것이다. 국가적 차원에서, 경찰력 차원에서 소수자들에 대한 폭력을 예방하지 못하는 것은 그 자체로 범죄적인 태만이다. 즉 그 순간 경찰이 범죄를 범하게 되고, 소수자들이 불안정한 상태로 거리로 내몰리게 되는 것이다.

우리가 현재 갖고 있는 젠더를 유지할 권리를 행사할 때, 혹은 그 어떤 이에게도 해를 끼치지 않는 성적 행위를 실천할 때, 우리는 분명 어떤 특정한 자유를 행사하고 있는 것이다. 따라서 만일 누군가가 자기 자신의 섹슈얼리티나 젠더를 선택한 적이 없다고 느낀다면, 그것은 선천적으로 그렇게 느끼는 것일 수도 있고 혹은 외부의 다른 권위에 의해 그렇게 느끼는 것일 수도 있는데, 그럴 때조차도 상황은 동일하다. 만일 누군가가 일련의 법이나 법 조항에서 범죄 혹은 수치스러운 일로 정의하고 있는 섹슈얼리티에 대한 권리를 주장한다면, 이때 그 주장 자체는 이미 수행적인 것이다. 이것은 특히 그와 같은 섹슈얼리티의 실천을 보호하는 그 어떤 현지 법도 존재하지 않을 경우 그럼에도 그 권리를 행사하는 행동을 부르는 한 방식이다. 물론 그 누군가가 속한 현지에는 관련 공동체가 있을 수 있고, 이런 경우에 대한 국제적인 선례가 있을 수도 있지만, 그것이 항상 위와 같은 주장을 하는 사람을 보호해주는 것은 아니다. 그러나 내 생각에 여기서 가장 중요한 것은 바로 우리가 그와 같은 입장을 공적으로 표명하는 것, 우리가 걷던 그 방식대로 거리를 걷는 것, 우리가 차별 없이 직장이나 주거지를 구하는 것, 그리고 우리가 거리에서의 폭력과 경찰에 의한 고통으로부터 보호받는 것이다.

누군가가 지금의 자기 자신 그대로 존재하는 것을 선택할 때조차도, 그리고 현재 자기 자신 그대로 "존재"하는 것이 선택한 일이 아니라고 여겨질 때에도, 그는 바로 그와 같은 사회적 기획의 일부분이 되는 자유를 누리는 것이다. 우리는 현재 우리가 가진 젠더로 시작해서 이후 그 젠더를 어떻게 또 언제 상연해낼지를 결정하지 않는다. "나"의 어떤 행동보다 먼저 시작되는 그 상연은 젠더의 바로 그 존재론적 특성의 일부분일진대, 따라서 그와 같은 상연이 어떻게, 언제, 그리고 어떤 결과를 불러일으키면서 일어나는지가 중요한 것이다. 왜냐하면 이 모든 것이 우리가 현재 "갖고 있는" 바로 그 젠더를 변화시키기 때문이다. 따라서 우리가 현재 갖고 있는 젠더와 우리가 현재 관계하고 있는 섹슈얼리티를, 그와 같은 실재들을 공적으로, 자유롭게, 그리고 폭력으로부터 보호를 받으면서 행사할 수 있는 권리와 구분한다는 것은 가능하지 않다. 어떤 면에서 섹슈얼리티는 권리에 앞서지 않는다. 섹슈얼리티의 실천은 정확히 이를 행할 수 있는 권리의 행사이다. 그것은 우리가 타인과 맺는 친밀한 삶 안에서 일어나는 어떤 사회적 순간, 평등에 대한 주장을 하는 사회적 순간이라 할 수 있다. 어떤 면에서 수행적이라 할 수 있는 것들은 그저 젠더와 섹슈얼리티만이 아니다. 젠더와 섹슈얼리티의 정치적 표현, 그리고 젠더와 섹슈얼리티를 위한 주장들 또한 어떤 면에서 수행적이다.

그렇다면 우리는 다음과 같은 질문으로 되돌아갈 수 있다. 우리에게 허락된 권리가 없을 때 권리를 주장한다는 것은 대체 무엇을 의미하는가? 그것은 바로 우리에게 권력을 부여하길 거부한 그 기제를 드러내고 방해하기 위해서, 우리에게 허락되지 않은 바로 그 권력을 요구한다는 것을 의미한다. 집 없는 이들이 거주의 권리를 요구할 수 있는 기반을 확립하고자 버려진 건물들에 이주했던 부에노스아이레스의 건물 점유 운동에서 보듯,[15] 때로 이는 먼저 권력을 갖고 난 후에야 행동할 수 있는 문제가 아니다. 때로 그것은 권력 이전의 행동의 문제이자, 그런 행동을 함과 동시에 우리에게 필요한 권력을 주장하는 문제이다. 내가 이해하기에 이와 같은 상황 자체가 곧 수행성이다. 또한 이것은 불안정성에 기인하여, 그리고 불안정성에 맞서 행동하는 한 방법이기도 하다.

불안정성은 여성들, 퀴어들, 트랜스젠더들, 빈민들, 장애인들, 무국적자들, 아울러 종교적·인종적 소수자들을 한데 모으는 표지라 할 수 있다. 불안정성은 사회적·경제적 상태이지만 그렇다고 해서 그게 어떤 정체성인 것은 아니다(실로 불안정성은 이처럼 다양한 분류들을 가로지르면서, 서로가 서로의 일원임을 인식하지 못하는 이들 사이에 어떤 잠재적 연대를 만들어낸다). 내 생각에 우리는 이미 "월스트리트를 점령하라"(Occupy Wall Street) 시위에서 이를 목도한 바 있다. 어느 누구도 그 시위에 참여하기 위해 자신의 정체성이나 신분을 밝히라고 요구받은 적이 없다. 만일 당신이 하나의 신체로서 거리에 나선다고 한다면, 당신은 거리에 함께 모여 지속적으로 시위에 참여하고 있는 복수 형태의 신체들의 주장에 힘을 싣는 것이다. 물론 이 일은 오직 당신이 나타날 수 있고, 당신이 나서게 될 거리가 접근 가능하고, 아울러 당신 자신이 갇혀 있지 않은 경우에만 가능하다. 우리는 이 책 5장에서 "집회의 자유" 문제에 대해 숙고하며 이 문제로 되돌아올 것이다.

어떻게 수행성이 불안정성과 연결되는가 하는 문제는 다음과 같은 보다 중요한 질문들로 요약될 수 있다. 말할 수 없는 인구는 어떻게 자신들의 주장을 말하고 천명할 수 있는가? 권력의 장 내에서 이것은 어떤 종류의 파열인가? 그리고 그와 같은 인구는 지속적으로 살아가는 데 필요한 것들에 대한 권리를 어떻게 주장할 수 있는가? 우리는 행동하기 위해 살아야 할 뿐만 아니라, 아울러 우리 존재의 조건들을 지켜내기 위해 행동해야 하며, 또한 정치적으로 행동해야만 한다. 때로 인정 규범들은 우리의 생존 능력을 위태롭게 함으로써 우리를 속박한다. 만일 우리가 인정 가능해지는 데 필요한 규범들을 확립해주는 바로 그 젠더가 또한 우리에게 폭력을 가하고 우리의 생존을 위협한다면 어떻겠는가? 그럴 경우 우리에게 삶을 약속해주는 바로 그 범주들이 우리 삶을 앗아갈 것이다. 여기서 요지는 그런 딜레마를 받아들이자는 것이 아니라, 수행적 행동들이 불안정성에 저항해 투쟁하는 삶의 양태들을 위해 우리가 분투해야 한다는 것이다. 이 같은 투쟁은 우리가 새로운 차원의 사회적 존재 형태로서, 즉 때로는 인정 가능한 것들의 한계에 위치하기도 하고, 때로는 미디어의 집중 조명을 받는 위치에 있기도 한 존재 형태로서 살아갈 수 있는 어떤 미래를 빚어내고자 한다. 그러나 어떤 경우에도, 혹은 이런 양 극단 사이에 있는 경우에도, 이미 구성된 집단적 주체 없이 행해지는 집단적 행동은 존재한다. 오히려 "우리"는 복수 형태로, 지속하고, 행동하며, 또한 자신을 버린 공적 영역에 대해 자기 권리를 주장하는 여러 신체들의 집회에 의해 실행되는 것이다.

*

여기서 작동하는 경찰 기능을 이해하기 위해 우리가 생각해봐야 할 폭력의 양태들이 있을 것이다. 젠더란 언제나 한가지 방식으로 혹은 한가지 의복 양식을 통해서만 나타나야 한다고 고집하는 이들, 자신들의 젠더 혹은 섹슈얼리티를 비규범적 방식으로 구현하며 살아가는 이들을 범죄화하거나 혹은 병리화하고자 하는 이들은 결국 그들이 실제로 경찰력의 일원이건 아니건 간에 상관없이 스스로가 출현의 영역을 통제하는 경찰로서 행동하고 있다. 잘 알다시피 때로 국가의 경찰력은 성소수자와 젠더 소수자에게 폭력을 가하며, 경찰은 때로 트랜스젠더 여성에 대한 살인을 범죄로서 조사하거나 기소하지 않으며, 혹은 우리 사회의 트랜스젠더 구성원에 대한 폭력을 예방하지 못한다.

아렌트의 표현을 따르자면, 우리는 다음과 같이 말할 수 있을 것이다. 즉 출현의 공간으로부터 배제되는 것, 출현의 공간을 존재하게끔 하는 복수성의 일부분이 되는 데서 배제되는 것은 권리를 가질 권리를 박탈당하는 것이라고 말이다. 복수 형태의 공적 행동은 장소와 소속에 대한 권리의 행사이며, 이 같은 권리의 행사는 출현의 공간이 가정되고 현실화될 수 있는 수단이다.

아렌트의 논의를 이용하기 위해, 아울러 내가 왜 어떤 면에서는 아렌트의 논의를 비판하는지 설명하기 위해 앞서 논의한 젠더라는 개념으로 다시 돌아가 보겠다. 우리가 젠더는 자유의 행사라고 말할 때, 이는 젠더를 구성하는 모든 것이 자유롭게 선택된 것이라고 말하는 게 아니다. 우리는 그저 구성적이건, 혹은 습득된 것이건 간에 매우 "선천적인" 것만 같은 젠더의 차원들도 자유로운 방식으로 주장되고 행사될 수 있어야 한다고 주장하고 있을 뿐이다. 이런 주장을 통해 나는 아렌트의 논의로부터 다소 거리를 두고 있다. 여기서 자유의 행사는 법 아래 그 어떤 다른 자유의 행사와도 동일한 취급을 받아야만 한다. 아울러 정치적으로 우리는 평등에 대한 우리의 개념을 확장하여 신체적 자유를 포함해야만 할 것이다. 그렇다면 우리가 섹슈얼리티나 젠더가 자유의 행사라고 말할 때 우리는 무엇을 의미하고 있는 것일까? 반복하자면, 나는 우리 모두가 자신의 젠더나 섹슈얼리티를 선택한다고 말하는 게 아니다. 우리는 분명 언어와 문화에 의해, 역사에 의해, 우리가 참여하고 있는 투쟁에 의해, 심리적·역사적 힘들의 상호작용에 의해, 그리고 생물학적 조건이 그 나름의 역사와 작용을 하고 있는 방식에 의해 형성된다. 실로 우리가 무엇을 어떻게 욕망하는지가 현재 우리의 모습에 대한 고정된, 지울 수 없는, 혹은 돌이킬 수 없는 특성들로 느껴지는 것도 당연하다. 그러나 우리가 자신의 젠더나 섹슈얼리티를 스스로 선택했다고, 혹은 그것들이 선천적으로 주어진 것이라고 생각하는지 여부와 상관없이 우리 각자는 자신의 젠더, 자신의 섹슈얼리티를 주장할 권리가 있다. 그리고 우리가 그것들을 온전히 주장할 수 있느냐의 여부가 곧 차이를 만들어낸다. 우리가 이미 갖고 있는 현재의 젠더로서 출현할 권리를 행사할 때, 심지어 다른 선택지가 없다고 느낄 때조차,

우리는 여전히 특정한 자유를 행사하고 있는 것이며, 또한 그 이상의 것을 행하고 있는 것이다.

현재 이미 갖고 있는 우리의 모습에 대한 권리를 자유롭게 행사할 때, 그리고 그와 같은 존재 형태를 기술할 목적으로 어떤 사회적 범주를 내세울 때, 우리는 사실 자유를 바로 그 사회적 범주의 일부로 만들고 있는 것이며, 의문시되고 있는 바로 그 존재론 자체를 담론적으로 바꾸고 있는 것이다. 우리가 현재 주장하고 있는 젠더와 현재 관계하고 있는 섹슈얼리티를, 우리 중 누구라도 그런 실재들을 공적으로 혹은 사적으로, 혹은 공과 사라는 두 영역 사이에 존재하는 많은 한계점들 안에서 자유롭게, 즉 폭력의 위협 없이 주장할 수 있어야만 한다는 권리로부터 분리해내기란 불가능하다. 오래전에 내가 젠더는 수행적이라고 했을 때 의미한 바는 젠더가 특정한 종류의 상연이라는 것이었다. 즉 우리는 우선 지금의 젠더로서 존재하는 것이 아니라 나중에 어떻게, 언제 그것을 상연할 것인지를 결정한다는 말이다. 상연은 바로 그 존재론의 일부이자 젠더의 존재론적 양태를 재사유하는 한 방식이다. 따라서 언제, 어떻게, 그리고 어떤 결과로 이어지면서 그와 같은 상연이 일어나는지가 중요하다. 왜냐하면 그 모든 것이 우리가 현재 "갖고 있는" 바로 그 젠더를 변화시키기 때문이다.

우리는 그러한 변화를 이해할 수 있다. 가령 애초에 지정된 젠더가 어떤 중요한 행동들에 의해 거부되거나 수정되는 것을 보면서 말이다. 이런 젠더, 저런 젠더, 혹은 또다른 젠더로 명명되는 행위 속에서 언어는 우리 신체에 특정한 수행적 영향을 미친다. 이는 우리가 특정한 피부색이나 인종이나 국적을 가진 사람으로서, 혹은 장애가 있거나 가난한 사람으로서 언급될 때, 언어가 처음부터, 비록 여전히 불완전하게나마, 우리에게 영향을 미치는 것과 마찬가지다. 이런 측면에서 우리가 어떻게 여겨지는지는 우리가 알지 못했거나 선택하지 않았던 어떤 하나의 이름으로 요약된다. 언제 처음 우리에게 작동하기 시작했는지 도저히 이해할 수 없는 방식으로 작동하는 담론이 그 이름을 둘러싸고 있고, 그 이름에 스며든 채로 말이다. 우리는 다음과 같이 물어볼 수 있다. "내가 과연 그 이름일까?"[16] 때로 우리는 우리가 그 이름인지 아닌지를 결정할 때까지 이 질문을 지속적으로 던지기도 한다. 혹은 우리가 살고 싶어 하는 삶에 걸맞은 더 나은 이름을 찾고자 노력하기도 하고, 그 모든 이름 사이의 어떤 틈새 안에서 살고자 하기도 한다.

우리는 우리가 말하는 존재로서 언어 속에 들어가 나타나기 이전에, 우리 자신만의 화행 능력을 갖기에 앞서 우리를 부르는 그 이름들의 힘과 영향에 대해 어떤 사유를 할 수 있을까? 발화는 우리가 말하기 전부터 우리에게 영향을 미치는 것일까? 만일 발화가 우리에게 영향을 미치지 않는다면 우리는 말할 수 있기나 한 것일까? 아마도 이는 단순히 순서의 문제는 아닐 것이다. 과연 발화는 우리가 말을 하는 바로 그 순간에 우리가 행동하고 있다고 느끼도록, 또한 우리가 바로 그 순간에 영향을 받고 있다고 생각하도록 지속적으로 우리에게 영향을 미치고 있는 것일까?

몇년 전 이브 세지윅은 발화 행위가 그 목적으로부터 이탈해서 종종 전혀 의도치 않았던, 그러나 종종 매우 적절한 결과들을 양산해낸다고 강조한 바 있다.[17] 예를 들어 우리가 혼인 서약을 할 때, 이와 같은 행위는 실제로 결혼 자체와는 분명 분리되어 발생하는, 그리고 종종 은밀하게 추구되는 성생활의 영역을 열어준다. 따라서 결혼이 일부일처제식 혼인 규약 속으로 섹슈얼리티를 편성해내려는 목적을 갖고 있는 것으로 이해될지라도, 그것은 또한 공적 검증이라든가 공적 인정에 노출되지 않는 섹슈얼리티를 위한 어떤 욕망의 영역을 만들어낼 수 있다. 세지윅은 어떻게 발화 행위("이제 두 사람은 부부가 되었음을 선언합니다")가 그 공공연한 목표로부터 느슨해져서 그 방향을 바꿀 수 있는지를 강조했다. 그리고 이런 "일탈"은 어떤 정체성으로서라기보다 분명하게 인식되고 인정되는 것들과는 반대 방향으로 움직이는 사고, 언어, 행동의 움직임으로서 이해되는 퀴어 라는 용어가 가진 매우 중요한 의미 가운데 하나다. 인정이 살아갈 수 있을 만한 삶의 전제조건처럼 보이는 것만큼이나, 인정은 또한 검증, 감시, 그리고 정상화 과정의 목적을 위해 이용되기도 한다. 따라서 인정의 조건들 바깥에서도 잘 살 수 있기 위해서는 검증, 감시, 정상화 과정으로부터의 퀴어한 탈출이 필수적일 수밖에 없다.

이전 저작에서 나는 어떻게 몇몇 젠더 담론들이 젠더에 대한 특정한 이상들을 만들어내고 유통시키는지, 아울러 어떻게 그런 이상들을 그 속에 표현된 어떤 자연적 본질, 혹은 내적 진리와 동일한 것으로 여기게 만드는지에 관심을 보인 바 있다. 따라서 어떤 담론의 효과—이 경우 일련의 젠더 이상들—는 우리의 욕망과 행동의 내적 원인으로, 곧 우리의 몸짓과 행동 속에 표현된 어떤 핵심적 실재로서 널리 오해되었다. 그러한 내적 원인, 혹은 핵심적 실재는 사회규범을 대신할 뿐만 아니라 그 규범의 작동을 실질적으로 감추고, 동시에 가능하게 했다. "젠더는 수행적이다"라는 공식은 두가지 서로 상반되는 해석을 초래했다. 첫번째 해석은 우리가 우리의 젠더를 급진적으로 선택할 수 있다는 것이고, 두번째 해석은 우리가 젠더 규범에 의해 온전히 결정된다는 것이다. 이처럼 크게 갈리는 반응들이 시사하는 바는 수행성을 설명하는 두가지 차원과 관련해서 여전히 완전히 설명되거나 이해되지 않은 무언가가 있다는 것이다. 만일 언어가 우리가 행동하기 이전에 우리에게 작동한다면, 그리고 언어가 우리가 행동하는 모든 경우에 작동하고 있다면, 우리는 젠더 수행성을 우선 "젠더 지정"으로 이해해야만 할 것이다. 여기서 젠더 지정이란 우리가 어떻게 젠더 규범이 작동하고 우리를 만들어내는지에 대해 이해하기도 전에, 그리고 우리가 선택하고자 하는 대로 그와 같은 규범들을 재생산할 수 있는 능력을 갖추기도 전에 우리에게 이름을 부여하고 우리를 젠더화하는 모든 방식을 가리킨다. 사실 선택은 이 같은 수행성의 과정에서 뒤늦게 도래한다. 그렇다면 세지윅의 논의를 따라 우리는 그와 같은 규범들로부터의 일탈이 어떻게 일어날 수 있고, 또 일어나고 있는지를 이해할 수 있어야만 한다. 즉 "퀴어" 한 어떤 것, 다시 말해 인용(citational)으로서의 발화 행위라는 데리다의 설명에서 반복 가능성이 취하고 있는 파동과 그다지 다르지 않은 종류의 퀴어성이 젠더 수행성의 중심에서 작동하고 있음을 보여주는 일탈 말이다.

그렇다면 수행성이란 수동적으로 영향을 받는 과정과 능동적으로 행동을 취하는 조건 및 가능성 모두를 지칭한다고 가정해보자. 아울러 이 같은 양 측면 없이는 우리가 수행성의 작동을 이해할 수 없다고 가정해보자. 규범이 우리에게 작동한다는 사실은 우리가 규범들의 작동에 민감하다는 것을, 처음부터 어떤 특정한 명명에 취약하다는 것을 함의한다. 아울러 이는 어떠한 자유의지의 가능성보다도 선행하는 차원에 기입되는 것이다. 젠더 지정을 이해하기 위해 우리는 이와 같이 의도하지 않은 수용성, 민감성, 그리고 취약성의 장을 받아들여야만 한다. 즉 어떤 발화 행위를 구성하거나 실행할 수 있는 그 어떤 가능성보다도 선행하는 언어에 노출되는 방식을 받아들여야 하는 것이다. 이러한 규범들은 특정한 형태의 신체적 취약성을 필요로 하는 동시에 그것을 조직해내는데, 그 신체적 취약성 없이는 그 규범들이 작동하는 것을 생각조차 할 수 없다. 그것이 바로 젠더 규범이 의료기관, 법률기관, 그리고 정신의료기관 등에 의해 조직되고 적용될 때, 우리가 그 젠더 규범의 강력한 인용적 힘을 서술할 수 있고 또 서술하고 있는 이유다. 아울러 그것은 규범들이 젠더의 병리학적, 혹은 범죄적 구성 및 이해에 영향을 미치는 데 우리가 반대할 수 있고 또 반대하고 있는 이유이기도 하다. 그러나 이와 같은 수용성의 영역, 또 이와 같이 감응을 받게 되는 조건에서는 또한 퀴어한 무언가가 일어날 수 있고, 규범이 거부되거나 개정되며, 혹은 새로운 젠더 공식이 시작되기도 한다. 바로 우발적이고도 예상치 못한 어떤 것이 이런 "감응"의 영역에서 일어날 수 있기 때문에, 젠더는 기계적인 반복 패턴과의 고리를 끊고, 아울러 그런 패턴으로부터 일탈하면서 출현할 수 있는 것이다. 이 경우 젠더는 젠더 규범성의 인용적인 사슬을 재의미화하면서, 때로는 매우 단호하게 그 사슬을 끊어내면서 새로운 형태의 젠더화된 삶을 가능하게 한다.

젠더 수행성은 우리의 행동만을 규정하는 것이 아니다. 젠더 수행성은 담론과 제도 권력이 우리에게 영향을 미치는 방식도 규정한다. 즉 그것은 우리가 우리 "자신의" 행위라 부르게 된 것들과 관련하여 담론과 제도 권력이 우리를 속박하거나 움직이게끔 하는 과정들에 관여한다. 우리가 불리는 이름들이 우리가 스스로를 부르는 이름들만큼이나 수행성과의 관계에서 중요하다는 사실을 이해하기 위해 우리는 젠더를 지정하는 다양한 전략들 속에서 작동하는 관습들을 식별해야만 한다. 그러면 우리는 발화 행위가 어떻게 신체를 매개로 한 방식으로 우리에게 영향을 미치는지, 그리고 어떻게 우리를 살아 움직이게 만드는지를 이해하게 될 것이다. 왜냐하면 이 같은 수용성과 감응의 장은 이미 어느정도 신체적으로 기입되어 있기 때문이다. 실로 젠더와 수행 모두에 내포된 체현은 제도적 구조와 보다 넓은 사회에 의지하고 있다. 우리는 몸을 유지하고 있는 것이 무엇인지를 알지 못하고서 그 몸에 대해 말할 수 없고, 몸이 그런 유지의 힘과, 혹은 유지의 결핍과 맺는 관계가 무엇인지를 알지 못하고서 그 몸에 대해 말할 수 없다. 이로써 신체는 어떤 실체라기보다는 오히려 살아 있는 관계들의 집합인 것이다. 신체는 그 삶과 행동의 인프라적·환경적 조건들로부터 완전히 분리될 수 없다. 신체의 행동은 언제나 이미 조건지어진 행동이며, 이는 신체가 가진 역사적 특성의 한 면모다. 게다가 인간 및 다른 동물들이 인프라의 지원에 의존해야 한다는 사실은 그런 인프라가 와해되기 시작할 때, 혹은 우리가 불안정성의 상태에 놓여 극단적으로 지원에서 배제되고 있음을 발견할 때 그 취약성을 드러낸다. 그와 같은 지원을 요구하면서 행동하지만, 아울러 그와 같은 지원을 받지 못한 채 행동해야만 하는 상황은 불안정성의 상태에서 복수 형태의 수행적 행동이 보여주는 역설이라 할 수 있다.[18]

2장

연대하는 신체들과
거리의 정치

1장에서 나는 젠더 정치가 대체적으로 불안정함이 특징인 다른 인구들과 연대해야 한다고 주장했다. 나는 젠더 소수자들, 혹은 규범에 따르지 않는 젠더를 가진 이들이 거리에서 자유롭게 걸을 수 있고, 직업을 갖고 유지할 수 있으며, 괴롭힘, 병리화, 또 범죄화에 저항할 수 있는 권리를 확립하고자 하는 특정한 형태의 젠더 운동을 의도했다. 젠더 소수자들 및 성소수자들의 권리를 위한 투쟁이 사회정의 투쟁이 되려면, 즉 그것이 어떤 급진 민주주의 기획이 되려면 우리 모두가 불안정성과 권리 침해 상황에 노출될 수 있고 노출되어왔다는 사실을 깨닫는 것이 필수적이다. 나아가 우리가 쟁취하고자 하는 권리는 복수(複數)의 권리이며, 이런 복수성은 정체성에 의해 이미 경계지어져 있는 것이 아니다. 이 말인즉, 그저 특정한 정체성을 가진 이들만 이와 같은 투쟁의 일원이 될 수 있는 것은 아니란 얘기다. 이러한 투쟁은 오히려 우리가 "우리"라고 말할 때 바로 그 "우리"의 의미를 확대하고자 하는 투쟁이다. 따라서 우리는 우리의 젠더를 공적으로 행사하고, 젠더에 대한 권리를 행사하는 것이 이미 사회운동이라고, 개인주의에 관한 그 어떤 개념보다도 오히려 인민들 사이의 연결에 더 강력하게 의존하는 사회운동이라고 말할 수 있다. 그 목표는 우리를 불안정성에 노출시키는 군사, 처벌, 그리고 규제 권력들과 체제들에 맞서는 것이다. 아울러 비록 우리 삶이 때로는 몇몇 질병과 자연재해로 불안정해질 수 있기는 하지만, 2005년 허리케인 카트리나가 미국 남부를 강타했을 때 우리가 뉴올리언스에서 극적으로 목도했듯이, 이미 존재하는 제도·기관들이 질병을 어떻게 처리하는지 혹은 처리하지 않는지, 어떻게 특정한 지역의 자연재해가 어떤 이들에게는 예방 가능하고 또 어떤 이들에게는 예방 불가능한지 같은 모든 문제는 결국 불안정성이 인구 집단에 따라 다르게 할당되는 현실로 이어진다. 이 같은 현상은 노숙자들이나 빈민들에게 보다 포괄적으로 해당되는 일이지만, 사회 인프라와 그 조건들이 파괴됨에 따라, 혹은 신자유주의가 사회민주주의를 지탱하는 제도·기관들을 기업가적 윤리로 대체함에 따라, 즉 심지어 가장 힘 없는 이들에게도 다른 누구, 혹은 다른 어떤 것에도 의지하지 않고 자기 삶에 대한 책임을 져야 한다고 강요하는 기업가적 윤리로 대체함에 따라 약탈적 불확실성과 손상된 미래라는 감각에 노출되어야만 하는 이들에게도 역시 해당된다. 이는 마치 현재의 상태에서 상호의존성이라는 생각, 즉 내가 어디선가 '삶의 위태로움(unlivability)을 최소화하고자 하는 손들의 사회적 네트워크'라고 불렀던 것에 대한 반감으로 인해 어떤 전쟁이 일어난 것만 같다.

그러므로 이 같은 복수의 권리들, 우리가 집단적이자 체현된 것들이라고 여겨야 하는 권리들은 우리 모두가 살아갈 수 있는 어떤 세계를 확정짓는 그런 형태의 권리가 아니다. 오히려 그 권리들은 불안정성의 상태가 차별적으로 할당되어 있다는 이해, 아울러 불안정성에 반대하는 투쟁이나 그에 대한 저항은 우리의 삶과 생명이 동등하게 대우받아야 하고 누구에게나 평등하게 살 만해야 한다는 요구에 기반해야만 한다는 이해에서 나오는 것이다. 이는 저항의 형태 자체가, 즉 불안정성에 저항하기 위해 여러 공동체들이 조직되는 방식이 바로 그 공동체들이 쟁취하고자 하는 가치들의 이상적인 전형이 됨을 의미하기도 한다. 내가 볼 때, 젠더 소수자들 및 성소수자들의 권리를 실천해내기 위해 구성된 연대체들은 비록 이게 어려운 과제라 할지라도 그들 자신이 속한 인구 집단의 다양성과 연대를 이뤄야 하며, 아울러 그런 연대를 통해 이룰 수 있는 관계가 우리 시대에 초래된 불안정성의 상태에 종속된 다른 인구들과의 연대로 이어지게 해야 할 것이다. 이와 같은 연결의 과정은, 비록 어려운 일이라 할지라도 필수적이다. 왜냐하면 젠더 소수자 및 성소수자 인구는 그 자체로 다양한 집단이기 때문이다. 물론 여기서 '다양한'이란 표현이 내가 의도한 바의 의미를 온전히 담아내지는 못한다. 이러한 집단은 다양한 언어 공동체와 문화 공동체를 넘나들면서 마찬가지로 다양한 계급, 다양한 인종적·종교적 배경을 가진 이들로부터 도출된다.

내가 지금 연대라 부르는 것이 그저 미래에 구성될 사회 형태만을 의미하지는 않는다. 때로 연대는 아직 드러나지 않은 채 잠재되어 있다. 또 때로 연대는 사실상 우리 스스로의 주체-형성 구조가 되기도 한다. 연대가 어떤 단수(單數) 주체 내부에서 일어날 때, "내 스스로가 연대의 구성물이다, 혹은 나는 나 스스로와, 혹은 내 안의 변화무쌍한 다양한 문화적 모습들과 연대한다"라고 말하는 것이 가능할 때처럼 말이다. 이 말이 의미하는 바는, 이처럼 의문시되고 있는 이 "내"가 모든 다른 소수자적 지위나 존재를 지지하며, 이로써 어떤 하나의 소수자적 지위 혹은 불안정성 현장의 일부가 되기를 거부한다는 것이다. 또한 그것은 "나는 지금 이 모습 그대로 복잡한 존재이며, 이는 내가 이 '나'를 부르는 모든 순간과 행위에 내가 타인들과 연결되어 있다는 사실이 필수적임을 의미한다"라고 말하는 것과도 같다. 일인칭 안에서 사회적 관계성을 끌어오는 그러한 관점은, 연대의 문제를 사유할 때 정체성 중심의 존재론이 가진 부적절함을 이해하도록 우리를 자극한다. 문제는 내가 여러 정체성들의 모음이 아니라 이미 일종의 어떤 집합체(assembly)*라는 사실이다. 심지어 '나'는 어떤 일반적인 집합이기도 하고, 혹은 자스비어 푸아르(Jasbir Puar)가 질 들뢰즈(Gilles Deleuze)의 용어에서 차용했던바 일종의 배치(assemblage)이기도 하다.[1] 그러나 아마도 가장 중요한 것은 직장을 잃거나 은행에 집을 빼앗길 위험이 있는 이들이 서로 횡단하고 교차되어 있는 상황에 대한, 거리에서의 괴롭힘, 범죄화, 투옥, 혹은 병리화에 차별적으로 노출될 위험이 있는 이들의 범위에 대한, 그리고 전쟁을 벌이는 자들 때문에 그 삶이 없어져도 될 법한

• 여기서 버틀러는 '집회'라는 의미를 가진 중의어 assembly를 사용함으로써 복수(複數)적 구성물로서의 '내'가 집합체임과 동시에 집회의 특성이 체현된 존재임을 드러내고 있다.

것으로 공격받는 이들이 가진 특정한 인종적·종교적 배경들에 대한 고조된 인식에서 촉발된 자발적 동원(mobilization)*일 것이다. 내가 볼 때, 이와 같은 관점은 불안정성에 대한 보다 전반적인 투쟁을 요하는 것 같다. 불안정성에 대한 의식으로부터 나타나는 투쟁, 서서히 도래하는 죽음과 손상된 시간 감각, 혹은 임의적인 상실이나 상해와 궁핍함에 손쓸 수 없을 정도로 노출되는 상황에 대한 의식으로부터 나타나는 그런 투쟁 말이다. 이것은 단수적이면서도 동시에 복수적인 형태의 의식이라 할 수 있다. 여기서 요지는 우리 모두를 평등하게 위태로운 삶의 나락으로 추락시키는 식으로 모두에게 동일한 평등을 위해 단결하자는 것이 아니다. 그 반대로, 누구나 평등하게 살 만한 삶을 누릴 수 있도록 요구하자는 것이다. 그런 삶은 이를 요구하는 이들에 의해 실천되는 삶이자, 공공재에 대한 평등한 분배를 요하는 삶인 것이다. 불안정성의 반대는 안정이 아니다. 오히려 그 반대는 살 만한 삶을 위한 상호의존성이 가능해지는 평등한 사회·정치 질서를 향한 투쟁이다. 아울러 이는 민주주의로서의 우리의 자기-통치의 조건이 되며, 그와 같은 질서의 지속적 형태는 바로 그 거버넌스가 표방하는 필수적 목표들 중 하나가 된다.

만일 독자들이 내가 지금 젠더에 대한 논의로부터 좀 벗어난 이야기를 하고 있는 것 같다고 느낀다면, 나는 여기서 여전히 젠더에 대한 논의를 하고 있다고 말하고 싶다. 왜냐하면 여성, 성소수자, 그리

---

* mobilization은 일반적으로 외부의 힘에 의한 '동원'이라는 의미로 많이 쓰이므로 오해를 피하기 위해 위 문장의 맥락에서는 '자발적 동원'이라는 번역어를 사용했다.

고 젠더 소수자의 권리를 대변하는 모든 집단이 고려해야 하는 문제 하나가 다음과 같기 때문이다. (우리가 프랑스와 네덜란드에서 목도해왔듯이) 국가 통치기관들, 혹은 국제기관들이 공공연하게 반(反)이민 캠페인을 실행하고자 우리의 권리를 옹호할 때, 혹은 (점령, 토지 몰수, 그리고 강제적 퇴거 정책 등 광범위한 범죄 행위들을 자행한 뒤 이에 대한 비판을 굴절시키기 위해 벌인 이스라엘의 이른바 핑크워싱pink-washing 캠페인 사례처럼) 각 국가가 민족자결주의, 운동 및 집회에 대한 기본권이 거부되는 이들과 관련한 자신들의 잔악한 수준의 인권 기록을 굴절시키고자 여성, 레즈비언 및 게이, 그리고 트랜스젠더에 관한 급진적 인권 정책으로 우리의 관심을 호도할 때 우리는 무엇을 해야만 하는가?* 우리는 우리 자신의 권리를 인정받고자 하는 만큼, 우리의 권리에 대한 공적 인정이 다른 이들의 권리 — 이 경우 팔레스타인에서 기본적인 시민권 없이 살아가고 있는 여성들, 퀴어들, 그리고 젠더 소수자들 및 성소수자들을 비롯한 다른 이들의 권리 — 를 대규모로 박탈하는 일을 은폐하거나 굴절시키는 데 이용되는 상황에 반대해야만 한다. 서로 연대한다

---

* 핑크워싱이란 한 국가나 사회, 혹은 집단이 저지르고 있는 범죄나 부당행위를 시쳇말로 '물타기'하기 위해서, 그들이 이른바 친동성애적 정책을 고수하고 있다고 선전하는 것을 말한다. 이와 같은 핑크워싱은 특히 동성애자 관련 인권 문제의 중요성을 지속적으로 제기해온 미국 및 서방 국가의 지지를 받기 위해 사용되어왔다. 여기서 버틀러는 그간 이스라엘 최대 도시 텔아비브가 친동성애적 도시로 선전되어온 것을 두고, 그런 선전이 사실은 이스라엘 국민국가가 팔레스타인인들에 대해 벌이고 있는 극악무도한 범죄를 물타기하는 한 수단으로 사용되어왔음을 꼬집고 있다.

는 것이 무슨 의미인지만이 아니라 서로 함께 산다는 것이 무슨 의미인지를 고민하는 이 책 3장에서 다시 이 문제로 돌아오겠다. 나는 연대의 정치가 공거의 윤리에 달려 있으며 아울러 이를 요한다는 것을 보여줄 것이다. 그러나 지금 나는 만일 어떤 한 집단에 대한 권리 부여가 다른 이들의 기본권 박탈을 위해 오용된다면, 권리를 부여받은 그 집단은 당연히 자신들에 대한 정치적·법적 인정과 권리가 주어지는 그 조건들을 거부할 의무가 있다고 말하고자 한다. 그렇다고 해서 우리 모두가 이미 존재하는 권리들을 포기해야 한다는 뜻은 아니다. 나는 그저 권리란 사회정의를 위한 폭넓은 투쟁 내에서만 의미가 있을 뿐이며, 아울러 만일 권리가 차별적으로 할당된다면, 게이 및 레즈비언 권리의 전략적 이용과 정당화를 통해 다른 이들에 대한 불평등이 제도화된다는 점을 말하고자 하는 것이다. 따라서 나는 퀴어라는 용어가 정체성을 의미하는 것이 아니라 연대를 의미한다는 점을 우리가 기억했으면 한다. 아울러 나는 사회적·정치적·경제적 정의를 위해 투쟁하는 데서 우리가 어색하면서도 예기치 않은 연대의 형태들을 이루게 된다는 것을 생각할 때, 이와 같은 논의에서 퀴어라는 용어가 우리가 상기하기에 적합한 용어라는 점 또한 제안하고자 한다.

*

대중시위는 거리에서, 광장에서 끊임없이 일어난다. 그리고 이와 같은 시위는 종종 각기 다른 정치적 목적에 따라 발생할지라도, 여기서 무언가 비슷한 일이 발생한다. 즉 신체가 모이고, 이동하며, 함께 말하고, 공적 공간으로서의 특정한 공간에 대한 권리를 주장하는 일 말이다. 그렇다면 이런 시위들, 혹은 이런 운동들은 공공장소에서 어떤 주장을 하고자 모인 신체들에 의해 규정된다고 말하는 것이 보다 손쉬운 결론일 수 있다. 그러나 그러한 주장은 공적 공간이 이미 주어져 있고, 그 공간이 이미 공적인 것이자 그렇게 인정되고 있음을 상정한다. 군중이 모일 때, 그들이 모인 공간이 가진 바로 그 공적 특성이 반박되며 심지어 그 특성을 두고 투쟁이 일어난다는 것을 이해하지 못한다면, 우리는 이러한 대중시위의 중요한 점을 놓치게 된다. 따라서 이런 운동이 도로, 거리, 그리고 광장과 같이 이미 존재하는 장소에 의존해왔다고 할지라도, 또 이집트 타흐리르 광장과 같이 정치적 역사가 이미 강력한 영향을 미치고 있는 광장에서 종종 이루어져왔다고 할지라도, 집단행동들이 공간 자체를 모으고, 도로를 그러모으며, 주변 건축물을 움직이게 하고 조직해낸다는 것 또한 마찬가지로 사실이다. 우리는 공공집회와 공적 발화를 위한 물질적 조건을 주장해야 하지만, 그만큼 또 우리는 집회와 발화가 어떻게 공적 공간의 물질성을 재구성하는지, 어떻게 그 물질적 환경의 공적 특성을 생산하거나 재생산해내는지 질문해야 한다. 그리하여 군중이 광장을 벗어나 옆길이나 뒷골목으로, 도로가 아직 포장되지 않은 동네로 이동할 때는, 군중의 이동 그 이상의 무언가가 일어나는 것이라 할 수 있다.

그러한 순간에 정치는 사적 영역과 괴리되어 오직 공적 영역에서만 일어나는 것으로 정의되지 않고, 사적 영역과 공적 영역을 나누는 선들을 가로지르게 된다. 곧 정치가 가정에서, 거리에서, 동네에서, 혹은 실제로 집과 광장 같은 건축물들의 공간적 제약을 마찬가지로 넘어서는 가상공간에서 이미 존재한다는 사실에 우리는 주목하게 되는 것이다. 따라서 우리가 어떤 군중의 형태로, 그 수가 계속 늘어나는 군중의 형태로 모인다는 것이 무엇을 의미하는지에 대해 사유할 때, 그리고 공과 사의 구분에 이의를 제기하면서 공적 공간을 가로질러 이동한다는 것이 무엇을 의미하는지에 대해 사유할 때, 우리는 복수의 신체들이 공적인 것에 대한 권리를 주장하며, 물질적 환경을 점령하고 재구성함으로써 공적인 것을 발견하고 또 생산해 내는 방식들을 보게 된다. 동시에, 그런 물질적 환경은 한데 모인 신체들의 행동의 일부가 되며, 그 환경 자체는 행동의 지지 기반이 됨으로써 스스로가 행동하게 되는 것이다. 마찬가지로, 트럭과 탱크의 작동이 중지되고 갑자기 연설자들이 그 위에 올라서서 군중에게 연설하려 할 때, 그 군사적 기제 자체는 군대 자체에 대한 저항까지는 아닐지라도 비군사적 저항의 버팀목 내지는 인프라가 되는 것이다. 그러한 순간에 물질적 환경은 능동적으로 재구성되며, 베르톨트 브레히트(Bertolt Brecht)의 용어를 빌리자면, 기능 전환되는 것이다.●
따라서 우리는 행동에 대한 개념을 재사유할 필요가 있다.

우선, 다른 이들과 함께 움직이고 함께 모이지 않고서는 그 어느 누구도 자유롭게 움직이고 집회할 권리를 주장할 수 없다. 다음으

● 원문에서 버틀러는 refunctioned(재기능)라는 단어를 사용했으나, 베르톨트 브레히트가 사용한 용어는 Umfuktionierung으로서 '재기능'이라기보다는 기능을 새롭게 바꾼다는 뜻의 '기능 전환'에 가깝다.

로, 광장과 거리는 행동에 대한 물질적 기반일 뿐만 아니라 그것들 자체가 우리가 이해하는 신체를 매개로 한 공적 행동의 일부다. 인간 행동은 온갖 지지 기반에 의존하고 있다. 인간 행동은 언제나 누군가에 의해, 혹은 무언가에 의해 지지되고 있는 행동인 것이다. 장애학 분야의 논의들을 통해 우리는 움직일 수 있는 능력이 움직임을 가능케 하는 기제들과 우리가 움직일 수 있는 지상 공간에 의존한다는 것을 알고 있다. 그리고 그러한 신체적 움직임은 인간이 아닌 객체들에 의해, 또 행위성을 이끌어내는 그 객체들이 가진 특정한 역량을 통해 지지되고 가능해진다. 공공집회의 경우를 들자면, 우리는 공공집회를 통해 무엇이 공적 공간이 되어야 하는지에 대한 투쟁을 분명하게 볼 수 있으며, 아울러 이 세상에서 신체들이 어떻게 지지되고 지탱되어야 하는지에 대한 중요한 투쟁 또한 확인할 수 있다. 몇가지만 예를 들면 고용과 교육, 공정한 식량 분배, 살 만한 주거지, 그리고 이동과 표현의 자유에 대한 투쟁이 바로 그러하다.

물론 이는 곤란한 상황을 만들어낸다. 우리는 지지 기반 없이는 행동할 수 없지만, 그럼에도 우리를 행동하게 만들어주는, 혹은 우리 행동의 주요한 요소가 되는 바로 그 지지 기반을 얻기 위해 투쟁해야 한다. 한나 아렌트가 이해한 집회와 표현의 자유에 대한 권리, 그리고 행동과 권리 행사의 근간을 이루는 것은 바로 공공광장에 대한 로마인들의 개념이다. 한나 아렌트는 모든 정치적 행동이 "출현의 공간"을 필요로 한다고 주장했을 때, 분명 고대 그리스의 폴리스(polis)와 로마시대의 포럼(forum) 개념을 염두에 두고 있었다. 예를 들어 아렌트는 이렇게 쓰고 있다. "정확히 말하자면, 폴리스는 그 물리적 위치상 도시국가가 아니다. 그것은 인민이 행동하고 함께 발언함으로써 생겨나는 인민의 조직이다. 따라서 폴리스의 진정한 공간은 이 같은 목적으로 함께 살고 있는 인민들 사이에 존재하며, 그들이 있는 곳이 어딘지는 상관없다."[2] 그러므로 "진정한" 공간은 "인민들 사이에" 존재한다는 것인데, 이 말인즉 어떤 행동이든 특정한 어딘가에서 일어나는 만큼이나, 연대라 부를 수 있는 어떤 공간을 수립해낸다는 것이다. 아렌트에게 이와 같은 연대는 그 장소에 묶여 있지 않다. 사실 연대는 고도로 전치 가능한(transposable) 그 자체의 장소를 만들어낸다. 아렌트는 다음과 같이 쓰고 있다. "행동과 발언은 참여자들 사이에 어떤 공간을 만들어내고, 참여자들은 거의 어디에서건 어느 때건 그 적절한 장소를 찾을 수 있다."[3]

그렇다면 비록 무한정 전치 가능하지는 않더라도 이처럼 고도로 전치 가능한 정치적 공간을 어떻게 이해해야 할까? 아렌트는 정치가 출현의 공간을 요한다고 주장하면서도 한편으로는 공간이 정치를 불러일으킨다고 주장한다. "그것은 가장 넓은 의미에서의 출현의 공간이다. 즉 타인이 나에게 나타나듯이 내가 타인에게 나타나는 공간, 인간이 다른 살아 있는 것들, 혹은 무생물들처럼 단순히 그저 존재하는 게 아니라 분명하게 출현하는 공간인 것이다."[4] 이 같은 아렌트의 주장에는 분명 맞는 부분이 있다. 공간과 장소는 복수의 행동을 통해 창출된다. 그러나 아렌트의 관점에서 행동은 그 자유와 그 권력 면에서 장소를 생성하는 전적인 능력이 있는 것이다. 이러한 관점은 행동이 언제나 누군가에 의해, 혹은 무언가에 의해 지지되고 지탱되어야 한다는 사실, 그리고 앞으로 내가 논하겠지만, 행동은 심지어 그것이 가상 형태의 행동이라 할지라도 언제나 신체를 매개로 한다는 사실을 잊고 있거나 거부하고 있다. 행동에 대한 물질적 지지 기반은 행동의 일부일 뿐만 아니라, 특히 정치적 투쟁이 식량, 고용, 이동권, 그리고 기관·제도에 대한 접근 가능성에 관한 것일 때 쟁취해야 하는 것이 되기도 한다. 우리 시대 대중시위의 힘과 영향을 이해하기 위해 출현의 공간을 사유하면서 우리는 행동이 가진 신체적 차원에 대해, 그리고 신체가 무엇을 요구하며, 신체가 무엇을 할 수 있는지에 대해 보다 면밀하게 검토해봐야 할 것이다.[5] 이와 같은 자세는 집단행동의 힘으로 어떤 역사적 전환을 겪고 있는 역사적 공간에 함께 있는 신체들에 관해 사유해야 할 때 특히 더 필요하다. 무엇이 그들을 그곳에 모이게 하는가? 불안정성 및 노출과 관련해 그들이 보여주는 끈기와 힘은 무엇일까?

나는 이처럼 출현의 공간으로부터 오늘날 거리의 정치에 이르는 우리의 여정에 관해 사유해보고자 한다. 이렇게 말하고 있음에도 나는 우리가 지금껏 보아왔던 모든 형태의 시위를 다 한데 모을 수 있으리라 생각하진 않는다. 그 시위들 중 몇몇은 일시적이고, 다른 몇몇은 현재 진행 중에 있고 반복되어 발생하는 사회적·정치적 운동의 일부이며, 또다른 몇몇은 혁명적인 시위들이다. 그러나 나는 무엇이 이런 집회들, 대중시위들을 한데 모이게 할 수 있는지 사유해보고 싶다. 2011년 겨울, 인민은 북아프리카와 중동의 폭압 정권에 저항하는 시위들을 조직했다. 그들은 유럽과 남반구 노동자들이 겪고 있는 심화되는 불안정성의 일상화에 저항하는 시위들 역시 이와 같은 집회들에 포함시켰고, 아울러 미국과 유럽에서, 최근에는 칠레에서 공교육 개선을 위한 투쟁을 했으며, 외양과 차림새가 종종 합법적 혹은 불법적 폭력에 의해 응징되곤 하는 (트랜스젠더를 포함한) 여성, 젠더 소수자 및 성소수자에게 안전한 거리를 만들고자 하는 투쟁들 역시 조직하고 실천했다. 트랜스젠더들과 퀴어들이 조직한 공공집회에서는 범죄와 결탁하는 경찰로부터 안전한 거리가 만들어져야 한다는 주장이 종종 나온 바 있다. 특히 경찰이 범죄를 자행하는 정권을 지지하고 있는 경우에, 혹은 예를 들어 경찰이 젠더 소수자 및 성소수자에 대한 범죄를 방지할 의무가 있음에도 스스로 이를 지지하는 경우에 말이다. 시위는 경찰력을 압도할 수 있는 몇몇 방식들 중 하나다. 그와 같은 집회들이 갑자기 매우 대규모로 일어나거나 매우 유동적인 형태로 일어나서, 혹은 너무 집약적이거나 너무 확산돼서 경찰력이 이를 억누르지 못할 경우에, 그리고 그 집회들이 집회 현장에서 스스로를 재건할 수 있는 자원을 가진 경우에 특히 그렇다.

어떤 정권이나 그 법률의 정당성이 문제시됨에도 아직 새로운 법체계가 확립되지 않았을 경우, 아마도 이들 집회는 무정부주의적 순간들 내지는 무정부주의적 과정들일지 모른다. 이런 막간의 시간은 한데 모인 신체들이 민의를 위한 새로운 시공간을 표현해내는 시간이다. 이 민의는 어떤 단일하고도 동일한 의지가 아니며, 통일된 의지도 아니다. 이를 특징짓는 것은 서로 다른, 그러나 서로 가까이에 모여 있는 신체들의 연대이며, 그 신체들의 행동과 비행동은 어떤 다른 미래를 요구한다. 그들은 아직 법으로 성문화되지 않았고, 앞으로도 결코 온전히 법제화될 수 없는 방식으로 공적인 것에 대한 권리를 주장하는 수행적 권력을 함께 실천한다. 그리고 이런 수행성은 발언이나 발화뿐만 아니라 신체를 매개로 한 행동을 통한 요구, 몸짓을 통한 요구, 움직임을 통한 요구, 집회를 통한 요구, 끈질긴 지속을 통한 요구, 그리고 우리가 당할 수 있는 폭력에 대한 노출을 통한 요구로서 나타난다. 정권의 확립된 구조와 시간성 바깥에서 그것들에 저항하는 시공간을 창출하고, 물질성에 대한 권리를 요구하고, 그 지지 기반을 구축하고, 물질적이며 기술적인 차원들에 의거해 그 기능을 재편하는 이러한 공동 행동에 대해서 우리는 어떤 이해를 할 수 있을까? 그런 행동들은 무엇이 공적인 것이 될 수 있는지, 그리고 무엇이 정치의 공간이 될 수 있는지를 새롭게 규정해낸다.

나는 나 자신의 입장을 명확히 하기 위해 한나 아렌트의 논의에 의거할 때조차도 그녀의 논의를 비판하고 있다. 아렌트의 저작은 분명 지금 나의 행동을 뒷받침하고 있지만, 나는 또한 어떤 면에서는 그녀의 작업을 거부하고 있다. 아렌트의 시각은 그 자체의 젠더 정치에 의해 문제점이 드러난다. 아렌트는 공적 영역과 사적 영역이라는 구분에 의존함으로써 정치 영역을 남성의 것으로, 재생산 노동을 여성의 것으로 돌리고 있다. 만일 공적 영역에 어떤 신체가 존재한다면, 그것은 남성이자 자립적이며, 자유롭게 창조하는 존재이지만 스스로가 창조된 존재는 아닌 그런 신체로서 추정될 것이다. 그리고 사적 영역에 존재하는 신체는 여성, 노인, 외국인, 혹은 아이들이며, 언제나 선정치적인 존재일 것이다. 탄생(natality)의 철학자인 아드리아나 까바레로(Adriana Cavarero)의 중요한 저작을 통해 알 수 있듯,[6] 아렌트는 이처럼 무언가를 존재하게 만드는 능력을 정치적 발화와 행동의 기능으로 이해했다. 실로 남성 시민들이 정의, 복수, 전쟁, 그리고 해방의 문제를 토론하고자 광장 안으로 들어올 때, 그들은 그와 같이 밝은 공공광장을 그들의 발언을 실행하게 해주는 건축적으로 잘 구획된 극장으로서 당연시한다. 그리고 그들의 발언은, 그 자체로 암흑 속에 가려진 영역이자 적절하면서도 공적인 면에서 온전히 정치적 행동이라 여겨지지 않는 여러가지 행위들을 통해 재생산되는 이른바 사적인 거주지로부터 물리적으로 차단되어, 향후 정치적 행동의 전형적인 규준이 된다. 남성들은 그와 같은 사적인 암흑으로부터 나와 공적인 광명으로 나아가며, 일단 그 광명 속에서 깨우치게 되면 발언을 한다. 그리고 그들의 발언은 그것이 표현하고 있는 정의의 원칙들을 탐문하고, 그 자체로서 비판적 탐구이자 민주적 참여의 형태가 된다. 정치적 근대성 내부의 이와 같은 고전적 현장을 재사유하면서, 아렌트는 발언을 권리의 신체적, 그리고 언어적 행사로서 이해하고 있다. 신체적이면서 언어적이라는 것. 우리는 어떻게 젠더화된 분업에 관한 가정을 넘어서서, 그리고 그와 같은 가정에 저항하면서 '신체적' '언어적'이라는 용어와 이것들이 얽힌 관계들을 재구상해낼 수 있을까?

아렌트에게 정치적 행동은 신체가 출현한다는 조건 아래 이루어진다. 나는 타자들 앞에 나타나고, 타자들은 나에게 나타난다. 즉 나와 타자 사이의 어떤 공간이 우리로 하여금 출현하게 만드는 것이다. 우리가 어떤 특정한 공간 안에서 출현한다거나 혹은 우리가 공간이 물질적으로 구성된 조직에 의해 지지된다고 생각할 수도 있겠지만, 이는 아렌트가 주장하는 바가 아니다. 출현의 영역은 그리 단순하지 않다. 왜냐하면 출현의 영역은 오직 어떤 상호주체적인 대결의 조건 아래서만 일어나기 때문이다. 우리의 존재는 서로에게 단순히 어떤 시각적 차원의 현상만은 아니다. 우리의 목소리 또한 타인에게 인식되어야 하고, 그리하여 우리의 목소리를 타인이 들을 수 있어야 한다. 아니, 오히려 신체적인 차원에서 지금 우리 자신은 우리가 볼 수도 들을 수도 없는 방식으로 나타나는 타자를 "위해" 존재하는 한 방식이다. 말하자면 우리는 신체적인 차원에서 우리가 온전히 기대할 수도 제어할 수도 없는 관점을 가진 다른 이를 위한 존재가 되는 것이다. 이렇게 나는 하나의 신체로서 나 자신만을 위한 존재도 아니요, 심지어 나 자신을 우선으로 하는 존재도 아닌 것이다. 내가 어쨌든 나를 발견해낸다고 할 때, 내가 발견하는 나 자신은 타자들의 관점에 의해 구성되고 박탈당한 자신인 것이다. 따라서 정치적 행동을 위해 나는 내가 알 수 없는 방식으로 타자들 앞에 나타날 수밖에 없으며, 이런 식으로 나의 신체란 내가 머물 수는 없지만 분명 내 안에 머물고 있는 관점들에 의해 확립된다고 할 수 있다. 이것은 중요한 논점일 수 있는데, 왜냐하면 신체는 오직 나만의 관점을 확립하지 않으며, 오히려 나만의 관점을 해체하고 그런 해체를 필수적인 것으로 만들어버리기 때문이다. 이는 우리가 함께 행동하는 신체들에 대해 사유해볼 때 극명하게 드러난다. 하나의 신체가 출현의 공간을 확정짓는 것은 아니다. 오히려 이런 행동, 이런 수행적 실천은 오직 여러 신체들 "사이"에서만 발생하고, 나 자신의 신체와 다른 이의 신체 사이 어떤 틈새를 구성하는 공간에서 발생한다. 그러므로 나의 신체는 정치적으로 행동할 때 홀로 행동하는 것이 아니다. 실로 행동은 "사이"에서 발생한다. 우리를 한데 엮기도 하고 우리의 차이를 드러내기도 하는 어떤 관계를 위한 공간적 형상인 "사이"에서 말이다.

아렌트에게 출현의 공간이 단지 건축적인 측면에서 이미 주어진 무엇이 아니라는 사실은 문제적인 동시에 흥미로운 점이다. 아렌트는 다음과 같이 논한다. "출현의 공간은 인간이 발언과 행동의 방식으로 함께할 때마다 존재하게 되는데, 고로 출현의 공간은 공식적으로 구축되는 모든 공적 영역과 다양한 형태의 정부들, 곧 공적 영역이 조직될 법한 다양한 형태들보다도 선행하는 것이라 할 수 있다."[7] 달리 말해 이 같은 출현의 공간은 그것을 이끌어내는 복수의 행동으로부터 유리될 수 있는 어떤 장소가 아니며, 아울러 그것을 불러일으키고 구성해내는 행동 외부에 존재하는 어떤 것도 아니다. 그러나 만일 이러한 관점을 받아들인다면 우리는 작동하는 복수성 자체가 어떻게 구성되는지를 이해해야만 할 것이다. 복수성은 어떻게 형성되는가? 그리고 그 형성에는 어떠한 물질적 기반이 필수적인가? 누가 이러한 복수성의 영역으로 들어가며 누가 들어가지 않는가? 또 그런 사안들은 대체 어떻게 결정되는가?

우리는 복수적인 것으로부터 유리된 존재들의 행동과 지위를 어떻게 기술할 수 있을까? 아울러 우리는 그와 같은 배제를 기술할 수 있는, 그리고 현재 제한되고 있는 출현의 영역을 열어젖뜨리고자 하는 저항 형태들을 기술할 수 있는 어떤 정치적 언어를 갖고 있는가? 출현의 영역 외부에 살고 있는 이들은 정치적 생명의 가능성이 배제된 채로 "당연시되는" 이들인 것인가? 그들은 보잘것없는 생명인가, 아니면 헐벗은 생명인가?* 우리는 배제된 이들이 그저 실재하지 않으며 사라졌다거나 혹은 그들이 존재 자체가 아니라고 말하고 싶은 것일까? 그들은 마치 사회적으로 이미 죽은 이들로서, 아니면 그저 유령적인 존재로서 이론적 차원에서 무시될 수 있는 존재들일까? 만일 그렇게 말한다면 우리는, 결국 출현을 가능하게 하는 어떤 특정한 체제의 입장을 그대로 받아들이는 것일 뿐만 아니라, 우리가 그 관점을 의문시하고 싶어 할지라도 결과적으로는 승인하고 있는 것과 같다. 이 같은 논의들은 기존 정치적 조건들에 의해 결핍된 채 있었던 어떤 상태를 보여주는 것인가? 혹은 그런 결핍은 출현의 영역을 규제하고 통제하는 이들이 가진 관점들을 답습하는 어떤 이론에 의해 부지불식간에 승인된 것인가?

여기서 중요한 논점은 과연 결핍된 이들이 정치와 권력의 외부에 존재하는지, 아니면 실로 그들이 출현의 영역 자체의 범위를 규율하는 행위를 노출시키는 특정한 형태의 정치적 행위성과 저항을 보여주면서 특정한 형태의 정치적 결핍 상태를 살아내고 있는지다. 만일 우리가 결핍된 이들이 정치의 영역 외부에 존재한다고 주장한다면, 곧 그들을 탈정치화된 존재 형태들로 환원한다면, 이때 우리는 은연중에 정치적인 것의 한계를 확고히 하는 지배적 방식들이 옳다고 인

• 버틀러는 조르조 아감벤의 la vita nuda를 mere life와 bare life라는 두가지 다른 번역어로 제시하고 있다. 위 용어에 대한 번역어로 실로 다양한 개념어들이 사용되고 있는데, 영어에서 mere와 bare는 미세한 차이가 있다. bare가 말 그대로 헐벗거나 있는 그대로 드러나는 상황을 의미한다면, mere는 하찮고 보잘것없는 상태를 의미한다.

정하는 셈이 된다. 어떤 면에서 이는 정치가 어떤 것이어야만 하는지, 누가 공적 영역에 들어갈 수 있는지, 그리고 누가 사적 영역에 머물러야만 하는지에 대한 그리스 폴리스가 가진 내적 관점을 수용하는 아렌트식 입장을 따르는 것이라고 할 수 있다. 그러한 관점은 이른바 선정치적, 혹은 정치 외적(extrapolitical)이라 치부되는 영역에서 정확히 출현하는 정치적 행위성의 형태들, 곧 외부로부터 그리고 정치의 외부로서 나타나 안과 밖의 구분을 무색하게 하면서 출현의 영역으로 진입하는 정치적 행위성의 형태들을 무시하고 폄하하는 것이다. 혁명적 순간, 혹은 반란의 순간에 우리는 더이상 무엇이 정치의 공간으로서 작동하는지 확신할 수 없게 된다. 이는 기존에 확립된 시공간 체제들이 그 폭력성과 불확정적인 한계들을 노출하는 식으로 거꾸로 가는 바람에, 종종 우리가 정확히 어떤 시대를 살고 있는지 확신할 수 없는 것과 마찬가지다. 우리는 앞서 언급한 사례에서 이 문제를 찾아볼 수 있다. 로스앤젤레스라는 도시에 모여 집회의 권리와 시민권을 주장하는 미등록 이주노동자들은 시민도 아니고, 그런 요구를 할 수 있는 어떤 법적 권리도 갖고 있지 않다. 그들의 노동은 필요한 것이지만, 보이지 않는 곳에 가려져 있어야 한다. 따라서 그렇게 노동하는 신체들이 거리에 나타나 시민처럼 행동할 때 그들은 자신들이 어떻게 출현하는지뿐만 아니라 어떻게 출현의 영역이 작동하는지를 바꾸는 방식으로, 시민권에 대한 주장을 모방하는 것이라 할 수 있다. 실로 착취당하는 노동자계급이 거리에 출현하여 자신들의 존재를 선언하고, 아울러 이른바 정치적인 것이라 일컬어지는 것 뒤에 가려진 채 보이지 않는 조건으로서 존재하기를 거부할 때 기존의 출현의 영역은 유동적이게 되는 동시에 그 작동을 멈추게 된다.

　조르조 아감벤(Giorgio Agamben)의 "헐벗은 생명"[8]이라는 개념의 원동력은 바로 아렌트 정치철학의 이 같은 폴리스의 개념화에서 유래한다. 하지만 나는 그 개념이 다음과 같은 문제의 위험성 또한 갖고 있다고 제안하려 한다. 즉 만일 우리가 배제 자체를 어떤 정치적인 문제로서, 정치 자체의 일부로서 설명하고자 한다면, 일단 배제가 이뤄졌을 때 그 배제된 존재들이 출현하지 못한다거나 정치적 의미에서의 "실재"를 갖지 못하게 된다고 말하는 것은 온당치 않다. 그들이 사회적이거나 정치적인 입지를 갖지 않는다든지, (행동의 영역으로부터 미리 배제된 당연한 존재 형태로서) 보잘것없는 존재로 치부되며 환원된다고 말할 수는 없는 것이다. 만일 정치적인 것의 영역이 폴리스라는 고전적 개념화로 정의될 수 없는 이유가, 그럴 경우 박탈당한 이들이 가진 행위성과 저항 형태들을 위한 언어를 우리가 가질 수도 사용할 수도 없게 되기 때문이라는 점에 동의한다면, 이처럼 형이상학적으로 황당무계한 상황이 벌어질 필요가 없을 것이다. 법을 통한 기본적인 정치적 보호도 받지 못한 채 폭력에 완전히 노출되어 살아가는 이들이, 그러한 이유 때문에 정치적인 것의 외부에 존재하거나 모든 행위성의 형태를 박탈당한 것은 아니다. 물론 우리에게는 그와 같이 용인될 수 없는 폭력에 노출된 이들의 지위를 기술할 언어가 필요하다. 하지만 우리는 우리가 사용하는 언어가 그처럼 폭력에 노출된 이들에게서 그들의 모든 행위성과 저항 형태를 앗아가지 않도록, 또 서로 돌보고 서로 지원할 수 있는 네트워크를 형성하려는 그들의 모든 시도를 앗아가지 않도록 조심해야만 한다.

비록 아감벤이 생명정치성의 개념화를 위해 푸꼬의 논의를 빌려 오고 있긴 하지만, "헐벗은 생명"이라는 논지는 푸꼬의 개념에 영향 받지 않았다. 그 결과 우리는 이 용어 안에서 국가 없는 이들, 점령 당한 이들, 그리고 권리를 박탈당한 이들의 행위성과 행동 형태들을 기술할 수는 없게 된다. 왜냐하면 심지어 권리를 박탈당한 생명이라 할지라도 여전히 정치적인 것의 영역 내부에 존재하고 있으며, 따라서 보잘것없는 존재로 환원될 수 없기 때문이다. 오히려 종종 이와 같은 생명들은 분노하고, 분개하고, 반항하고, 저항한다. 기존에 확립된 이른바 정통적인 정치구조 외부에 존재하는 것은 여전히 권력관계에 침윤되어 있으며, 이런 침윤은 종속된 형태만이 아니라 지배적인 형태도, 그리고 비합법의 영역에 존재하거나 제거되거나 내쳐진 형태만이 아니라 포용과 합법의 영역에 존재하는 형태까지도 포함하는 정치적인 것에 대한 이론을 사유할 수 있는 출발점이 된다.

나는 아렌트가 다행히도 『인간의 조건』에 나타나는 이 같은 사유모델을 지속적으로 유지하지는 않았으며, 그런 이유로 가령 그녀가 1960년대에 난민들과 무국적자들의 운명에 관심을 기울이고 권리를 가질 권리에 대한 새로운 방식을 주장하게 되었다고 본다.[9] 권리를 가질 권리는 그 정당성을 위해 이미 존재하는 어떤 특정 정치기관에 의존하지 않는다. 출현의 공간과 마찬가지로 권리를 가질 권리는 그와 같은 권리를 성문화하거나 보장하고자 하는 그 어떤 정치기관보다 선행한다. 그러한 권리는 실천될 때, 아울러 단결하고 연대하며 행동하는 이들에 의해 실천될 때 비로소 형성된다. 기존 정치체들로부터 배제된 이들, 곧 그 어떤 국민국가나 현재의 국가 체계에도 속하지 않은 이들은 오직 실재의 조건들을 독점하고자 하는 이들에 의해서만 "실재하지 않는 존재"로 치부될 수 있다. 그러나 심지어 그와 같은 이들에 대한 배제를 통해 공적 영역이 정의된 이후에도 그들은 여전히 행동한다. 그들이 불안정성의 상태로 내쳐지거나 시스템상의 방치를 통해 죽음에 내몰리더라도, 함께 행동하는 그들에게서 여전히 단결 행동이 출현하게 된다. 예를 들어 미등록 이주노동자들이 거리에 한데 모여 시위할 수 있는 법적 권리가 없음에도 그런 시위를 할 때, 살 만한 주거지에 대한 권리를 실천하는 한 방식으로 아르헨띠나의 이른바 무단 거주자들이 건물을 점거하고 그에 대한 권리를 주장할 때, 인구들이 군대 소유의 공공광장에 대한 권리를 요구할 때, 난민들이 주거지, 식량, 그리고 피난처를 요구하는 집단 봉기에 참여할 때, 법으로 보호받지도 못하고 시위 허가도 받지 않은 인구들이 한데 모여 정의롭지 않거나 범죄적인 법체계를 무너뜨리고자 한다든지 많은 이들의 고용 기회와 교육 기회를 파괴하는 긴축정책에 저항해 시위를 할 때 우리는 이를 목도하게 된다. 혹은 공적 영역에 나타나는 것 자체만으로 범죄를 범하게 되는 이들, 예를 들어 터키의 트랜스젠더들이나 프랑스에서 히잡 등 베일을 쓰는 여성들이 범죄자라는 자신들의 지위에 대해 항의하고 출현할 권리를 주장하기 위해 나설 때 우리는 이를 목도할 수 있다.

공공장소에서 얼굴을 가리거나 대중 앞에 "드러내는"종교적 표현을 금지하는 프랑스 법은, 의복이 세속주의의 어떤 기표가 되고 얼굴을 드러내는 것이 일종의 규범이 되는 공적 영역을 확립하고자 한다. 얼굴을 감추는 것을 금지하는 것은 출현할 권리의 어떤 한 버전, 즉 여성이 베일로 얼굴을 가리지 않고 나타날 수 있는 권리로 이해된다. 동시에 이는 바로 그 여성들로 하여금 공적 규범을 위해 종교적 규범에 저항하도록 요구함으로써 출현할 권리를 부정하는 것이기도 하다. 이처럼 종교적 절연이 요구되는 행동은 공적 영역이 종교적 소속 형태를 넘어서거나 혹은 부정하는 것으로서 이해될 때 의무 사항이 된다. 프랑스에서 진행된 베일 논쟁에 팽배해 있던 생각, 곧 베일을 쓴 여성들이 자발적으로 선택해 그렇게 했을 리가 없다는 생각은 말하자면 법률 제정을 통한 종교적 소수자들에 대한 노골적인 차별로서 작동하고 있다. 베일을 쓰는 이들이 분명하게 내린 선택은, 공적 영역으로 진입하는 데 조건이 되는 강제적 절연 형태들에 부합하지 않겠다는 것이다. 다른 곳에서와 마찬가지로 미국에서도 출현의 영역은 고도로 통제되고 있다. 이러한 여성들이 다른 방식이 아닌 특정한 방식으로만 의복을 착용해야 한다는 것은 공적 영역에 대한 복장의 정치(sartorial politics)를 구성해내며, 더군다나 "베일 벗기"를 강제하는데, 이 자체는 우리가 무엇보다 우선적으로 공적인 것에 소속되고, 오직 부차적으로만 혹은 사적으로만 종교 공동체에 소속된다는 일종의 신호인 것이다. 이는 다양한 차원의 공적, 세속적, 그리고 종교적 영역에 소속된다는 것이 그 궤를 같이하고 서로 겹칠 수밖에 없는 무슬림 여성들과 관련해 특히 더 두드러진다. 이 같은 경우는 이른바 "공적 영역"이 구성적 배제와 강제적 형태의 부인을 통해 이루어짐을 명확히 보여준다. 베일 벗기를 요하는 법에 순응하는 행위는 역설적이게도 분명 고도로 타협된, 아니 심지어 폭력적인 "출현할 자유"를 확립하는 한 수단인 것이다.

실로, 종종 공적 애도의 행동 뒤에 따르는 공공시위 ─ 인구의 절반이 난민이 되었고, 아울러 가족 및 다른 이들의 죽음을 애도하는 무리가 군사적 파괴의 표적이 되었던 시리아에서 종종 일어났던 대로 ─ 에서 우리는 기존의 공적 공간이 어떻게 그곳에 모일 권리를 갖지 못한 이들에게 점령되는지를 볼 수 있다. 그들은 사라짐의 영역으로부터 등장하여 집회의 과정에서 폭력과 죽음에 노출되는 신체가 되고, 그럼에도 공적 공간에서 끈질기게 자신들의 시위를 계속한다. 분명 경찰, 군대, 돈을 받고 고용된 폭력배들, 혹은 용병들에 의해 구조적으로 자행되는 공격, 곧 협박과 폭력의 위협 없이 모이는 것은 그들의 자유다. 그런 신체들을 공격하는 것은 권리 자체를 공격하는 것이나 다름없다. 왜냐하면 그 신체들이 나타나 행동할 때 그들은 체제에 저항하여, 그리고 체제에 맞서 자신들의 권리를 실천해내고 있기 때문이다.

거리에 모인 신체들이 국가의 정당성에 대한 자신들의 항의를 소리 내어 전하기는 하지만, 그들은 자신들이 모인 바로 그 공간에서 보호받지 못한 채 끈질기게 버티고 공간을 점령함으로써, 자신들의 저항을 신체적인 차원으로도 표현해낸다. 말하자면 신체가 정치적으로 "말할" 때 이는 단지 음성화되거나 글로 된 언어를 통해서만 행해지진 않는다. 신체는 폭력을 비롯한 외부에 노출된 채로 끈질기게 지속함으로써 앞서 언급한 정당성에 의문을 제기하게 되고 신체의 특정한 수행성을 통해 이 같은 효과를 이끌어내게 된다.[10] 행동과 몸짓은 모두 행동이자 주장으로서 그 의미를 나타내고 발언한다. 이 둘은 서로 불가분한 것이다. 신체가 공적 공간에 출현함으로써 국가의 정당성이 의문에 부쳐진 곳에서 그 신체 자체는 권리가 아닌 권리를 실천하고 있는 것이다. 달리 말하자면, 신체는 군사적 강제력에 의해 적극적으로 의문시되며 파괴되고 있는 어떤 권리를 실천한다. 아울러 그러한 신체는 위와 같은 강제력에 대한 저항을 통해 자신이 겪고 있는 불안정성과 끈질기게 지속할 권리를 보여주면서 자신들이 살아가는 방식을 표현해낸다. 이와 같은 권리는 그 어디에서도 성문화되어 있지 않다. 이러한 권리는 다른 어떤 곳에서부터, 혹은 기존의 법체계를 통해 승인되는 것이 아니다. 심지어 때로 그 권리가 다른 곳이나 기존 법 안에서 지지를 받을지라도 말이다. 그 권리는 사실 권리를 가질 권리다. 자연법이나 형이상학적 조항으로서가 아닌, 자신의 쇠퇴 혹은 근절을 추구하는 힘들에 맞서는 신체가 가진 끈질긴 지속성으로서의 권리인 것이다. 이와 같은 지속성은 일련의 물질적 지원을 받고, 아울러 그런 지원을 동원하면서 기존의 확립된 공간 체제 안으로 틈입해 가는 것을 필요로 한다.

여기서 확실히 해둘 점은 내가 지금 어떤 생기론(生氣論)이라든가 생명에 대한 권리 등에 대해 말하고 있는 게 아니라는 것이다. 오히려 나는 신체들이 출현하고 행동할 때, 그들이 거부할 때, 그리고 그들이 출현하고 행동하고 거부한다는 사실만으로도 정당성을 상실한 국가에 위협이 가해지는 조건에서 이를 끈질기게 행할 때 정치적 주장이 형성됨을 제시하려 한다. 신체들은 정치권력에 노출되는 만큼이나, 그동안 노출되어온 데 대해 반응하고 있는 것이다. 물론 반응성의 조건들이 심각하게 훼손되는 경우를 제외한다면 말이다. 나는 비록 다른 이가 가진 반응성의 능력을 말살하는 것이 가능하다는 사실을 의심하지는 않지만, 박탈당한 이들의 분투를 기술하는 한 방식으로서 그와 같이 반응성이 완전히 훼손된 형상을 거론하는 것에는 주의하고 싶다. 반대 방향으로 나아가는 데에서 실수를 범하는 것은 언제나 가능하지만, 권력이 있는 곳에는 언제나 저항이 있는 것이라고 주장하면서 권력이 언제나 그 목적에 맞게 작동하지는 않을 가능성, 그리고 그 결과 우리 마음 깊은 곳에서 비롯하는 거부의 형태들이 터져 나올 가능성을 인정하지 않는 것은 분명 실수일 터다. 그와 같은 경우 신체들 자체는 기존 권력이 좇고 있는 방향을 역전시킬 수 있는 권력의 궤도인 것이다. 연대 행동에 참여하고 다른 차원과 다른 가치의 권력을 통해 기존 권력에 대항하는 신체들은 말하자면 다양한 해석들이 체현된 것이다. 한편으로 이 같은 신체들은 생산적이자 수행적이다. 다른 한편으로 그들은 오직 환경, 영양 공급, 일, 그리고 사회성과 소속감 등의 지원을 받을 때에만 지속할 수 있고 행동할 수 있다. 그런데 이러한 지원이 사라져 불안정성에 노출될 때 그들은 또다른 방식으로 한데 모이게 된다. 사회적·제도적 지원 없이는, 지속적인 고용 없이는, 상호의존과 돌봄의 네트워크 없이는, 그리고 주거지와 이동에 대한 집단적 권리 없이는 신체를 매개로 살아가는 그 어떤 인간도 존재할 수 없다고 주장하기 위해 기존 지원체계들을 장악하면서 말이다. 그들은 단지 사회적 지원과 참정권을 위해서만 투쟁하는 것이 아니다. 그들의 투쟁은 그 자체로 사회적 형태다. 그리하여 가장 이상적인 경우를 가정하자면, 연대는 그 자체의 사회성을 확립함으로써 그것이 도모하고자 하는 사회 질서를 실행해내기 시작한다. 그러나 그와 같은 연대는 단순히 개인들의 집합으로 환원되지는 않으며, 엄밀히 말해 연대가 행동하는 개인들인 것도 아니다. 더욱이 연대 행동은 정확히 참여하는 이들 사이에서 일어나는 것이며, 연대의 공간은 이상적이거나 텅 빈 공간이 아니다. 이러한 사이의 공간은 사회성의 공간이자 상호지원의 공간이다. 또한 이 사이성은 결코 어떤 한 사람만의 관점으로 환원될 수 없고, 아울러 지속적이고 살 만한 삶을 떠받치는 구조들에 의존하는 것으로 환원될 수 없는 어떤 사회성 안에서 구축되는 공간이다.

우리가 근래 보아온 많은 대규모 시위들과 저항 형태들은 단지 출현의 공간만을 생산하는 것이 아니다. 그것들은 공적 공간, 공공광장과 기존 체제 사이의 관계를 단절시키면서 기존 권력에 의해 침윤된 확립된 공간을 장악하기도 한다. 이에 따라 정치적인 것의 한계들이 노출되며, 이로써 체제의 정당성이라는 연극과 공적 공간 사이의 관계는 단절된다. 그 연극은 더이상 거침없이 공적 공간 안에 존재할 수는 없는데 왜냐하면 공적 공간이 이제는 또다른 행동 과정에서 발생하기 때문이다. 그 또다른 행동이란 그 행동이 촉발하는 효과의 장 자체를 빼앗음으로써 정당성을 주장하는 권력을 전치해내는 행동이다. 단순히 말해서 거리에 모인 신체들은 기존의 정치적 정당성 형태들을 부정하고 그것들에 이의를 제기하고자 출현의 공간을 재배치한다. 그리고 그 신체들이 이따금 공적 공간을 가득 채우거나 점유하는 바로 그때, 그 구조들의 물질적 역사도 그들 위에서 작동하게 된다. 여기서 구조들의 물질적 역사는, 그 안에 가장 실질적이면서도 침전돼 있는 계략들의 한복판에서 어떤 역사를 재창출하며, 신체들이 행하는 행동의 일부분이 된다. 이 신체들은 종속되어 있으나 이제 새롭게 권위가 부여된 배우들이며, 공적 공간의 규제에 연극적인 자기-구성을 빚지고 있는 기존 국가기구로부터 그 정당성을 빼앗고자 한다.* 그와 같은 권력을 빼앗는 과정에서 새로운 공간이 창출되는데, 이는 말하자면 신체들의 새로운 "사이"라 할 수 있다. 새로운 연대의 행동을 통해 기존 공간에 대한 권리를 주장하는 사이 말이다. 그리고 그러한 신체들은 기존 공간들을 되찾고 재의미화하려는 행동을 함으로써 기존 공간들에 의해 포섭되고 움직여진다.

그러한 투쟁은 언제, 어떻게 "민의"가 나타날 수 있는지에 대한 공간적 규율, 즉 사람들이 출현할 수 있는 공간적 위치들의 할당과 제한을 포함하는 권력의 공간적 조직에 개입한다. 누가 출현할 수 있는지, 그리고 그 결과 누가 출현의 주체가 될 수 있는지에 대한 공간적 제한과 할당이라는 이 같은 시각은 권력이 폐제와 차별적 할당 모두를 통해 작동하고 있음을 보여준다.

그렇다면 동시대 정치 안에서 출현한다는 것은 무슨 의미일까? 아울러 우리는 미디어에 의존하지 않고 이런 질문을 고려해볼 수 있기나 한 걸까? 만일 우리가 출현한다는 것이 무엇인지를 고민한다

---

* 여기서 버틀러는 체제의 자기정당화를 일종의 '연극'이라 부르고 있는데, 그와 같은 체제의 정당성에 의문을 제기하며 거리에 모인 신체들을 '행위자'이자 아울러 기존 체제의 연극의 장을 새롭게 재배치하는 '배우'라는 의미에서 actor라는 단어를 사용해 표현하고 있다.

면, 우리가 누군가에게 나타난다는 사실, 그리고 우리의 출현이 우리 자신의 감각뿐만 아니라 다른 누군가의 감각에 인식되어야만 한다는 사실이 따를 수밖에 없다. 만일 우리가 나타난다면, 우리는 보여야만 한다. 이 말인즉, 우리의 신체는 보여야만 하고 우리의 음성은 들려야만 한다는 것이다. 곧 신체는 시각적·음성적 영역 안으로 들어와야만 한다. 그러나 이런 신체란 응당 노동하는 신체, 성적인 신체, 또 어떤 형태로든 젠더화되고 인종화된 신체인 것은 아닐까? 여기서 아렌트의 시각은 분명 그 한계에 도달한다. 왜냐하면 신체는 그 자체로서 공적으로 나타나고 말하는 신체와 성적이고, 노동하며, 여성적이고, 외국인이며 또한 침묵하는 신체, 즉 대개 사적이고 선정치적인 영역으로 치부되는 신체로 나뉘어 있기 때문이다. 그러한 분업은 불안정한 삶을 영위하는 이들이 어떤 출현의 공간을 쟁취하기 위해 투쟁해야 하는 연대의 형태로서 거리에 모일 때 정확히 문제시된다. 만일 신체적 삶의 어떤 영역이 출현의 영역과 관련해 격리된, 혹은 부인된 조건으로서 작동한다면, 그것은 공적 영역을 지배하고 또 가능케 하는 구조화된 결여가 된다.

만일 우리가 말하고 행동하는 살아 있는 유기체라면, 우리는 분명 살아 있는 존재들의 광범위한 연속 혹은 네트워크에 연결되어 있는 것이다. 우리는 그저 그 존재들 사이에서 살아가고 있기만 한 것이 아니다. 살아 있는 유기체로서 우리의 지속성은 바로 그 지속적인 상호의존 관계들의 기반에 달려 있다. 그러나 우리가 말하고 행동한다는 것은 다른 살아 있는 존재들로부터 우리를 변별시켜준다. 실로 우리는 정치적 행동에 관해 무엇이 특히 인간적인 것인지 알 필요가 없으며, 그저 부인된 신체가 정치적 영역으로 들어오는 것이 어떻게 동시에 인간과 다른 생명체 간의 본질적 관계를 확립해내는지를 보기만 하면 된다. 따라서 사적인 신체가 공적인 신체를 조건짓는다는 사실은 아렌트의 논의 같은 이론들만이 아니라 다양한 형태로 지속되는 (그리고 일면 아렌트의 이론에서 자연적인 것으로 인식되는) 공간의 정치적 구성들에서도 찾아볼 수 있다. 비록 공적인 신체와 사적인 신체가 서로 온전히 변별되지는 않지만(사적인 차원의 신체들은 때로 공적인 면모를 "보여주며" 공적으로 노출된 모든 신체는 그 사적인 순간들을 간직하고 있다), 공과 사의 구분을 유지하고 거기서 초래되는 부인과 권리 박탈의 형태들을 유지하려면 이런 이분법이 필수적일 수밖에 없다.

신체를 가진 삶의 한 차원이 보이지 않는 곳에 머무를 수 있고 또 그래야만 하며, 그 삶의 또다른 차원은 완전히 구분되어 공적 영역에서 나타난다는 것은 어쩌면 일종의 환상일 수 있다. 출현의 영역에는 그 어떤 생물학적 흔적도 없는 것일까? 브뤼노 라뚜르(Bruno Latour)와 이자벨 스땅제(Isabelle Stengers)의 논의를 빌려, 출현의 공간을 협상하는 것이 사실은 일종의 생물학적 행위라고, 곧 유기체가 가진 어떤 탐구 능력들 중 하나라고 주장할 수는 없을까? 결국 우리가 살고 있는 이 세계에서 신체를 갖추고 출현하지 않은 채로 주위 환경을 돌아다니거나 식량을 구할 수는 없는 일이며, 이 세계에 출현한다는 것이 함의하는 취약성과 이동성으로부터 탈출할 수도 없는 법이다. 이 같은 사실은 동물 세계에서 위장과 자기보호의 형태들이 존재할 수밖에 없음을 잘 설명해준다. 이를 달리 말하자면,

출현이란 신체가 말하고 행동하기 위해서만이 아니라 고통받고 움직이기 위해, 다른 신체들과 관계를 맺고 자신이 의존하고 있는 환경을 극복하기 위해, 필요를 충족하기 위한 어떤 사회조직을 확립하기 위해 그 위험을 감내해야 하는 어떤 형태론적 순간일 수밖에 없는 건 아닐까? 실로 신체는 그 신체가 말하는 방식과 겨루는 식으로, 혹은 심지어 그 신체의 전형적 실례인 발화에 이의를 제기하는 식으로 출현하고 의미화할 수 있다. 행동, 몸짓, 정지 상태, 접촉, 그리고 움직임이 모두 발화를 통한 생각의 음성화로 환원될 때에도 여전히 우리가 그것들을 이해할 수 있을까?

심지어 저 문제적인 분업 안에서조차도, 이 같은 공적 발화 행동은 우리에게 주어진, 수동적이며 불투명한, 그리고 정치적인 것에 대한 종래의 정의로부터 배제되어 있는 신체적 삶의 차원에 의존하고 있다. 따라서 우리는 다음과 같이 질문할 수 있다. 우리에게 주어진 혹은 수동적인 신체가 능동적인 신체로 변모해가는 것을 금지하는 규제는 대체 무엇인가? 이러한 신체들은 두개의 다른 신체들일까? 만일 다른 신체들이라고 한다면, 그 둘을 분리해내기 위해 어떤 차원의 정치가 필요할까? 이 두 신체들은 동일한 신체가 가진 두가지 다른 차원인 것일까? 아니면 이것들이 사실은 신체를 매개로 한 출현에 대한 어떤 특정한 규제의 효과 — 새로운 사회운동, 성폭력에 반대하는 투쟁, 재생산의 자유를 위한 투쟁, 불안정성에 저항하는 투쟁, 혹은 이동의 자유를 위한 투쟁 등에 의해 적극적으로 문제 제기되는 규제들의 효과 — 인 걸까? 여기서 우리는 신체에 대하여 지형학적이거나 심지어 건축적인 차원의 특정한 규제가 이론적 차원에서 일어나고 있음을 알 수 있다. 실로 아렌트가 분명하게 천명했던 정치적인 것에서 제외된 것은 바로 이러한 권력의 작동이다. 이는 곧 신체가 나타날 수 있는지, 또 어떻게 나타날 수 있는지에 대한 폐제와 차별적 할당을 가리킨다. 정치적인 것에 대한 아렌트의 분명한 설명은 실로 권력의 작동, 즉 스스로가 정치의 일부로 여겨진다는 것을 고려하지 못하는 권력의 작동에 의존하고 있다.

따라서 내가 아렌트의 논의로부터 받아들이는 바는 다음과 같다. 자유란 나로부터, 혹은 너로부터 오지 않는다. 자유는 우리 사이의 관계로서, 혹은 우리 사이에서 발생할 수 있고 또 발생한다. 따라서 중요한 문제는 각 개인들 안의 인간 존엄성을 찾는 것이 아니라 오히려 인간을 관계적이자 사회적인 존재로서 이해하는 것이다. 자신의 행동이 평등에 의존하고 있고, 아울러 평등의 원칙을 분명히 천명하는 그런 관계적 존재 말이다. 실로 아렌트의 관점에서 볼 때 평등이 존재하지 않으면 인간도 존재하지 않는다. 그 어떤 인간도 홀로 인간이 될 수는 없다. 따라서 타자들과 함께 행동하고 평등의 조건상에서 행동하지 않는 한 그 어떤 인간도 인간일 수가 없다. 나는 여기에 다음과 같은 점을 추가하고자 한다. 평등에 대한 요구는 말해지거나 글로 쓰이기도 하지만, 여러 신체들이 함께 나타날 때, 혹은 그 신체들의 행동을 통해 출현의 공간이 만들어질 때 확실히 형성된다. 이러한 공간은 행동의 기능이자 효과이며, 아렌트에 따르면 오직 평등 관계가 유지될 때에만 작동한다.

물론 이처럼 이상화된 순간들을 의심해볼 이유가 많기는 한데, 이상적인 사유와 행동을 오롯이 억제하고자 하는 분석 역시 조심해야 할 이유가 다분하다. 나는 이집트 타흐리르 광장에서 일어난 혁명적 시위의 두가지 면모를 강조하려 한다. 첫번째는 광장 안에서 공고해진 어떤 특정한 사회성과 관련이 있다. 젠더의 차이를 깨뜨린 분업, 아울러 누가 발언할지, 그리고 사람들이 먹고 자는 공간을 누가 청소할지를 교대로 정하는 한편, 모두가 주위 환경을 유지하고 화장실을 청소할 수 있도록 작업 스케줄을 정하는 일을 포함한 분업 말이다. 요컨대 "수평적 관계들"이라 부를 수 있을 무언가가, 평등을 체현하고자 노력하는 연대체로서의 시위자들 사이에서 즉각적으로 또 조직적으로 형성된 것이다. 여기서 이들의 평등을 위한 노력에는 성별 간 평등한 분업도 포함됐는데, 이 같은 노력들이 바로 무바라크(Hosni Mubarak) 정권과 뿌리 깊은 계급질서에 대한 저항의 일부가 되었다. 이 계급질서는 무바라크 정권의 군사적·경제적 지지자들과 노동하는 인민들 사이의 엄청나게 차별적인 부의 불균형을 내포했다. 그러므로 사회적 형태의 저항은 인민이 언제, 어떻게 미디어 앞에서 정권에 저항하는 발언을 하고 행동을 하는지뿐만 아니라 인민이 어떻게 광장 안의 다양한 구석구석들을, 도로에 마련된 잠자리들을, 임시로 마련된 보건소들과 화장실들을, 자신들이 식사하는 장소들을, 그리고 자신들이 외부 폭력에 노출된 장소들을 돌보고 관리하는지를 아우르는 평등의 원칙들을 결합해낸 것이다. 우리는 지금 엄청난 물리력과 압도적인 정치적 수사(修辭)를 등에 업은 어떤 영웅적 행동들에 대해 말하고 있는 것이 아니다. 때로는 그저 그곳 광장에서 노숙하는 단순한 행동이 가장 설득력 있는 정치적 선언이 되기도 했으며 심지어 정치적 행동으로 여겨질 수도 있었다. 이러한 행동들은 새로운 평등 관계를 구축하기 위해 공적인 것과 사적인 것에 대한 관습적 구분을 파괴한다는 단순한 점에서 모두 정치적이었다. 따라서 이 행동들은, 그것들이 보다 넓은 차원의 정치 형태로서 실현하고자 분투한 원칙들을 바로 그 저항의 사회적 형태 안으로 결합해내고 있었던 것이다.

두번째로, 많은 인민들이 폭력적 공격, 혹은 극단적 위협에 항거했던 2009년 1차 이집트 혁명에서 "실미야"(silmiyya)라는 구호를 외친 바 있다. 이 단어는 동사 "살리마"(salima)에서 유래한 것으로, "살리마"에는 "안전하고 평안하다" "무사하다" "무탈하다" "온전하다" "안정되어 있다" 등의 의미와 더불어 "이의를 제기할 수 없다" "나무랄 데 없다" "흠잡을 데 없다" "확실하다" "공고하다" "명확하게 증명되었다"라는 의미가 있다.[11] 또 동사 "살리마"는 명사 "실름" (silm)에서 파생됐는데, "실름"은 "평화"라는 뜻과 더불어 중요하게는 "이슬람 종교"라는 의미로도 사용된다. "실름"의 파생어 가운데 "훕 아스 실름"(hub as-silm)은 "평화주의"를 뜻하는 아랍어다. "실미야"라는 구호는 대부분의 경우 "평화롭게, 평화롭게"라는 서로에 대한 부드러운 권고로서 이해된다. 비록 이집트 혁명이 대부분 비폭력적이기는 했지만, 혁명이 언제나 비폭력 원칙으로만 이끌어진 것은 아니었다. 확실히 이와 같은 집단적 구호는 인민으로 하여금 보다 큰 목표인 급진 민주주의의 성취를 가슴에 새김으로써 군사적 공격과 폭력배들의 공격을 모방하고자 하는 유혹에 저항하도록 독려하는 한가지 방식이었다. 서로에게 폭력으로 응수하는 데 함몰되는 것은 곧 혁명을 실현하는 데 필요한 인내를 잃는 것이었기 때문이다. 여기서 내가 흥미롭게 생각하는 점은 바로 그 구호다. 즉 언어가 어떤 행동을 이끌어내기 위해서가 아니라 어떤 행동을 억제하기 위해 작동하는 방법 말이다. 여기서 억제는 결코 폭력을 주된 정치 행위의 방식으로 삼지 않을 평등한 이들의 공동체, 새롭게 출현하는 그 공동체 이름으로 행해지는 것이다.

이집트에서 정권 교체를 이끌어낸 모든 집회와 시위가 공공광장과 출현의 공간이라는 취지를 살리기 위해 미디어에 의존한 점은 확실하다. "공공광장"에 관한 그 어떤 잠정적 실례를 들더라도 광장은 어떤 위치를 갖고 있으며 또한 전치 가능하다. 실로 공공광장은 애초에, 완전하게는 아니더라도 전치 가능한 것인 듯하다. 물론 우리는 미디어 없이는 광장에 모인 그 신체들의 전치 가능성을 생각할 수 없을 것이다. 어떤 면에서는 튀니지로부터 온 미디어 이미지들이 이집트 타흐리르 광장에서 열린 최초의 미디어 중심 집회에 길을 터주었다. 그리고 이는 곧 예멘, 바레인, 시리아, 리비아로 확장되어갔는데, 이 모든 혁명의 물결은 서로 다른 궤도를 그리고 있었지만 그럼에도 여전히 이전 집회들의 영향을 간직하고 있었다. 지난 몇년간 많은 공공집회들은 군사 독재 혹은 전제적 정권에 대한 저항을 목표로 하지는 않았으며, 그 집회들 중 많은 경우는 그것들이 결국 대체하게 된 이전의 문제적 상황만큼이나 문제적인 새로운 국가 형태 혹은 전쟁 상황을 야기했다. 그러나 이런 봉기에 뒤따른 몇몇 시위들, 특히 불안정성의 형태에 저항할 목적을 가진 시위들에서는 시위 참가자들이 독점 자본주의, 신자유주의, 그리고 정치적 권리 억압에 단호히 반대했으며, 신자유주의적 개혁 ── 사회민주주의와 사회주의 형태들을 제거하고, 일자리를 빼앗고, 사람들을 가난에 노출시키고, 공교육과 주거에 대한 기본권을 손상시키고자 하는 개혁 — 으로부터 버림받은 이들의 이름으로 저항을 실행했다.

거리의 현장은 우리가 생중계로 혹은 가까운 시간 내에 그 사건들을 시청각적으로 전달할 수 있을 때에만, 그리하여 미디어가 그 사건을 보도하는 데 그치는 것이 아니라 그 사건과 행동의 일부가 될 때에만 정치적으로 영향력이 있게 된다. 실로 미디어는 그 시청각적 확장성과 복제 가능성 면에서 그 자체가 하나의 현장 내지는 공간이기도 하다. 이를 표현하는 한 방식을 들자면, 바로 미디어가 현장을 시청각적으로 확장하고 그 현장의 한계와 전치 가능성에 직접 참여한다는 것이다. 달리 말하자면, 미디어는 어느 한 지역에 국한된 사례화를 포함하는 동시에 이를 초월하는 시공간 안에서 그 현장을 구성해낸다. 비록 그 현장이 분명하고도 단연코 특정한 지역에 위치한다 하더라도 다른 곳에 있는 이들 역시 미디어를 통해 습득하는 이미지와 소리로 그 현장을 감각할 수 있다. 이는 맞는 말이기는 하지만, 한편으로 다른 곳에 있는 이들은 편집이 어떻게 일어나는지, 그리고 어떤 장면이 그들에게 전달되고 또 어떤 장면이 지속적으로 프레임 밖에 위치하는지를 알지는 못한다. 현장이 미디어를 통해 다른 장소로 이동할 때, 현장은 거기에 있기도 하고 여기에 있기도 하다. 그리하여 만일 현장이 거기와 여기 모두를, 아니 실제로는 다수의 장소를 두루 다루지 않는다면, 그 현장은 있는 그대로의 현장이 아닐 것이다. 현장이 그 위치를 넘어 전달되고 그리하여 글로벌 미디어 안에서 구축된다는 사실 때문에 현장의 지역성이 부정되는 것은 아니다. 현장의 지역성은 그와 같은 미디어의 중재가 있는 그대로의 사건으로서 일어나느냐에 달려 있다. 이 말인즉, 지역이 지역으로서 확립되기 위해서는 그 자체 바깥에서 재편되어야 한다는 것이다. 아울러 이 말은 지역이 확립될 수 있고 그곳에서 무언가가 진정 일어날 수 있으려면 반드시 전세계로 확장하는 미디어를 통해야 한다는 뜻이기도 하다. 물론 카메라나 여타 디지털 미디어 장비의 프레임 밖에서 실로 많은 일들이 일어난다. 결코 녹화되거나 방송되지 않는 지역의 사건들도 많으며 왜 그런지에 대한 그럴듯한 이유 또한 존재한다. 그러나 사건이 다른 지역으로 이동하여, 시장 교류를 중단시키거나 외교관계를 단절할 수 있는 권력을 포함하는 전지구적 차원의 분노와 압력을 불러일으키고 또 유지하게 될 때, 지역은 모든 면에서 지역을 넘어서는 어떤 회로 안에 재차 확립될 것이다.

그러나 그런 방식으로 이동할 수도 없고 이동하지도 않는 지역적인 무언가가 존재한다. 만일 어떤 이들이 위험에 놓여 있고 그 위험이 곧 거리에 나선 신체들에 의해 가해지기도 한다는 사실을 우리가 이해하지 못한다면 현장은 앞서 기술한 바의 현장이 될 수 없다. 만일 그들이 어떤 곳으로 이동하게 된다 하더라도 그들은 분명 어떻게든 다른 장소에 끈질기게 남아, 폭동을 일으키진 않을지언정 카메라나 휴대전화를 들고서 자신들이 대항하는 이들과 얼굴을 맞대고 있을 것이다. 보호받지 못한 채로, 상해를 입을 수도 있는 채로, 또 상해를 입은 채로 말이다. 그러한 신체들이 휴대전화를 들고 메시지와 이미지를 전송하는 행위는 실로 중요한데, 따라서 그들이 공격당할 때 그 공격은 대개 그들이 들고 있는 카메라나 비디오 레코더에 대한 공격으로 나타난다. 그 공격은 카메라나 카메라 사용자를 파괴하고자 하는 것일 수도 있고, 일종의 경고나 협박 용도로 제작된 미디어를 향해 어떤 극단적 광경을 연출하는 것일 수도 있다. 혹은 그 공격은 그 어떤 조직화도 불가능하게 만드는 것일 수도 있다. 그렇다면 과연 신체의 행동은 그 기술과 분리될 수 있으며, 기술은 새로운 형태의 정치적 행동을 확립하는 데 도움이 되지 않는 것일까? 이러한 신체들에 검열이나 폭력이 가해질 때 그것은, 어떤 이미지가 이동 가능하고 어떤 이미지는 불가능한지에 대한 헤게모니적 통제를 확립하기 위해, 그 신체들이 미디어에 접근하지 못하게 하는 방식으로 가해지지 않던가?

물론 기업이 소유한 지배적 미디어는 자기식의 검열과 선동을 행사하고 휘두른다. 그러나 이와 같은 현장을 방송할 수 있는 미디어의 자유가, 그 자체로서 자유의 행사이자 권리 행사의 한 방식이라는 사실을 단언하는 것은 여전히 중요한 것 같다. 특히 그 미디어가 통제에서 벗어난 미디어이자 거리의 현장에서 출발하여 검열의 칼날을 피해 가는 미디어일 경우, 그리고 보도 수단의 활용이 곧 신체적 행동 자체의 일부일 경우 그렇다. 이것은 바로 의심의 여지 없이 호스니 무바라크와 데이비드 캐머런(David Cameron)이 서로 8개월의 차를 두고서 소셜 미디어 네트워크에 대한 검열을 주장했던 이유다. 적어도 몇몇 경우에 미디어는 다양한 방식으로 자유와 정의에 대한 주장을 펼치는 사회적·정치적 운동들을 보도할 뿐만 아니라, 사회운동이 쟁취하고자 하는 바로 그런 자유들 중 하나를 실천하고 있기도 하다. 나는 모든 미디어가 정치적 자유와 사회정의를 위한 투쟁에 관여하고 있다고 말하기 위해 이와 같은 주장을 하는 것이 아니다(물론 우리는 모든 미디어가 그렇지는 않다는 사실을 잘 알고 있다). 물론 어떤 글로벌 미디어가 그런 보도를 하는지, 또 어떻게 보도하는지가 중요하다. 내 요지는 때때로 개인 미디어 장비가 시위를 보도하는 중에 여러 검열 형태들을 극복하는 바로 그 순간 그것은 전세계를 아우르는 것이 된다는 점이다. 그렇게 그 개인 미디어는 시위 자체의 일부가 된다.

거리에 모인 신체들이 시위를 할 때 무엇을 하고 있는지는, 커뮤니케이션 장비와 기술이 거리에서 무슨 일이 일어나는지를 "보도할" 때 무엇을 하고 있는지와 근본적으로 연결되어 있다. 시위와 미디어 보도는 각기 다른 행동이지만 그것들은 모두 신체를 필요로 한다. 한가지 자유의 행사는 또다른 자유의 행사와 연결되어 있다. 이 말인즉, 두 행동 모두 권리를 행사하는 방식이며 두 행동은 함께 어떤 출현의 공간을 만들어내고 그 공간의 전치 가능성을 지켜낸다는 것이다. 비록 누군가는 다음과 같이 장담할지도 모른다. 트위터와 다른 가상기술들이 공적 영역의 와해를 초래한 오늘날, 권리의 행사는 거리의 신체들을 그 댓가로 치르고서 발생하는 것이라고 말이다. 그러나 나는 이 말에 부분적으로 동의할 수 없다. 우리는 "직접 손에 든" 미디어 혹은 "높이 치켜든" 휴대전화들의 중요성에 대해 생각해야만 한다. 이것들이 군사 행동과 경찰 진압에 대한 일종의 감시 역할을 하기 때문이다. 미디어는 거리에 모인 신체들이 어떤 사건의 주체가 될 것을 요한다. 심지어 거리에 모인 그 신체들이 미디어가 전지구적으로 존재하기를 요할 때에도 말이다. 그러나 카메라나 인터넷 공유 능력을 가진 이들이 수감되거나 고문받거나 혹은 추방되는 조건 아래서 기술을 사용한다는 것은 실질적으로 신체와 관련된다. 누군가의 손은 그저 무엇을 클릭하고 전송하기만 하는 게 아니다. 그와 같이 클릭하고 전송하는 행위가 추적당할 때 누군가의 신체는 위태로워진다. 달리 말해서, 전지구적으로 전송될 잠재성이 있는 미디어의 사용만으로는 지역화가 거의 극복될 수 없다는 얘기다. 만일 거리와 미디어에 대한 이 같은 추측이 공적 영역에 대한 가장 최근의 개념화를 구축하는 것이라면, 위태로운 신체들은 시공간의 두 차원에 기인하는 매우 다른 정치적 결과들을 체화한 채로 거기에 있기도 하고 여기에 있기도 하며, 지금 존재하기도 하고 당시에 존재하기도 하며, 이동되기도 하고 정지되어 있기도 한 것으로 여겨져야만 한다.

우리가 이집트 타흐리르 광장에서, 그리고 이후 세계의 다른 곳곳에서 보았듯이 공공광장이 가득 차 인민이 그곳에서 먹고 자고 노래하며 그 공간을 내주기를 거부할 때 이와 같은 논의는 중요해진다. 아울러 아테네, 런던, 그리고 버클리에서 인민에 의해 점거된 곳이 공교육기관 건물들이라는 사실 역시 중요하다. 캘리포니아 대학교 버클리 캠퍼스에서는 건물들이 점거되었고, 그 결과 불법 침입에 따른 벌금이 부과되었다. 몇몇 경우 학생들은 사유재산 파괴 혐의로 기소되기도 했다. 그러나 이 같은 혐의들은 과연 대학이 공공기관이냐, 사유재산이냐 하는 질문을 제기하게 했다. 학생들이 건물을 점거하고 그곳에 스스로를 격리한다는 당시 시위의 목표는 공적 공간에서의 출현을 위한 물질적 조건을 확보하는 한 방식이었다. 일반적으로 그런 행동은 실질적 기반이 이미 존재할 때는 일어나지 않는다. 버클리 캠퍼스를 점거했던 학생들, 그리고 더 최근에 영국에서 학교 건물을 점거했던 학생들은 현재는 물론이거니와 앞으로도 공교육의 자산에 속해야만 하는 건물들에 대한 권리를 주장하기 위한 한 방식으로서 건물을 점거했다. 이것이 건물을 점거하는 모든 경우가 다 정당화될 수 있다는 말은 아니다. 그러나 여기서 중요한 점들에 귀를 기울여보자. 이런 건물들을 점거하는 일에 담긴 상징적 의미는 이 건물들이 일반 대중의 소유이자 공교육의 소유라는 것이다. 그리고 여러 회비와 엄청난 수업료 인상과 대학 예산 삭감에 의해 훼손되고 있는 것은 바로 공교육에 대한 접근성이라는 것이다. 우리는 시위가 건물 점거의 형태로 진행되면서 공교육에 대한 권리를 수행적으로 주장해내는 모습에, 아울러 공교육에 대한 접근이 중단되고 있는 역사적 순간, 말 그대로 공교육 건물에 대한 접근을 쟁취하고자 하는 모습에 놀라서는 안 될 것이다. 달리 말해 그 어떤 실정법도 부당하거나 배제적인 형태의 권력을 제도화하는 데 반대하는 이와 같은 행동들을 적법하게 여기지는 않는다는 것이다. 과연 그럼에도 우리는 이런 행동들이 어떤 권리의 행사라고, 법이 잘못되어 있거나 법이 실패하는 순간에 일어나는, 법 외적인 권리의 행사라고 말할 수 있을까?

거리에 모인 신체는 끈질기게 지속하지만 또한 스스로의 유지를 위한 조건을 찾으려 한다. 언제나 그 조건들은 사회적 조건일 수밖에 없고, 자신의 존재가 위태로워지는 경험을 하는 이들을 위해 사회적 삶의 급진적 재편을 요구할 수밖에 없다. 만일 우리가 긍정적으로 생각해서 우리의 사유가 우리로 하여금 어떤 형태의 삶을 유지하는 데 헌신하도록 이끈다면, 여기서 유지되어야 하는 삶은 신체적 형태의 삶이다. 다음으로 이것이 의미하는 바는 신체의 삶——신체의 배고픔, 주거지에 대한 필요와 폭력으로부터의 보호를 포함하는 신체의 삶——이 곧 정치의 주요 쟁점이 된다는 것이다. 우리 삶에서 가장 당연해 보이는 특성들조차 그저 당연하게 주어진 것은 없다. 그것들은 역사와 언어를 통해, 그리고 우리 가운데 어느 누구도 직접 선택하지 않았던 권력의 궤도 안에서 주어진 것이다. 마찬가지로 신체의 어떤 주어진 특성, 혹은 일련의 특성들은 신체의 계속적인 지속에 달려 있다. 우리가 결코 선택하지 않았던 사회적 범주들은 이처럼 주어진 신체를 여러 면에서 횡단하는데, 예를 들어 젠더는 그 변환뿐만 아니라 그러한 횡단까지도 명명한다. 이런 점에서 배고픔, 주거지에 대한 필요, 의료 지원에 대한 필요, 그리고 자연적이거나 인위적으로 가해지는 폭력으로부터 보호받을 필요 등 우리 삶의 가장 긴급하고도 본능적인 차원들은 정치에서 핵심적인 것이다. 우리는 모든 물질적 필요가 젠더, 인종, 혹은 지위에 따라 공적 인정을 받을 수 없는 존재들에 의해 어느정도 해결되고 보살펴지는 폴리스의 폐쇄되고 풍족한 공간을 상정할 수 없다. 오히려 우리는 신체의 물질적 절박함을 광장으로 이끌어내야 할 뿐만 아니라 그런 필요를 정치적 요구의 핵심으로 만들어야 한다.

내가 볼 때, 많은 이들이 공유하고 있는 불안정성의 조건은 심지어 불안정성이 차별적으로 할당될 때에도 우리의 정치적 삶을 위치짓는다. 루스 길모어가 명확하게 주장했듯이, 우리 가운데 일부는 다른 이들보다 상해와 때 이른 죽음에 더 많이, 불균형적으로 노출되는 경향이 있다.[12] 예를 들어 인종적 차이는 유아 사망률 통계를 살펴봄으로써 추적 가능하다. 이 말인즉, 요컨대 불안정성은 불공평하게 할당되고 있으며, 아울러 모두의 삶이 동등하게 애도 가능하거나 동등하게 가치 있는 것으로 여겨지지는 않는다는 것이다. 아드리아나 까바레로가 주장했듯이 만일 우리 신체가 공공장소에서 노출되는 것이 우리를 근본적으로 구성하고, 아울러 우리의 사유를 사회적인 것이자 신체를 매개로 한 것, 취약한 것이자 격정적인 것으로서 확립하게 한다면, 바로 그런 신체적 상호의존성과 관련성을 상정하지 않고서는 우리의 사유란 무용지물이 될 것이다. 신체는 그것이 머무를 수 없는 여러 다른 관점들을 통해 구성된다. 다른 누군가는 우리가 볼 수 없는 방식으로 우리의 얼굴을 보고, 우리가 들을 수 없는 방식으로 우리의 목소리를 듣는다. 이런 면에서 우리는 신체적으로 언제나 저 너머 거기에 존재하고 또한 여기에도 존재한다. 이와 같은 박탈, 혹은 소유할 수 없음은 우리가 속한 사회성을 특징짓는다. 심지어 특정한 지역에 위치지어진 존재라 할지라도 우리는 언제나 우리를 초월하는 사회성 안에서 구성된 채로 다른 곳에 존재한다. 이러한 사실은 우리의 노출과 우리의 불안정성을, 그리고 우리가 정치적·사회적 제도들에 의지해 끈질기게 지속하는 방식들을 분명하게 보여준다.

*

인민이 노래하고 발언할 뿐만 아니라 의료 지원을 마련하고 임시적 사회보장을 제공하는 그런 시위들에서, 우리는 신체로부터 발생하는 음성화된 주장과 요구를, 물질적 필요와 긴급성에 대한 다른 표현들로부터 구분해낼 수 있을까? 시위자들이 결국 공공광장에서 먹고 자며 그 공간을 공유하기 위해 화장실 등 다양한 시스템을 구축했던 경우에, 그들은 그저 사라지기를 거부하거나 시위 장소에서 해산하여 각자의 집에 머무르기를 거부하기만 한 것도, 평등의 조건에 기반하여 함께 행동하며 자신들을 위한 공적 영역에 대한 권리를 주장하기만 한 것도 아니었다. 그들은 필요, 욕구, 그리고 살아가는 데 필수적인 요건들을 가지고 삶을 지속하는 신체들로서 자신들의 존재를 주장하기도 한 것이다. 물론 이는 아렌트적이기도 하고 반(反)아렌트적이기도 하다. 왜냐하면 공공장소에서 자신들의 기본적 필요들을 실천하고 조직해냈던 이러한 신체들은 또한 세계가 거기서 일어나고 있는 일을 인식하기를, 그 지지를 알려주기를, 그리하여 혁명적 행동 자체로 진입하기를 탄원하고 있었기 때문이다. 신체들은 단결되어 행동했지만, 또한 공공장소에서 노숙을 했다. 이 두 경우 모두 신체들은 자신들의 취약함을 드러냄과 동시에 무언가를 요구하고 있었다. 기본적인 육체적 필요들에 정치적·공간적 조직을 내어주면서 말이다. 이렇게 그들은 현장을 목도한 모든 이에게 투사되고 상영된 이미지로서 스스로를 구성해냈다. 그들은 우리에게 그 사건을 받아들이고 그 사건에 반응할 것을, 미디어 보도를 요청함으로써 그 사건이 감춰지거나 쉽게 잊히지 않도록 할 것을 탄원했다. 국가의 정당성에 이의를 제기하고자 거리에서 노숙하는 일은 공적인 것에 대한 권리를 주장하는 일만은 아니었다. 분명 이는 위태로움에 놓인 신체를 그 강력한 주장, 완고함, 그리고 불안정성에 위치시켜, 혁명의 시간과 관련해 공적인 것과 사적인 것의 구분을 극복하려 한 하나의 방법이었다. 달리 말하자면, 이른바 사적 영역에 머물러야 하는 필요들이 밤이고 낮이고 광장으로 표출되어, 미디어에 이미지와 담론 형태로 형성될 때에야, 비로소 우리는 그 시위의 시공간을 불굴의 의지로써 정권을 붕괴시키는 행위로 확장시킬 수 있는 것이다. 결국 카메라는 멈추지 않았고, 신체들은 거기와 여기 모두에 존재했다. 신체들은 잠자는 순간에도 결코 발언을 멈추지 않았으며, 그리하여 침묵을 강요당하거나, 격리되거나, 혹은 부정당할 수가 없었다. 때로 혁명은, 모든 이가 도로와 광장이라는, 자신들이 한데 모인 임시적 공거 현장에 끈질기게 머문 채 귀가를 거부하는 까닭에 일어나기도 한다.

3장

불안정한 삶과
공거의 윤리

나는 지금 전지구적 특성을 갖고 있고, 원거리에서나 근접해 있는 관계들 내에서나 발생하고 있는 어떤 윤리적 책무에 대해 논하고자 한다. 내가 문제 삼고 있는 두가지 질문은 얼핏 보면 서로 매우 다른 것 같다. 첫번째 질문은 우리 가운데 누가 원거리에서 발생하는 고통에 대해 윤리적으로 반응할 능력 혹은 성향을 갖고 있는가 하는 것이다. 그리고 그와 같은 반응이 일어난다면 그런 윤리적 만남을 가능하게 하는 것은 대체 무엇인가 하는 것이다. 두번째 질문은 우리가 다른 사람이나 다른 집단과 직면할 때, 우리가 결코 선택한 적 없는 이들과 언제나 연결되어 있음을 깨달을 때, 그리고 우리가 이해할 수 없거나 심지어 이해하려 하지도 않는 호소의 언어에 반응해야만 할 때 우리의 윤리적 책무는 대체 무엇을 의미하는가 하는 것이다. 예를 들어 이 같은 일은 몇몇 분쟁 지역 국가들의 국경에서 일어나지만 우리가 "직면한 상태"라고 부를 만한 지리적 근접성

(proximity)을 띤 곳에서도 다양한 순간순간에 볼 수 있다. 즉 강제 이주로 혹은 한 국민국가의 경계들이 새로 재편되어서 의도치 않은 근접의 조건 아래 살아가는 인구들의 경우 말이다. 물론 멂과 가까움에 대한 가정은 우리가 아는 대부분의 윤리적 설명에 이미 존재한다. 공동체들의 지역적인, 임의적인, 또 때로는 민족주의적인 특성에 개의치 않는 공동체주의자들이 있는데, 이들은 스스로가 그 공동체들에 윤리적으로 엮여 있다고 여기며, 그 공동체들의 특정한 규범들은 윤리적 구속력을 갖는 것으로 여겨진다. 그들은 가까움을 타자를 만나고 알 수 있는 어떤 가치 있는 조건으로 여기며, 따라서 윤리적 관계란 우리가 그 얼굴을 볼 수 있고, 그 이름을 우리가 알고 발음할 수 있으며, 우리가 이미 인식할 수 있는 이들, 그 형태와 얼굴이 우리에게 익숙한 이들과 관련된 것이라고 이해하는 경향이 있다. 근접성은 종종 신체적 온전함, 비폭력, 그리고 영토나 재산에 대한 권리 주장을 존중하라는 어떤 즉각적인 요구를 가하는 것으로 추정된다. 그러나 내가 볼 때, 세계의 한 지역이 다른 지역에서 일어나는 행동이나 사건을 접하고 도덕적인 분노를 느껴 들고 일어날 때 뭔가 다른 일이 일어나는 것 같다. 여기서 말하는 분노란 동일한 언어나 물리적 근접성에 따른 어떤 공통된 삶에 기반하지 않은 형태의 분노다. 그런 경우에 우리는 시공간을 횡단하여 나타나는 연대와 결속의 행동을 목도하고 실천하게 된다.

오늘날 우리는 먼 곳에서 벌어지는 고통의 이미지들에 우리 자신도 모르게, 또 의도와는 다르게 동요되는 시대에 살고 있다. 그 이미지들은 우리의 관심을 불러일으키고 우리를 행동하게 한다. 즉 우리가 폭력에 반대한다는 것, 우리가 폭력에 저항한다는 것을 구체적인 정치적 수단을 통해 표명하게 하는 이미지들인 것이다. 따라서 우리 개개인이 어떤 일을 하기로 혹은 안 하기로 결정한 점을 근거로 우리는, 우리가 미디어로부터 습득한 정보를 그저 받아들이기만 하는 것은 아니라고 말할 수도 있다. 우리는 이미지들을 그저 소비하기만 하는 것도 아니고, 과도한 이미지들에 압도되어 그저 무기력해지기만 하는 것도 아니다. 항상은 아니더라도 때로 우리에게 전해지는 이미지들은 어떤 윤리적 호소로서 작동한다. 나는 잠시 이런 공식에 주의를 기울이고자 한다. 나는 여기서 우리가 사전에 기대하거나 대비하지 않았던 무언가가 우리에게 영향을 주고 있음을 강조하려 한다. 이 말인즉, 그러한 순간에 우리는 우리의 의지를 초월한 무언가, 우리가 초래하지 않은 무언가, 그리고 외부로부터 우리에게 다가오는 무언가, 어떤 부담이기도 하지만 어떤 윤리적 요구이기도 한 무언가에 의해 마음의 상처를 입게 된다는 것이다. 나는 이런 순간들이 우리의 동의를 요하지 않는 윤리적 책무들이며, 우리가 의도적으로 맺은 계약이나 합의의 결과 또한 아니라고 주장하고 싶다.

이와 같은 시각을 좀더 단순화해서, 나는 전쟁에 기인한 피해와 고통에 대한 이미지들 및 설명들이 우리로 하여금 가까움과 멂에 대한 의문들을 타협할 수밖에 없게 하는 윤리적 호소의 특정한 한 형태임을, 논의의 출발점으로서 주장하고 싶다. 그것들은 은연중에 윤리적 딜레마를 만들어낸다. 지금 일어나는 사건이 나에게서 너무 멀리 떨어져 있어서 나는 그 사건에 대한 책임을 질 수 없는 것일까? 혹은 지금 일어나는 사건이 나와 너무 가까운 데서 일어나 내가 그에 대한 책임을 져야 한다는 사실이 꺼림칙한 것일까? 만일 내 스스로가 이런 고통을 초래한 게 아니라면, 그럼에도 나는 다른 면에서 그 고통에 대한 책임이 있는 것일까? 우리는 이러한 문제에 어떻게 접근할 수 있을까? 비록 내가 여기서 제시해야 하는 내용이 사진이나 이미지에 중점을 둔 것은 아니지만, 예를 들어 나는 전쟁의 피해와 고통에 대한 사진에서 우리가 접하게 되는 윤리적 호소가 윤리적 책무에 대한 보다 큰 의문들을 불러일으킨다고 주장하고 싶다. 결국 우리는 전쟁의 이미지, 폭력과 죽음의 이미지를 늘 보려고 하지는 않는다. 우리는 그런 이미지를 격하게 거부할 수도 있다. 그렇다면 누가 이런 이미지를 내 면전에 들이대는가? 그리고 그들은 내게 무엇을 느끼게 하려 하는가? 혹은 그들은 대체 내게 무엇을 하려 하는 것인가? 실로 우리는 이것을 이미지가 그 수신자가 명확하지 않은 형태의 말걸기(address)와 관련되어 있는 방식, 즉 일종의 이미지에 대한 구조적 편집증으로서 이해할 수 있을 것이다. 그러나 심지어 편집증을 가진 이조차 자신이 어떤 식으로 이미지의 호소에 동요되었다거나, 아니면 이미지가 어떤 식으로 자신에게 말을 걸었다는 사실을 증언한다. 우리가 결코 듣기를 선택하지 않았던 누군가의 목소리를 들어야만 하는 순간에, 그리고 우리가 결코 보기를 선택하지 않았던 어떤 이미지를 우리가 보아야만 하는 순간에 어떤 레비나스적 암류가 흐르고 있는 것은 아닐까?

그러한 이미지들은 우리의 스크린에 나타날 수도 있고, 우리가 신문 가판대 옆길을 걸어가다가 불현듯 보게 될 수도 있고, 혹은 반대로 그 이미지들이 불현듯 우리를 보게 될 수도 있다. 우리는 뉴스를 보려는 의도를 가지고 어느 사이트를 클릭하는 행동을 할 수 있지만, 그렇다고 해서 그게 우리가 실제로 볼 준비가 되어 있음을 의미하지는 않는다. 그리고 그것이 우리에게 시각적, 혹은 청각적으로 나쁜 영향을 주는 것에 우리가 스스로를 노출시키기를 선택했음을 의미하지도 않는다. 우리는 감각적 이미지들에 과부하가 걸리거나 압도된다는 것이 무엇을 의미하는지 잘 이해하지만, 그러한 경우에 정말 우리가 항상 윤리적으로 압도되는 것일까? 그리고 만일 우리가 윤리적으로 압도되지 않는다면 그것은 문제적인 것일까? 수전 손택(Susan Sontag)은 전쟁 사진이 우리를 압도하는 동시에 우리를 마비시킨다고 주장한다. 손택은 우리가 여전히 국가 폭력과 전쟁의 부당한 속성에 대한 정치적 고려와 저항을 불러일으키는 이미지에 의존하고 있는지 적극적으로 의문을 제기한다.[1] 그러나 우리가 압도되면서 동시에 마비된다는 게 가능할까? 그리고 우리가 그런 상태를 우리의 감성(sensibility)에 가해진 어떤 정치적 책무의 영향으로서 이해할 수 있을까? 실로 이 감성이라는 단어는 레비나스가 자아(ego)보다 선행하는 반응성의 영역을 기술하기 위해 예비해둔 단어다. 나의 반응이기도 하고 나의 반응이 아니기도 한 반응인 감성 말이다. 그것이 나의 반응이라고 말하는 것은 자아를 그 반응의 원천으로서 확정짓는 것이지만, 우리가 지금 논하고자 하는 바는 자아론적인 것의 박탈을 함축하는 형태의 반응성이다. 이를 염두에 두고서 나는 내 질문으로 돌아가 보겠다. 행동을 위한 동기를 갖기 위해 실제로 우리는 감정의 격랑에 압도되어야만 하는 것일까? 우리는 오직 우리가 행동하도록 감화될 때에만 행동한다. 아울러 우리는 외부로부터, 다른 곳으로부터, 타인의 삶으로부터 기인하여 우리에게 영향을 미치는 무언가, 곧 결국 우리를 행동하게 만드는 어떤 넘치는 감정을 야기하는 무언가에 의해 감화된다. 그러한 윤리적 책무의 관점에 따르자면, 수용성이란 행동의 전제조건일 뿐만 아니라 행동을 구성하는 특성 중 하나다. "미디어"라는 용어는 어떤 형태의 외부 현실을 우리와 연결해주는 온갖 표상들을 아우르는 이름이다. 미디어는 우리에게 어떤 영향을 끼치는, 미디어의 메시지라 부를 만한 무언가를 가능케 하는 일련의 배제 과정을 통해 작동한다. 여기서 나는 미디어를 폐제(편집 과정에서 삭제되는 것, 주변부 바깥에 존재하는 것)와 표상 모두를 의미하는 데 사용하고 있다. 무언가에 대한 반응적 행위의 한가운데 서 있음을 알게 된다면, 우리는 대개 우리가 보려고 선택하지 않은 것에 반응하고 있었던 것이다(즉 우리가 볼 수 없도록 차단되어 있지만, 시각적 출현의 영역에서 결국 우리에게 주어지는 어떤 것 말이다). 이는 어떤 비약처럼 보이지만, 내가 제시하고자 하는 바는 이미지의 힘 안에서 선택하지 않은 것에 대한 이 같은 간략한 설명이 곧 우리가 합의하지 않았음에도 우리에게 주어지는 윤리적 책무에 관한 무언가를 표현해준다는 점이다. 따라서 비록 우리가 이런 주장을 온전히 받아들일 수 없는 이유가 있다손 치더라도 이 같은 논점에 열려 있다면, 합의란 우리의 책임감을 구성하는 전지구적 차원의 책무들의 한계를 결정하는 데 충분조건이 되지 못한다고 말할 수 있을 것이다. 실로 책임감은 아마도 합의되지 않은 것으로 이루어진 드넓은 영역과 관련되어 있다고 할 수 있다.

내 두번째 논점은, 윤리적 책무가 오직 경계 안으로 모인, 동일한 언어로 통일된, 그리고 어떤 인민 혹은 민족을 구성하는 확립된 공동체라는 맥락에서만 나타난다는 생각에 이의를 제기하는 것이다. 먼 곳에 있는 이들에 대한, 그리고 가까운 곳에 있는 이들에 대한 책무는 언어적·국가적 경계를 가로지르며, 아울러 시공간적 탈구를 포함하는 시각적, 혹은 언어적 번역에 의해서만 가능해진다. 이 같은 사유의 행로는 우리가 현재 갖고 있는 전지구적 책무들의 한계를 짓는 공동체적 근거가 틀렸음을 입증한다. 따라서 내가 제안하고자 하는 바는 합의도, 그리고 공동체주의도 지금 여기서 제시하려는 책무들의 범위를 정당화하거나 제한하지 않는다는 것이다. 나는 이것이 아마도 미디어가 먼 곳에서 일어나는 고통을 매우 가까운 곳으로 가져오고, 아울러 근접해 있는 것을 매우 멀리 떨어져 있는 것처럼 보이게 만들 때 우리가 경험하는 무엇이지 않을까 생각한다. 내 논지인즉, 오늘날 전지구적으로 나타나는 윤리적 요구들은 이처럼 제한적인, 그럼에도 필수적인 원근의 전도 가능성에 달려 있다는 것이다. 실로 내가 제안하고 싶은 바는 이런 전도 가능성과 그것이 구성되는 교착의 과정을 통해 실제로 어떤 유대가 형성된다는 점이다. 바로 이러한 전도 가능성은, 말하자면 신체란 어떤 장소에 위치될 수밖에 없다는 문제에서 진퇴양난에 빠진다. 왜냐하면 우리가 미디어를 통해 얼마나 전면적으로 이동되는지에 상관없이 신체를 가진 우리는 결코 직접적으로 공간 이동을 하지 않기 때문이다. 따라서 만일 우리가 거리에서 미디어에 의해 촬영된다면, 신체와 거리는 어느정도 공간 이동을 하여 잠재적으로 전지구적인 차원을 얻게 되지만, 미디어 보도와 공간 이동은 그 신체가 위치하는 시공간의 차원들이 이동될 수 없다는, 거기 남아 있다는, 혹은 거기 잔존하면서 고집스럽게 그곳임을 유지한다는 전제 아래서만 이해 가능해진다. 그러나 나는 앞으로 이러한 신체의 문제로 완전히 되돌아올 예정인데, 왜냐하면 다른 선택지가 없기 때문이며, 아마도 우리 가운데 어느 누구도 다른 선택지가 없을 것이기 때문이다.

우선 지금 나는 그저 매우 기초적인 차원에서 다음과 같은 주장을 하고자 한다. 만일 내가 오직 나와 가까운 곳에 존재하는 이들, 나에게 이미 익숙한 이들과만 엮여 있다면, 결국 나의 윤리는 언제나 편협하고, 공동체주의적이자, 배제적일 수밖에 없다는 것이다. 마찬가지로 만일 내가 오직 "인간"인 이들과만 엮여 있다면, 나는 나 자신의 상황과 다른 이들의 상황을 문화적으로 번역하고자 하는 모든 노력을 회피하는 것이나 다름없다. 만일 내가 오직 먼 곳에서 고통받는 이들과만 엮여 있다면, 그리고 내 근처에 존재하는 이들에 대한 고통에는 무감각하다면, 나는 나의 윤리적 감정을 충족시켜주는, 아니 심지어 나 자신이 윤리적이라고 느끼게 해주는 먼 곳에서 일어나는 일들을 위해 현재 나의 상황에서 탈출해버리는 것이나 다름없다. 그러나 윤리적 관계는 매개되는(mediated) 것이다. 나는 디지털 시대 한가운데서 헤겔에 대한 독해를 떠올리며 이 단어를 의도적으로 사용하고 있다. 이 말인즉, "거기"에서 일어나고 있는 일은 또한 어떤 면에서는 "여기"에서 일어나고 있으며, 아울러 만일 "거기"에서 일어나고 있는 일이 다수의 "다른 곳"과 결부된 사건에 달려 있다면 그 사건에 대한 윤리적인 주장은 언제나 어느정도는 전도 가능한 "여기"와 "거기"에서도 일어나고 있다는 점에서, 위치에 대한 질문들은 당황스러운 것일 수밖에 없다는 얘기다. 그러나 그 전도 가능성은 신체가 이렇듯 매개된 이동을 통할지라도 그 위치지어짐, 그 노출을 면할 수 없다는 사실에서 한계를 보여준다. 어떤 면에서 사건은 분명 지역적인 것이라 할 수 있는데, 왜냐하면 신체적으로 위험에 놓인 이들은 바로 거기에 있는 인민이기 때문이다. 그러나 만일 위태로운 상황에 놓인 그 신체들이 미디어의 매개가 없는 다른 어딘가에 위치해 있다면, 전지구적 반응, 그리고 전지구적 차원의 윤리적 인정과는 무관해질 것이며, 따라서 그 사건의 현실에 관한 무언가가 없어질 것이다. 이는 단순히 어떤 별개의 사람들이 다른 이들을 특정한 미디어상의 순간을 통해서 보고 있다는 것만이 아니라, 미디어의 매개를 통해 이루어지는 어떤 반응이 비록 임시적일지라도 그 삶과 행동이 여기에, 이런 방식으로 자리매김되어 있는 이들에 대한 어떤 전지구적인 관계성을 명백히 창출해낸다는 것을 뜻한다. 요컨대 우리를 압도하는 미디어 이미지에 무방비로 노출되는 것은 어떤 마비 상태로 우리를 이끄는 것이 아니라 (1) 그것에 감화되고, 그리하여 영향받음으로써 행동하게 되는 상태로 우리를 이끌며, 아울러 (2) 거기와 여기에 동시적으로 존재하고, 다른 방식으로 다중지역성을 받아들이고 또 교섭하는 상황으로 우리를 이끌 수 있고, 우리가 전지구적이라 부를 법한 차원의 어떤 윤리적 관계의 간(間)시간성을 만들어낼 수 있는 것이다.

　그렇다면 우리는 합의로도 동의로도 환원될 수 없고, 기존 공동체의 유대 바깥에서 발생하는 윤리적 요구를 이 시대에 분명히 나타낸다는 게 무슨 의미인지를 재구성하기 위해 윤리철학의 몇몇 형태에 의지해볼 수 있을까? 여기서 나는 윤리, 근접성, 그리고 원격성(distance) 사이에 자리하고 있는 이 까다로운 관계들에 대해 에마뉘엘 레비나스와 한나 아렌트가 논한 바를 잠시 고민해볼 것이다. 부분적으로 유대인의 지적 전통(레비나스)과 유대인의 역사적 상황(아렌트)을 통해 형성된 이 두 사상가를 선택한 것은 우연이 아니다. 나는 이 책에도 얼마간 녹아 있는 별도의 기획에서, 내가 기술하고 있는 윤리적 책무에 관한 설명에 뒤따르는 공거의 한 형태를 논하고자 한다. 이 두 사상가 모두 이 작업을 명확하게 해주는 동시에 문제적으로 만들어주는 관점들을 제공한다. 나는 논의의 말미에서 팔레스타인/이스라엘 문제로 초점을 옮겨 내 주장을 보다 구체화하고자 한다. 여기서 주로 나는 이스라엘 국가가 자신들이 유대인성을 대표한다는 주장을 공고히 하고 있는 이 시기에, 그들의 주장에 대한 어떤 비판적 대안으로서 기능할 수 있는 공거에 대한 유대인의 일련의 시각, 즉 공동체주의, 심지어 유대인 공동체주의와 절연하는 유대인의 시각을 제안하고자 한다.

레비나스

레비나스의 윤리철학에는 두가지 서로 모순되는 차원이 존재한다. 한편으로, 윤리적 관계에 대한 그의 사상에는 근접성의 범주가 가진 중요성이 자리하고 있다. 실로 타자들이 우리의 의지와 상관없이 우리에게 영향을 주는 방식은 어떤 윤리적 호소 혹은 청원의 계기를 구성해낸다. 이 말인즉, 우리는 어떤 분명한 선택을 인지하기 이전에 이미 윤리적으로 영향을 받고 호소에 노출된다는 것이다. 다른 이에 의해 영향을 받는다는 것은 어떤 신체적 근접성을 가정하며, 만일 우리에게 영향을 주는 것이 "얼굴"이라면 우리는 어느정도는 그 "얼굴"에 영향을 받는 동시에 그 "얼굴"에 의해 요구된다. 반면 우리의 윤리적 책무들은 물리적인 차원에서 가까이 있지 않은 이들, 그리고 우리가 소속되어 있는 인식 가능한 공동체의 일원이 아닌 이들에게까지 확장된다. 실로 레비나스가 보기에 우리에게 영향을 주는 이들은 우리에게는 분명 타자다. 그리고 우리가 그들과 엮여 있는 것이 그들이 우리와 같은 사람이기 때문이어서는 분명 아니다.

물론 레비나스는 나에게 윤리적인 주장을 하는 타자의 타자성이라는 질문 앞에서 다소 모순적인 시각을 견지했다. 그는 분명하게 민족주의의 형태, 특히 이스라엘 민족주의의 형태들을 긍정했으며 또한 오직 유대-기독교 전통 안에서만 윤리적 관계들이 가능하다는 생각을 견지했다. 그러나 잠시 레비나스 본인의 논의를 거슬러 레비나스를 읽어보자. 혹은 그가 스스로는 결코 의도하지 않았지만 그럼에도 그가 열어놓고 있는 어떤 정치적 가능성의 관점에서 그의 논의를 읽어보자. 레비나스의 입장은 우리로 하여금 다음과 같은 결론에 이르도록 한다. 바로, 한 인구를 다른 인구와 엮어주는 일련의 윤리적 가치들은 결코 이 두 인구가 동일한 민족적, 문화적, 종교적, 혹은 인종적 소속을 가진다는 사실에 달려 있지 않다는 것이다. 우리는 알지 못하는 이들과, 심지어 우리가 선택하지 않았던 이들과, 그리고 우리가 결코 선택할 수 없었던 이들과 엮여 있으며, 아울러 이와 같은 책무들은 엄밀히 말해 전(前)계약적이라고 한 레비나스의 주장은 흥미롭다. 그러나 그는 한 인터뷰에서 팔레스타인인들은 얼굴이 없다고 주장했던 사람이기도 하고, 오직 그 자신만의 유대-기독교적, 그리고 고대 그리스적 기원들로 한데 엮인 이들에 한해 윤리적 책무들을 확장시킬 셈이라고 말한 바 있다.[2] 어떤 면에서 그는 스스로 위반하고 있는 원칙을 우리에게 제시하고 있는 것이다. 이와 같은 그의 패착은 우리가 직접적으로 소속되어 있는 영역을 넘어서는 이들에게 윤리적으로 반응해야 한다는 그 자신의 요구에 모순된다. 오히려 그는 우리가 무엇을 선택했는지, 어떤 계약에 의해 우리가 엮여 있는지, 혹은 어떤 확립된 형태의 문화적 소속감이 가능한지 같은 의문들에 상관없이 그럼에도 우리와 함께 소속되어 있는 이들에게 윤리적으로 반응해야 한다고 주장하고 있는 것이다.

물론 이는 윤리의 지평 안에 출현할 수 없는 이들에 대한 윤리적 관계가 어떻게 가능한가라는 의문을 야기한다. 즉 사람이 아닌 이들, 혹은 우리가 함께 어떤 윤리적 관계로 진입할 수 있거나 그래야만 하는 존재들로 여겨지지 않는 이들에 대한 윤리적 관계가 어떻게 가능한가라는 의문 말이다. 과연 그와 같은 맥락에서 구성된 윤리철학을, 항상 그렇지는 않더라도 때때로 이를 지지하고 있는 배제적인 가정들에 대항하여 사용하는 것이 가능할까? 달리 말해 레비나스가 윤리의 필요조건이자 한계로 본 종교적·문화적 공동체를 넘어서는 전지구적 차원의 윤리 개념을 표현해내기 위해, 우리가 레비나스를 그 자신의 논의에 반하여 사용할 수 있을까?

윤리적 관계는 비대칭적이라는 그의 주장을 하나의 사례로 이용해보자. 그의 작업에서 타자는 나보다 우선한다. 이 말이 구체적으로 무엇을 의미할까? 타자가 나에 대해 동일한 책무를 갖지 않는다는 뜻일까? 왜 나는 나에게 동일한 방식으로 화답하지 않는 다른 이에 대한 의무를 져야만 할까? 레비나스에게 호혜성(reciprocity)은 윤리의 근간이 될 수 없다. 왜냐하면 윤리는 어떤 흥정의 대상이 아니기 때문이다. 윤리란 타자에 대한 나의 윤리적 관계가 나에 대한 타자의 윤리적 관계에 달려 있다는 전제를 갖고 있지 않다. 왜냐하면 그럴 경우 윤리적 관계의 절대성과 구속력은 그 힘을 덜 발휘하기 때문이며, 아울러 우리는 경계가 분명한 별개의 존재로서 나의 자기-보존을 내가 타자에 대해 갖고 있는 그 어떤 관계보다 더 근본적인 것으로서 확립할 것이기 때문이다. 레비나스에게서는 그 어떤 윤리도 자아주의(egoism)로부터 파생될 수 없다. 실로, 그에게 자아주의는 윤리 자체의 패배다.

나는 여기서 레비나스로부터 거리를 두고자 한다. 왜냐하면 비록 내가 윤리적 사유에서 자기-보존을 우선시하는 데 대한 반박에 동의하고는 있지만, 나는 그 타자의 삶, 아니 그 모든 타자의 삶들과 나 자신의 삶, 즉 어떤 국가적 소속이라든가 공동체적 소속으로 환원될 수 없는 나의 삶 사이의 관련성을 주장하고 싶다. 내 관점에서 볼 때 (물론 이 또한 나 자신만의 관점은 아닐진대), 타자의 삶, 즉 나 자신의 것이 아닌 삶은 또한 우리의 삶이기도 하다. 왜냐하면 "우리의" 삶이 가진 그 어떤 감각이든 이와 같은 사회성으로부터 오며, 사회적 세계 안에서 구성되는, 그리고 사회적 세계에 의해 구성되는 타자의 세계에 이미 처음부터 의존하고 있기 때문이다. 이렇게 나와는 별개의 타자들, 즉 나에 대한 그들의 윤리적 주장이 나의 자아주의적 계산으로 환원될 수 없는 타인들이 분명 존재하고 있다. 그러나 이는 우리 각자가 얼마나 개별적 존재인지에 상관없이 서로에게, 그리고 인간 형태를 넘어서는 삶의 과정들에 엮여 있기 때문이기도 하다. 그러나 이것이 언제나 행복하거나 환희에 넘치는 경험인 것만은 아니다. 나의 삶은 타자의 삶이기도 하다. 나의 삶이 개별적이고 또 개별적임이 분명할 때조차 그렇다. 이 점을 안다는 것은, 나의 경계가 어떤 한계인 동시에 어떤 인접의 장이요, 시공간적 근접성의 한 양태이자 심지어 경계성의 한 양태임을 뜻한다. 게다가 구획된 신체적 삶의 모습은 타자에게 노출되기 위한 조건이 된다. 여기서 신체는 호소, 유혹, 정념, 그리고 상해에 노출되며, 우리를 유지해주기도 하지만 우리를 파괴할 수도 있는 방식으로 노출된다. 이런 의미에서 신체의 노출은 그 불안정 상태에 대한 준거가 된다. 동시에, 레비나스가 보기에 이와 같이 불안정하고도 신체를 매개로 한 존재는 타자의 삶에 책임이 있는 존재다. 이 말인즉, 우리가 우리 자신의 삶의 안위에 대해 얼마나 걱정하고 있느냐에 상관없이 타인의 삶을 보존하는 것은 극히 중요하다는 것이다. 만일 이스라엘 군대가 이렇게 느낄 수만 있다면 얼마나 좋을까! 실로, 이는 불안정성을 온몸으로 감각하는 상황에서는 쉽게 취할 수 없는 형태의 책임감이다. 불안정성은 윤리의 필요성과 어려움 모두를 지칭한다.

불안정성과 취약성의 관계는 무엇일까? 타자에 의한 파괴에 취약함을 느끼면서 동시에 타자에 대한 책임감을 느끼는 것은 분명 어려운 일이다. 그리하여 레비나스의 독자들은 우리가, 아니 우리 모두가 어느정도는 우리를 박해하는 것에 책임이 있다는 레비나스의 주장에 언제나 반대한다. 그러나 레비나스는 우리가 박해를 자초한다고 말하려던 게 결코 아니다. 오히려 "박해"는 레비나스가 우리의 의지에 반하여 우리에게 부여되는 어떤 윤리적 요구에 붙인 기이하고도 당황스러운 이름이다. 우리는, 우리 자신이라는 존재에도 불구하고 이 같은 부담에 열려 있으며, 이처럼 우리에게 부여되는 요구가 비록 우리의 의지보다 중시될지라도 그것은 타자들이 우리에게 하는 주장들이 우리의 감성, 우리의 수용성, 그리고 우리의 응답 가능성의 일부라는 것을 여실히 보여준다. 달리 말해 우리는 부름받는 것이다. 그리고 어떤 면에서 이는 우리가 미리 기대할 수 없는, 우리가 적절히 대비할 수 없는 주장들에 우리가 취약하기 때문이다. 레비나스에게 윤리적 현실을 이해할 수 있는 다른 방법은 없다. 윤리적 책무는 타자들의 요구에 대한 우리의 취약성에 달려 있을 뿐만 아니라, 그것은 또한 우리를 근본적으로 윤리적 관계에 의해 규정되는 존재들로 확립한다. 이러한 윤리적 관계는 내가 갖고 있거나 행사하는 어떤 덕목이 아니다. 그것은 자아에 대한 그 어떤 개별적 감각보다 선행하는 것이다. 우리는 이러한 윤리적 관계를 개별적 개인으로서 기리고 있는 게 아니다. 나는 이미 너와 엮여 있고, 이는 곧 내가 현재의 나 자신으로서 존재한다는 것을 의미한다. 즉 나는 내가 온전히 예측하거나 제어할 수 없는 방식으로 너를 수용하고 있는 것이다. 이는 또한 분명 나의 상처받을 가능성의 조건일진대, 따라서 나의 응답 가능성과 나의 상처받을 가능성은 서로 얽혀 있다. 달리 말해, 너는 나를 겁주고 협박할 수도 있지만, 너에 대한 나의 책무는 그럼에도 확고히 남아 있다는 것이다.

이러한 관계는 우리의 개체화(individuation)에 선행한다. 따라서 내가 윤리적으로 행동할 때, 경계지어진 존재로서의 나는 허물어진다. 나는 산산이 부서진다. 나는 나라는 것이, 내가 보존하고자 하는 생명을 가진 "너"에 대한 나의 관계라는 사실을 알게 된다. 그 관계 없이 이 "나"는 아무런 존재 의미가 없다. 그리고 그 관계 없이 이 "나"는, 언제나 자아의 존재론 이전에 존재하는 이 윤리에 대한 확고한 연결고리를 잃어버리게 된다. 이러한 논점을 표현할 또다른 방법은 바로 "나"는 "너"에 대한 윤리적 관계 안에서 허물어진다는 사실이다. 이 말인즉, 윤리적 관계성을 가능케 하는 매우 특정한 형태의 박탈됨이 존재한다는 것이다. 만일 내가 너무 완고하게, 혹은 너무 확고하게 나 자신을 소유한다면, 나는 윤리적 관계 안에 존재할 수가 없다. 윤리적 관계란 특정한 자아주의적 관점을 포기하고 말걸기의 형식에 의해 근본적으로 구성되는 관점을 취하는 것을 의미한다. 즉 너는 나에게 호소하고, 나는 응답한다. 그러나 만일 내가 응답한다면, 그것은 오직 내가 이미 응답 가능하기 때문이다. 말하자면 이렇듯 타자에 대한 민감성과 취약성이 가장 근본적인 차원에서 나를 구성하고 있는 것이다. 따라서 우리는, 호소에 응답하고자 하는 신중한 결정 이전에 이미 민감성과 취약성이 거기에 존재한다고 말할 수 있다. 달리 말해, 우리는 호소에 실제로 응답하기 이전에 이미 호소를 받아들일 수 있는 능력을 갖추고 있어야만 한다. 이런 의미에서 윤리적 책임감은 윤리적 반응성을 전제로 하고 있다.

아렌트

대부분의 학자들은 에마뉘엘 레비나스를 한나 아렌트에 대한 분석에서 분리시키려 할 것이다. 레비나스는 종교 전통으로부터 자신의 이론을 이끌어내는 윤리철학자로서 수동성과 수용성의 윤리적 중요성을 강조하고 있고, 아렌트는 완고할 정도로 세속적 전통을 견지한 사회·정치 철학자로서 항상 행동의 정치적 가치를 강조하고 있다고 말이다. 그렇다면 왜 나는 레비나스에 대한 논의를 아렌트에 대한 독해와 함께 논하고자 하는가? 레비나스와 아렌트 모두 고전적이며 자유주의적인 개인주의 개념에 이의를 제기한다. 그 개인주의 개념이란 개인들이 자발적으로 특정한 계약관계 속으로 진입하고 있으며, 고로 그들의 책무는 그들이 서로와의 계약에 의도적으로, 또 자발적으로 들어온 뒤에 나타난다는 생각을 가리킨다. 이러한 시각은 우리가 오로지 의도적이고 자발적으로 들어온 계약에 의해 성문화된 관계에 대한 책임만을 진다는 것을 가정하고 있다. 아렌트는 이와 같은 시각에 이의를 제기한다. 실로 이것은 그녀가 아돌프 아이히만(Adolf Eichmann)을 비판할 때 제시한 주장의 본질이다. 아이히만은 어떤 인구가 살아야 하고 또 어떤 인구가 죽어야 하는지 아이히만 자신이 결정할 수 있다고 생각했다. 그리하여 그는 어떤 이들과 이 땅에서 공거할 수 있는지도 자신이 선택할 수 있다고 믿었다. 아렌트에 의하면, 아이히만이 이해할 수 없었던 것은 그 어떤 누구도 이 땅에서 누구와 공거할지를 선택할 특권을 갖고 있지 않다는 점이었다. 어떤 면에서 우리는 어떻게, 그리고 어디서 살지를 결정할 수 있다. 또한 지역적인 차원에서 본다면 우리는 누구와 함께 살지를 결정할 수도 있다. 그러나 만일 우리가 이 땅에서 누구와 공거할지를 결정해야만 한다면, 우리는 인류의 어떤 일부가 살수 있고 또 어떤 일부가 죽어야 하는지를 결정해야만 할 것이다. 그와 같은 선택이 금지된다면, 이는 우리가 이미 이 세상에 존재하는 이들과 함께 살아가야 한다는 책무 안에 존재한다는 것을 의미하며, 누가 살 수 있고 누가 살 수 없는지에 대한 그 어떤 선택도 언제나 대량 학살을 행하는 것과 같다는 것을 의미한다. 따라서 비록 지금까지 대량 학살이 일어났고 여전히 일어나고 있다는 것을 부인할 수는 없더라도, 우리는 그 어떤 윤리적 의미에서건 자유라는 게 대량 학살을 자행할 자유와 양립 가능하다고 생각해서는 안 된다. 아렌트가 보기에, 지상에서의 공거에서 우리 스스로가 선택하지 않은 바로 그 특성이 윤리적·정치적 존재로서 우리 존재의 조건인 것이다. 따라서 대량 학살이라는 특권을 행사하는 것은 인간성의 정치적 조건들을 파괴할 뿐만 아니라, 개인적 행동이 아닌 복수적 행동으로 이해되는 자유 자체 역시 파괴하는 것이다. 우리가 거부하기로 선택할 수 없는 그와 같은 복수성 없이 우리는 자유도 가질 수 없으며, 따라서 선택도 할 수 없다. 이 말인즉, 자유에는 우리가 선택하지 않은 조건이 존재하며, 자유로운 존재로서 우리는 우리가 선택하지 않은 것에 관한 무언가를 긍정하고 있다는 것이다. 만일 자유가 그 조건인 선택하지 않은 것을 넘어서고자 한다면, 우리는 복수성을 파괴하게 되는 것이고, 따라서 아렌트의 시각에서 볼 때 우리는 정치적 동물 (zoon politikon)로 여겨지는 인간 개인으로서 우리의 지위를 위태롭게 만들 것이다. 이것이 바로 아이히만에 대한 사형선고가 왜 정당화될 수 있었는지에 대해 아렌트가 주장했던 바 중 하나다. 아렌트에 따르면, 아이히만은 자신의 생명이 그가 파괴했던 이들과 엮여 있다는 사실을 깨닫지 못함으로써 이미 스스로를 파괴했다. 그리하여 모든 생명이 동등한 가치를 갖는 사회적·정치적 구조 바깥에서는 개개인의 생명이 아무 의미도 없고 실체도 갖지 않는 것이다.[3]

『예루살렘의 아이히만』(*Eichmann in Jerusalem*, 1963)에서 아렌트는 아이히만과 그의 상급자들이 지상에 있는 인구의 혼종성이 곧 사회적·정치적 생명 자체의 불가역적 조건임을 깨닫지 못했다고 주장한다.[4] 따라서 아이히만에 대한 아렌트의 비난은 우리 가운데 어느 누구도 그런 특권을 행사할 수 없다는 확고한 신념을 나타내고 있다. 지상에서 우리와 공거하고 있는 이들은, 우리가 신중하게 고민해 우리의 의지를 통해 진입하게 되는 그 어떤 사회적, 혹은 정치적 계약보다 선행하고 우리의 선택보다 선행하여 우리에게 주어진 것이다. 아이히만의 경우 이 땅에서 누구와 공거할 것인지를 선택하고자 하는 노력은 세상 인구의 일부, 무엇보다 유대인, 집시, 동성애자, 공산주의자, 장애인, 그리고 아픈 이들을 말살하고자 하는 노력이나 다름없었다. 따라서 그가 주장했던 자유의 행사는 결국 대량 학살이었다. 아렌트의 시각에서 이런 선택은 단지 정치적 생명의 전제조건으로서의 공거에 대한 공격인 것만이 아니다. 그 선택은 우리를 다음과 같은 명제로 이끈다. 우리는 제한 없이 열린 복수적 공거라는 우리가 선택하지 않은 그 특성을 적극적으로 보존하고 긍정하는 기관과 정책을 갖춰야만 한다. 우리는 결코 우리가 선택하지 않았고,

우리가 즉각적인 사회적 소속감을 느끼지도 않는 이들과 함께 살고 있을 뿐만 아니라, 그들의 생명과 나아가 전세계 인구를 구성하는 제한 없이 열린 복수성을 보존할 의무가 있다.

아마도 아렌트 본인은 내 시각에 이의를 제기하겠지만, 나는 그녀가 제시했던 것이 특정한 형태의 정치를 위한 가이드라인으로서 기능하는 공거에 대한 윤리적 시각이라고 생각한다. 이런 의미에서 구체적인 정치적 규범과 정책은 이러한 형태의 공거가 가진 비선택적 특성으로부터 나타난다. 아렌트의 철학에 따르자면 이 지상에서 공거해야 할 필요성은 모든 지역, 공동체, 혹은 국가의 행동과 정책을 이끌어야만 한다. 한 공동체나 다른 공동체에 살기로 하는 결정은 그 공동체 외부에 사는 이들이 살 가치가 없다는 생각을 수반하지 않는 한에서만 정당화될 수 있다. 달리 말해 소속에 대한 모든 공동체주의적 기반은, 그것이 대량 학살에 대한 비공동체적 반대나 저항이라는 대의에 종속되어 있다는 조건 아래에서만 정당화될 수 있다. 내 방식대로 이를 읽어보자면, 즉 (이것은 분명 아렌트가 하이데거Martin Heidegger로부터 취하고 있는 생각일 텐데) 어떤 공동체에 속한 모든 거주자는 이 지상에도 역시 속해 있으며, 이는 지상의 다른 거주자들에 대한 책임을 지는 것을 의미할 뿐만 아니라, (우리는 분명 다음과 같은 내용을 덧붙일 수 있을 텐데) 지구 자체를 유지하는 데 책임을 지는 것을 의미하기도 한다는 얘기다. 이 마지막 조항을 통해 나는 아렌트의 인간중심주의에 일종의 생태주의적 차원의 논의를 보충하고자 한다.

『예루살렘의 아이히만』에서 아렌트는 유대인들을 위해서만이 아니라 이 지상에서 다른 집단에 의해 추방되는 모든 다른 소수자를 대변하여 발언하고 있다. 한 집단은 다른 집단을 이미 내포하고 있으며, "누군가를 대변하여 발언하는 것"은 그것이 보호하고자 하는 생명의 복수성을 침해하지 않음에도 어떤 근본적 금지를 보편화하고 있다. 아렌트가 유대인들을 나치에 의해 박해받은 이른바 다른 민족들로부터 분리하기를 거부하는 한가지 이유는, 그녀가 서로 다른 문화 형태를 가진 모든 인간 생명과 공존하는 복수성의 이름으로 자신의 주장을 펼치고 있기 때문이다. 동시에, 아이히만에 대한 그녀의 선고는 그녀 스스로가 나치 독일을 피해 건너온 난민으로서 겪은, 유대인 이산민이라는 역사적 상황으로부터 나온 것이다. 그러나 아렌트는 자신의 시각으로 볼 때 그 범죄가 실은 인류에 대한 범죄임에도 오직 특정한 민족만을 대변하는 이스라엘 법정에는 반대했다. 또 마찬가지로 아렌트는 아이히만과 그의 동료들이 조직하고 시행한 나치 정책에 따라 말살되고 추방된 여러 다른 집단들이 존재하는데도 대량 학살의 피해자로서 오직 유대인만을 대변하는 법정에 반대했다.

선택하지 않은 공거라는 이와 같은 생각은 지상의 인구가 가진 불가역적으로 복수인, 혹은 혼종적인 특성, 그리고 그와 같은 복수성을 보호해야 할 책무를 함축하고 있을 뿐 아니라, 아울러 지상에서 머무를 수 있는 동등한 권리에 대한 책임, 나아가 평등에 대한 책임도 함축하고 있다. 아렌트의 논의가 가진 이런 두가지 차원은 1940년대 후반 유대인 통치권이라는 원칙에 근거한 이스라엘 국가 건립에 반대하고, 아울러 팔레스타인 연방을 지지한 그녀의 주장에서 특정한 역사성을 보여주게 된다. 아렌트가 투쟁하며 옹호했던 복수성이라는 정치적 개념화는 그녀 자신의 시각에서 볼 때 미국 독립과정에 내재해 있었으며, 이로써 그녀는 시민권이 민족적, 인종적, 혹은 종교적 배타성에 근거하는 것을 받아들이지 않게 됐다. 더욱이 아렌트는 거주자들의 추방과 새로운 난민 계급의 생산을 요하는 그 어떤 국가의 수립에도 반대했는데, 그와 같은 국가가 자체 수립을 정당화하기 위해 난민의 권리에 호소할 때 특히 그랬다.

아렌트의 규범적 시각들은 다음과 같다. 인구의 그 어떤 일부도 이 지상에 대한 권리가 자신들에게만 있다고 주장할 수 없다. 그 어떤 공동체도, 그 어떤 국민국가 혹은 지역적 구성체도, 그 어떤 혈연 집단도, 그 어떤 정당도, 그리고 그 어떤 인종도 말이다. 이것이 의미하는 바는 의도하지 않은 근접성과 선택하지 않은 공거가 우리의 정치적 실존의 전제조건이며, 아렌트의 민족주의 비판의 토대이며, 불가피하게 또 불가역적으로 혼종적인 인구를 위해 평등을 확립하는 정치체에서 그리고 지상에서 살아가야 할 책무라는 것이다. 또한 실로, 의도하지 않은 근접성과 선택하지 않은 공거는 인류의 그 어떤 일부도 파괴하지 말아야 한다는, 대량 학살을 인류에 대한 범죄로서 불법화해야 한다는, 아울러 모든 생명이 살 만하도록, 그리고 모두가 평등하게 살 수 있도록 제도들에 요구해야 한다는 우리 모두의 책무의 근간이 된다. 따라서 아렌트는 선택하지 않은 공거라는 개념으로부터 보편성과 평등의 사상을 이끌어내고 있는데, 이로써 우리로 하여금 인구의 일부를 사회적으로 죽은 것으로서, 혹은 잉여로서, 혹은 본질적으로 살 가치가 없으므로 애도할 수도 없는 존재로서 여기지 않고서 인간 삶을 지탱시키고자 하는 제도들을 만들도록 하고 있다.

1940년대부터 1960년대에 이르기까지 정교화된 공거, 연방 정부, 평등, 그리고 보편성에 대한 아렌트의 시각은 민족주의적 형태의 유대인 통치권, 유대인과 비유대인 시민에 대한 차별적 구분, 팔레스타인인들을 그들의 땅으로부터 뿌리 뽑으려 하는 군사 정책들, 그리고 유대인이 다수가 되는 국가를 설립하고자 하는 노력들을 수호했던 이들과 극명한 대조를 이룬다. 우리는 종종 이스라엘 건국이 나치의 대학살 기간 이후 유대인을 위한 역사적·정치적 필연이었으며, 유대국가의 건립 원칙들에 의문을 제기하는 사람이 있다면 그 누구든 유대인이 겪어온 역경에 대한 엄청난 무감각을 드러내고 있는 것이라고 배운다. 그러나 당시에도 이미 한나 아렌트, 마르틴 부버(Martin Buber), 한스 콘(Hans Kohn), 그리고 주다 매그니스(Judah Magnes)를 비롯한 여러 유대인 사상가들과 정치 활동가들은, 나치 경험이 준 가장 중요한 교훈들 중 하나가 바로 부당한 국가 폭력에 반대해야 한다는 것이라고, 한 인종 혹은 종교에 선택적 우선권이나 시민권을 부여하려 하는 그 어떤 국가 형성에도 반대해야 한다는 것이라고 생각했다. 아울러 이들은 민족이라는 정제된 생각에 들어맞지 않는 인구 전체를 국민국가들이 박탈하지 못하도록 국제적으로 막아야 한다고 여겼다.

강제 수용과 박탈의 역사적 경험으로부터 정의의 원칙들을 추론했던 이들에게 그 정치적 목표는 문화적 배경이나 구성에 상관없이, 언어와 종교를 가로질러, 우리 가운데 어느 누구도 선택하지 않았던

(혹은 우리가 선택했음을 인식하지 못했던) 이들에게, 그리고 우리가 함께 살아가는 방법을 찾아야 할 지속적인 책무를 갖고 있는 이들에게 평등을 확장시키는 것이었다. 왜냐하면 "우리"가 누구건 간에, 우리는 또한 결코 선택된 적이 없는 이들이자, 모든 사람의 합의 없이 이 지상에 출현한 이들이며, 처음부터 보다 넓은 차원의 인구에, 그리고 지속 가능한 땅에 속한 이들이기 때문이다. 이러한 상태는 역설적이게도 정착형 식민주의와 추방을 통해 형성된 탐욕스러우면서도 끔찍한 유대관계를 넘어서는, 새로운 형태의 사회성과 정치를 위한 급진적 가능성을 이끌어낸다. 이런 의미에서 우리는 모두 선택받지 못한 이들이라 할 수 있으며, 그럼에도 우리는 서로 함께 선택받지 못한 이들인 것이다. 스스로가 유대인이자 난민이었던 아렌트가 "선민(選民)"에 속하지 않고 그 대신 선택되지 않은 이들에 속해야 할 자신의 책무를 이해했다는 것, 아울러 존재함으로써 이미 존재할 권리, 살 만한 삶을 영위할 권리를 내포하고 있는 이들 사이에서 다양한 이들이 함께하는 혼종의 공동체를 이룩해야 할 자신의 책무를 이해했다는 것은 실로 흥미로운 일이 아닐 수 없다.

대안적 유대인성, 불안정한 삶

지금까지 나는 여러분께 유대인성에서 각기 다른 방식으로 갈라져 나온 두가지 관점을 제시했다. 레비나스는 자칭 유대인 사상가이자 시오니스트였으며, 율법에 대한 이해를 통해, 즉 어떻게 율법들이 우리에게 영향을 미치며 우리를 윤리적으로 강제하는지를 통해 책임감에 대한 자신의 설명을 이끌어냈다. 그리고 아렌트는 분명 종교적이지 않은 입장을 통해서, 그럼에도 2차대전의 유대인 난민이라는 자신의 입장을 출발점으로 이용해서 대량 학살, 무국적성, 그리고 정치적 삶의 복수적 조건들을 사유했다.

물론 레비나스도 아렌트도 이스라엘/팔레스타인에 대한 일련의 정치적 이상들을 확립하기 위한 이론적 준거로서 사용하기가 쉽지 않다. 레비나스의 경우와 마찬가지로, 아렌트의 입장 중 일부는 분명 인종차별적이다. 예를 들어 아렌트는 스스로를 유럽인으로 여기면서 아랍계 유대인들에 반대했고 유대인성을 오로지 그 범주 내에만 있는 것으로 제한했다. 그러나 아렌트가 논하고 있는 것들 중 일부는 여전히 대량 학살, 무국적 인구의 양산에 반대하고 저항해야 할 오늘날의 전지구적 책무에 대해 사유하고, 아울러 복수성이라는 열린 개념을 위해 투쟁하는 것의 중요성에 대해 사유할 수 있는 원천이 된다.[5]

*

아렌트의 유럽-미국 중심적인 논의의 틀은 분명 한계가 있다. 그리고 만일 우리가 불안정성이 공거의 실천들과 맺고 있는 관계를 이해하고자 한다면 또다른 한계가 분명해진다. 아렌트에게 신체의 여러 욕구나 필요 요소는 사적 영역으로 격하되어야 하는 것이었다. 불안정성은 오직 우리가 신체적 의존성과 필요성, 배고픔, 그리고 주거지에 대한 필요성, 상해와 파괴에 대한 취약성, 우리를 살게 하고 번성하게 하는 사회적 신뢰체계들, 그리고 우리의 지속성과 관련된 정념들을 분명하게 정치적인 문제들로서 인식할 때에만 이해될수 있다. 아렌트가 그런 문제들을 사적 영역으로 격하되어야 하는것들로 생각했다면, 레비나스는 취약성의 중요성을 이해하고는 있었으나 취약성을 신체의 정치 문제로 실제 연결하지는 못했다. 비록레비나스가 외부로부터 영향받는 신체를 가정하고 있는 것 같기는하지만, 그는 그런 신체를 자신의 윤리철학에 분명하게 자리매김하지는 않았다. 또한 비록 아렌트가 신체의 문제, 위치지어진 신체의문제, 그리고 정치적 행동에 대한 설명의 일부로서 "출현의 공간"에나타나는 발화하는 신체의 문제를 이론화하기는 했지만, 그녀가 식량 분배의 불평등을 극복하고자 하는 정치, 주거권을 주장하는 정치, 그리고 재생산 노동 영역의 불평등을 겨냥하는 정치를 확실히지지하고자 하는 것 같지는 않다.

내가 볼 때, 신체를 매개로 한 삶에서는 어떤 윤리적 요구가 발생한다. 그리고 아마도 모든 윤리적 주장은 신체를 매개로 한 삶, 즉 상처받을 수 있는 것으로 이해되는 삶, 아울러 인간에만 국한되지 않는 삶을 전제하고 있다. 결국 보존하고 지켜낼 가치가 있는 삶, 살인(레비나스)과 대량 학살(아렌트)로부터 보호해야 할 생명은, 인간이 아닌 생명과 반드시 관련되어 있고 또 그것에 의존하고 있다. 이는 인간 동물이라는 관념에서 비롯한 견해로, 데리다가 잘 표현했듯이 관념은 정치를 사유하기 위한 또다른 출발점이 된다. 만일 우리가 타자의 생명을 보존하는 데 헌신한다는 게 무엇을 의미하는지 구체적으로 이해하고자 한다면, 우리는 분명 생명이 가진 신체적 조건들에 맞닥뜨리게 될 것이며, 타자의 신체적 지속성에 대한 헌신만이 아니라 삶을 살 만하게 만들어주는 모든 환경 조건에 대한 헌신이 필요함을 알게 될 것이다.

아렌트의『인간의 조건』에 기술되고 있는 이른바 사적 영역 안에서 우리는 욕구의 문제, 삶의 물질적 조건의 재생산 문제, 그리고 일시성·재생산·죽음과 같이 불안정한 삶과 관련되어 있는 여러 문제들을 발견할 수 있다. 인구 전체가 대량 학살 정책으로든 조직적 방치로든 절멸될 가능성은, 이 지상에 누구와 함께 머물지를 스스로 결정할 수 있다고 믿는 이들이 있다는 사실에서 비롯한다. 왜냐하면 그런 믿음은, 돌이킬 수 없는 정치적 진실 ── 모든 정치적·사회적 상호의존성 형태에는 불안정성의 상태가 존재하며, 이에 따라 타자에 의한 파괴에 취약해질 수 있다는 진실 ── 을 부인하는 것을 전제로 하기 때문이다. 우리는 이것을 보다 넓은 실존적 주장으로 이어지게 할 수 있을 것이다. 말하자면 모든 이는 불안정한 상태에 있으며, 이와 같은 불안정성은 우리가 주거지와 생명 지속을 위한 필수 요건들을 위해 서로에게 의존할 수밖에 없는 신체를 가진 존재들이라는, 따라서 우리 모두는 불공정하고 불평등한 정치 조건 아래서 무국적성, 노숙, 그리고 빈곤의 위험에 놓일 수 있는 존재들이라는 우리의 사회적 실존에 기인한다는 것이다. 이 같은 주장을 함과 동시에 나는 또다른 주장도 하고 있는 것인데, 말하자면 우리의 불안정성은 경제적·사회적 관계의 조직, 그리고 우리 삶을 유지시키는 인프라와 사회적·정치적 제도들의 존재 혹은 부재에 크게 좌우되고 있다는 것이다. 따라서 실존적 차원의 주장이 구체적으로 표현되자

마자 그것은 그 실존적 차원을 멈추게 된다. 그와 같은 주장은 언제나 구체적으로 표현되어야만 하기 때문에, 결코 실존적일 수가 없는 것이다. 이런 의미에서 불안정성은 신체적 욕구의 조직과 보호에 대해 다루고 있는 정치의 차원과 분리될 수 없다. 불안정성은 우리의 사회성을, 그리고 우리는 서로 의존할 수밖에 없다는 우리 존재의 취약하고도 필수적인 차원을 노출한다.

노골적으로 공표되건 안 되건 간에, 인구를 관리하기 위한 모든 정치적 노력은 불안정성을 계산적으로 할당하는 일을 포함하고 있다. 이와 같이 계산된 할당은 종종 불안정성의 불공평한 할당을 통해 표현되곤 한다. 그리고 이런 불공평한 할당은 어떤 이의 생명이 애도 가능하고 보호받을 가치가 있으며 어떤 이의 생명이 애도 불가능한지, 혹은 비록 애도 가능할지라도 덜 중요하거나 항상 애도될 필요는 없어서, 이미 부분적으로 내지는 전체적으로 상실된 것이나 마찬가지인지, 즉 어떤 이의 생명이 보호되거나 유지되어야 할 가치가 덜한지에 관한 지배적 규범들에 달려 있다. 내 논점은 인본주의를 복원하자는 것이 아니다. 내가 주장하는 바는 오히려 불안정성에 기반한 윤리적 책무라는 개념을 위해 투쟁하자는 것이다. 그 어느누구도 사회적 삶의 불안정한 차원에서 벗어날 수는 없다. 이런 우리 삶의 불안정한 차원을 우리의 근본 없는 토대(nonfoundation)의 이음새라 말할 수도 있을 것이다. 그러므로 우리는 일반화된 불안정성이 우리로 하여금 대량 학살에 반대하고 평등주의적 원칙 아래 삶을 유지하게끔 한다는 사실을 이해하지 못한 상태로 공거를 이해할 수는 없다. 아마도 우리 삶의 이 같은 면모는 전격적인 수단을 통해서건 느슨한 수단에 의해서건 대량 학살로부터 보호될 권리를 위한 근간이 될 수 있을 것이다. 결국 우리의 상호의존성이 사유하는 존재 이상의 존재로, 즉 사회적이면서도 체현된 존재, 취약하면서도 정념을 가진 존재로 우리를 구성할지라도, 상호의존적이자 지속적인 삶의 조건이라는 전제가 없다면 우리의 사유는 그 어디에도 미치지 못한다.

우리는 상호의존성이 어떤 행복한, 혹은 고무적인 개념이라고 생각할 수도 있다. 하지만 상호의존성은 종종 영토 분쟁과 국가 폭력의 조건이 되기도 한다. 실로 나는 우리가 과연 정치학의 차원에서 의존성의 수습 불가능성에 대해 사유할 수 있었는지 잘 모르겠다. 즉 의존성이 어떤 공포, 공황, 혐오감, 폭력, 그리고 위압으로 이어질 수 있는지에 대해 말이다. 여기서 지금까지 제시해온 내용에서 내가 상호의존성을 긍정하고자 노력했던 것은 사실이다. 그러나 나는 평등주의에 근거한 지속 가능한 상호의존성을 증진하려 애쓰는 것이 또한 얼마나 어려운 일인지를 강조하고자 한다. 우리 가운데 누구라도 타자의 고통에 영향을 받는다고 할 때, 이는 우리 스스로를 타자의 입장에 위치시킨다거나 혹은 타자가 우리의 자리를 침탈한다는 것만을 의미하진 않는다. 아마도 이는 어떤 교차적인 유대가 표면화되고, 아울러 내가 분명 나의 삶과 동일하지 않은 어떤 다른 삶들에 연루되고 마는 순간일 것이다. 그런 일은 심지어 우리에게 호소하고 있는 이들의 이름을 모를 때에도, 혹은 우리가 결코 배운 적이 없는 언어로 그 이름을 발음하거나 말하고자 할 때에도 일어난다. 최상의 경우라면, 먼 곳에서 일어나는 고통스러운 사건들에 대한 미디어상의 몇몇 재현들이 우리로 하여금 보다 편협한 공동체적 유대를 포기하게끔 할 것이며, 때로는 우리 자신의 문제가 아니라는 점에도 불구하고, 또 때로는 심지어 우리의 의지에 반해서, 우리가 인식하고 있는 부당함에 반응하게끔 할 것이다. 그러한 미디어상의 재현들은 타자의 운명을 우리와 가까운 곳으로 가져올 수도 있고, 혹은 매우 먼 곳에서 일어나는 일처럼 보이게 할 수도 있다. 그러나 오늘날 미디어를 통해 출현하는 윤리적 요구들은 근접성과 원격성 간의 이 같은 전도 가능성에 의존하고 있다. 실로, 비록 온전하지는 않을지라도 이런 전도 가능성을 통해 어떤 유대관계가 실질적으로 만들어진다. 그리하여 우리는 공거를 정확히 이와 같은 유대관계로서 규정하는 상호의존성을 이해할 방법들을 찾아낼 수 있는 것이다. 왜냐하면 만일 내가 여기에, 그리고 거기에 존재한다면, 나는 또한 온전히 거기에 있는 것이 아니며, 비록 내가 여기에 있다 할지라도 나는 언제나 온전히 여기에 있는 것 그 이상으로 존재하고 있기 때문이다. 이러한 전도 가능성을 신체적 시공간에 의해 제한되는 것으로서 이해할 방법이 있을까? 즉 타자가 완전히 타자인 것이 아니고, 내가 완전히 여기 나로서 존재하는 것이 아니며 나는, 아니 연결이자 이음새로서의 나는 교차적일 수밖에 없고 오직 항상 부분적으로는 전도 가능하고 부분적으로는 전도 가능하지 않다는 식으로 말이다.

우리가 잘 알다시피, 서로 적대적인 관계, 비참한 유대, 그리고 격렬하면서도 슬픈 관계성 역시 존재한다. 그와 같은 경우 인접한 땅이나 분쟁 지역, 혹은 식민 상태의 땅에서 타자와 함께 살아가는 것은 공거의 와중에 서로에 대한 공격과 적개심을 만들어낸다. 식민 지배를 당하는 이들에게 주어지는 선택하지 않은 공거는, 분명 평등의 원칙에 근거하여 확립된 민주적 복수성이란 개념과 같지 않다. 그러나 선택하지 않은 공거와 민주적 복수성 모두는 그것들만의 비참한 애착과 인접성을 포함하고 있다.[6]

심지어 갈등이 빚어지는 선택하지 않은 공거라는 상황에서도 어떤 윤리적 책무가 나타난다. 첫째, 우리가 이 지상에서 누구와 공거할지를 선택하지 않았기 때문에, 우리는 우리가 사랑하지 않는 이들, 우리가 결코 사랑하지 않을 이들, 우리가 모르는 이들, 그리고 우리가 선택하지 않았던 이들의 생명을 보존해야 할 책무를 지켜내야만 한다. 둘째, 이와 같은 책무는 정치적 삶의 사회적 조건들로부터 출현하는 것이지, 우리가 맺은 계약이라든가 혹은 그 어떤 의도적 선택으로부터 나타나는 것이 아니다. 그러나 이와 같이 살 만한 삶의 사회적 조건들은 바로 우리가 쟁취해야만 하는 것들이다. 우리가 함께 올바른 삶을 영위할 수 있도록 보장하는 전제조건으로서 그와 같은 조건들에 기댈 수는 없는 것이다. 반면에, 그와 같은 조건들은 폭력이라는 문제를 거쳐 가는 것을 포함하여 우리가 쟁취해야만 하는 이상들을 제공해준다. 우리가 이와 같은 조건들을 실현하고자 하기 때문에 우리는 또한 서로에게 정념 가득한 상태로, 그리고 두려움 가득한 상태로 연대를 통해 서로에게 엮여 있게 된다. 이런 엮여 있음은 종종 우리가 곧 우리 자신일 뿐이라는 믿음을 넘어서서 이루어지는데, 이는 결국 우리 자신을 위한, 즉 언제나 생성 중에 있는 "우리"를 위한 것이다. 셋째, 아렌트가 우리에게 일러주듯이 이러한 조건들은 평등 개념을 수반하며, (레비나스의 논의에서 도출할 수 있듯이) 불안정성에 대한 노출도 수반한다. 불안정성에 대한 노출은 우리에게 주어진 전지구적 책무, 즉 불안정성을 최소화하면서 경제적이고 정치적인 평등을 확립할 수 있는 정치·경제의 형태를 찾아내야 한다는 책무를 이해하도록 우리를 이끈다. 평등 및 불안정성의 최소화로 특징지어지는 형태의 공거는 종속과 착취에 저항하는 모든 투쟁이 쟁취해야 할 목표가 된다. 또한 이것은 바로 그와 같은 목표를 쟁취하기 위해 각자가 살고 있는 지역이나 거리에 상관없이 모인 연대의 실천을 통해 쟁취되기 시작하는 것이기도 하다. 우리는 불안정성 안에서, 불안정성으로부터, 그리고 불안정성에 저항하여 투쟁한다. 그러므로 우리가 함께 살고자 분투하는 것은 인류에 대한 드넓은 사랑 때문도 아니고 평화에 대한 순전한 욕망 때문도 아니다. 우리는 다른 선택의 여지가 없기 때문에 함께 사는 것이다. 우리는 때로 그와 같이 선택하지 않은 조건들에 대해 불평하기도 하지만, 그럼에도 그 선택하지 않은 사회적 세계의 궁극적 가치를 지지하기 위해 투쟁할 의무가 있다. 이러한 지지는 우리가 한 선택이 아니다. 아울러 이러한 투쟁은 오직 우리가 삶의 평등한 가치에 헌신하는 방식으로 자유를 행사할 때에만 알 수 있고 느낄 수 있는 투쟁이다. 우리는 타자의 고통에 깨어 있을 수도, 무감각할 수도 있다.●

● 이 문장의 원문은 "우리는 타자의 고통에 살아 있을 수도 있고 죽어 있을 수도 있다"(We can be alive or dead to the sufferings of others)이다. 타자의 고통에 반응하거나 혹은 무감각한 상태로 지내는 우리의 선택을 삶과 죽음에 연결함으로써 버틀러는 이어지는 문장에서 인식론적 차원에서의 타자의 삶과 죽음이 곧 나의 양심, 혹은 반응성의 삶과 죽음과 동일함을 역설하고 있다.

즉 타자는 우리에게 죽은 존재일 수도 있고 살아 있는 존재일 수도 있다. 그러나 오직 우리가 거기서 일어나는 일이 여기서도 일어나고 있음을 이해할 때만이, 그리고 "여기"가 이미 어느 다른 곳이라는 사실을, 분명 그럴 수밖에 없음을 이해할 때만이 우리는 여전히 윤리라 불릴 수 있는 것이 가진 이동성과 그 한계를 깨달으면서, 어렵고도 변화무쌍한 전지구적 관계들을 이해할 수 있는 기회를 갖게 된다.

4장

신체의 취약성, 연합의 정치

나는 이 장을 시작하면서 세가지 쟁점, 즉 신체의 취약성, 연합, 거리 정치에 집중하기를, 그러나 이 셋을 완전히 명백한 방식으로 하나로 꿰어 조율하지는 않기를 제안한다. 그러고 난 뒤, 나는 방향을 바꿔 취약성을 행동주의의 한 형태로서, 혹은 어떤 의미에서 저항의 형태로 동원된 행동주의로서 다루고자 한다. 우리가 모두 알고 있듯이 정치가 항상 거리에서 일어나는 것은 아니다. 즉 정치가 항상 취약성을 중시하지는 않으며, 우리가 반드시 취약성을 공유하기 때문에 연합이 이루어지는 것은 아니다. 연합은 얼마든지 많은 배치들 (dispositions)에 의해서도 만들어질 수 있다. 그런데 실로 취약성에 대한 의심은 내가 장담컨대 엄청나다. 여성들은 너무 오랫동안 취약성과 연관되어왔고, 정치는 물론이거니와 하물며 윤리를 그 개념에서 도출할 어떤 확실한 방법도 존재하지 않는다. 따라서 나는 위의 세 개념이 서로에게 유익한 정보를 제공할 수 있고, 유익한 방식으로 취약성에 대한 고찰을 이끌 것이라는 제안을 함으로써, 이와 같은 논의를 위해 내가 각고의 노력을 기울여야 할 것임을 처음부터 인정하고 있는 셈이다.

공개적 말하기나 대중을 위한 글쓰기와 연관해서 점점 더 절박해지는 내 느낌은 그것이 우리를 곧장 행동을 위한 길로 이끌어야 한다는 것이 아니다. 오히려 그것은 잠시 함께 행동을 멈추고, 행동함의 조건과 방향을 성찰할 기회, 그저 도구적 가치가 아닌 그 자체의 가치를 갖는 성찰의 형태라는 것이다. 이런 식의 멈춤이 행동과 행동주의 자체의 일환인지 아닌지는 또다른 의문일 테지만, 내가 고민한 바로는 그렇다고, 멈춤은 행동이라고, 그러나 단지 행동이거나 배타적으로 행동인 것만은 아니라고 말하고 싶다. 나는 이 기회를 빌려 쉽게 일어날 수 있는 몇가지 오해들을 해소하기 위해 이 주제를 숙고하고 싶다. 가령 인종차별적 폭도와 폭력적인 공격을 떠올려본다면, 내가 거리에 모인 모든 신체가 좋다거나, 우리가 군중시위를 경축해야 한다거나, 집회에 가담한 모든 신체가 어떤 공동체의 이상, 심지어 칭송할 만한 새로운 정치를 형성한다고 말하는 것은 아님이 분명하다. 때때로 거리에 모인 신체들은 기쁨, 심지어 희망의 이유인 것이 분명하지만(그리고 밀려드는 군중은 때때로 혁명적 희망의 기회가 된다), "거리의 신체들"이라는 문구가 마찬가지로 우파 시위대, 시위를 진압하거나 권력을 장악하기 위해 모인 군인들, 공적 공간을 장악한 폭도나 반이민자 대중운동에 린치를 가하기 위해 모인 군인들을 가리키기도 한다는 것을 기억해야 한다. 따라서 그 신체들은 본질적으로 선한 것도 본질적으로 악한 것도 아니다.

그 신체들이 상정하는 가치는 그들을 한데 모이게 한 것이 무엇인지, 그리고 어떻게 그 집회가 움직이는지에 따라 달라진다. 그리고 거리의 신체들이라는 관념은 좌파들에게는 마치 권력을 되찾고 있는 것 같은, 민주주의의 전조가 되는 방식으로 권력이 제거되고 추정되고 합병된 것 같은 미미한 전율을 제공한다. 나는 그 전율을 이해하고 심지어 그 전율을 바탕으로 글을 써오기도 했지만, 이제 나는 몇가지 내 의심 ── 내가 어렴풋이 감지한 의심 중 어떤 것은 이미 다른 사람들과 공유하는 것이다 ── 을 개관해볼 것이다.

처음부터 우리에게는 물어야 할 질문이 마련되어 있다. 어떤 조건에서 우리는 거리에 모인 신체들이 경축할 이유임을 알게 되는가? 혹은 어떤 형태의 집회가 현실적으로 더 큰 이상들, 즉 정의와 평등의 실현, 심지어 민주주의 자체의 실현에 기여하면서 작동하는가?[1]

최소한 우리는 이런 정의와 평등의 실현을 간구하는 시위를 경축할 만하다고 말할 수 있다. 물론 알다시피 정의를 둘러싸고 서로 갈등하는 관점들이 존재하며, 평등을 사유하고 가치화하는 너무나 많은 상이한 방식들이 존재하기 때문에, 우리가 말하는 정의와 평등이 무엇을 말하는지 정의하라는 요구가 있을 것이다. 또다른 문제가 직접적으로 현시된다. 즉, 이 세계의 어느 지역에서는 정치적 연대가 거리 집회의 형태를 띠지 않으며 또 띨 수도 없다. 그리고 거기에는 중요한 이유들이 존재한다. 인민을 거리에서 내몰거나 시장에서 내쫓는 강력한 경찰 감시나 군사 점령의 조건들만 고려해봐도 된다. 이런 경우 군중은 투옥, 상해나 죽음을 감수하지 않고는 거리에 모일 수 없다. 따라서 연대는 다른 형태로, 즉 정의에 대한 요구를 제기할 때 신체의 노출을 최소화할 방법을 찾으려는 형태로 이뤄지기도 한다. 2012년 봄 팔레스타인에서 일어났고, 지금까지 산발적으로 지속되고 있는 것과 같은 감옥 내 단식투쟁은 강압적으로 한정된 공간으로 내몰린 저항 형태들을 만들어낸다. 그런 공간에 유사한 형태로 고립된 신체들은 자유, 적법한 절차, 공공장소에서 움직이고 공적 자유를 실행할 권리를 요구한다. 그러니 신체적 노출의 형태들은 다를 수 있다는 것을 기억하자. 집회가 의도적으로 거리나 공적 영역에서 경찰 권력에 자신들의 신체를 노출시킬 때, 고조된 신체의 노출이 발생한다. 이런 일은 점령 상태의 장소에서 일상적으로, 가령 거리를 걷거나 검문소를 통과하려고 할 때, 신체가 괴롭힘, 상해, 구금, 혹은 죽음으로 내몰릴 때 일어나기도 한다. 그리고 감옥, 임시 수용소, 난민 수용소 내부에서 다른 형태의 신체적 노출이 발생하는데, 그곳에서 군 인사나 경찰들은 감시 권력만이 아니라 행동을 억제하고, 힘을 이용하고, 고립을 강요하고, 언제 어떻게 어떤 조건 아래서 먹고 잘 것인가를 결정할 권력도 동시에 집행한다. 따라서 핵심은 신체적 노출이 항상 정치적 선(善), 혹은 심지어 해방운동에 가장 성공적인 전략이라고 주장하는 게 아님은 분명하다. 때로 신체적 노출의 무의지적(unwilled) 조건을 극복하는 것이 바로 정치적 투쟁의 목적이다. 그리고 때로 있을 수 있는 상해에 고의로 신체를 노출하는 것이 다름 아닌 정치적 저항이 갖는 의미의 일부분이다.

물론 우리는 거리나 광장이 존재하지 않거나 그곳들이 정치적 행동의 상징적 중심을 이루지 않는다는 이유에서 어떤 정치적 집회 형태들은 거리나 광장에서 일어나지 않는다는 점 역시 고려해야 한다.

가령 적절한 인프라를 구축하기 위한 목적으로 어떤 운동이 고무될 수도 있다. 이를테면 쉴 새 없이 들어서는 남아프리카, 케냐, 파키스탄의 빈민촌이나 흑인 거주 지역들, 유럽의 가장자리를 따라 세워진 임시 대피소들, 또 베네수엘라의 슬럼가(barrios)나 뽀르뚜갈의 판자촌(barracas)을 떠올리면 된다. 그런 곳에서 사는 이민자들, 무단 거주자들, 집시를 포함한 온갖 집단의 사람들은 그저 깨끗한 수돗물, 쓸 만한 변기, 가끔은 문이 달린 공중화장실, 포장도로, 유급노동, 필수품을 위해 싸우고 있다. 따라서 거리란 우리가 특정 형태의 공공집회를 열 만한 공공의 지반으로 항상 당연시되는 현장인 것은 아니다. 공적 공간이나 통로로서의 거리는 또한 사람들이 투쟁을 통해 얻어내려는 공공재, 즉 여러 대중 동원의 형태에 대한 요구 중 하나를 이루는 인프라적 필수품이기도 하다. 거리는 단지 정치적 요구에 필요한 토대나 플랫폼이 아니라 인프라적 공공재이기도 한 것이다. 그렇기에 인프라적 공공재의 훼손과 악화에 맞서 싸우기 위해, 가령 공교육, 도서관, 운송체계, 도로를 약화시킬 긴축정책에 맞서 싸우기 위해 공공장소에서 집회가 열릴 때, 우리는 가끔 싸움의 목적이 플랫폼 자체라는 것을 알게 된다. 다시 말해서 인프라적 공공재의 존재를 어느정도 추정할 수 없다면, 정치에 필요한 인프라의 조건들 자체가 훼손될 때, 따라서 그 조건들에 의존하는 집회들도 훼손될 때는, 심지어 인프라적 공공재를 위한 투쟁도 할 수 없게 된다. 그런 지점에서 정치적인 것의 조건은 정치적 집회가 일어나서 쟁취하고자 하는 재화 중 하나가 된다. 이것이 사유화에 따라 공공재가 점점 더 폐지되고 있는 상황에서 인프라가 갖는 이중적 의미일

지 모른다.[2]

요컨대 인프라에 대한 요구는 특정한 종류의 살 만한 지반에 대한 요구이고, 이런 요구의 의미와 힘은 다름 아닌 바로 그 지반의 결핍에서 나온다. 바로 그렇기 때문에 그 요구는 모든 종류의 인프라에 대한 것이 아니게 된다. 왜냐하면 어떤 인프라는 살 만한 삶의 훼손(가령 구금, 투옥, 점령, 감시의 군사적 형식들)에 기여하고, 또 어떤 인프라는 살 만한 삶을 보강하기 때문이다. 어떤 경우에 거리는 출현의 공간, 아렌트식의 정치의 공간으로서 당연시될 수 없는데, 왜냐하면 알다시피 바로 그 지반을 설립하려는, 혹은 경찰의 통제로부터 그 지반을 되찾으려는 투쟁이 존재하기 때문이다.[3] 그러나 그것을 할 수 있는 가능성은 기존의 인프라적 조건들로부터 정치적 공간을 창조해내는 수행적 효능에 의존한다. 정치적 행위의 순간에 출현의 공간이 존재하게 된다는 아렌트의 주장은 적어도 부분적으로는 옳다. 이는 분명 낭만적인 생각이다. 왜냐하면 실제적으로 그렇게 하는 게 늘 쉽지는 않기 때문이다. 아렌트는 집회에 필요한 물질적 조건은 모든 특수한 출현의 공간과 분리되어 있다고 가정한다. 그러나 현실적으로 과제는 인프라가 새로운 행동의, 심지어 협력적 행위자의 일부분이 되도록 만드는 것이다. 그러나 정치의 방향이 생존 가능성을 용인할 조건들을 만들고 보존하는 쪽으로 나 있다면, 출현의 공간을 인프라와 건축에 관한 질문들과 완전히 분리시킬 수는 없을 것 같다. 또 이 질문들은 행동의 필요조건일 뿐 아니라 정치의 공간을 만드는 데 참여하는 것 같기도 하다.

물론 거리가 정치적 발화와 행동을 위한 유일한 인프라적 지지대인 것은 아니다. 거리는 또한 정치적 동원에 필요한 중요한 쟁점이자 목적이기도 하다. 어떤 의미에서 우리는 자유가 행사될 수 있으려면 반드시 자유의 행사를 가능케 하고 이를 강력한 것으로 만들어줄, 가끔은 물질적 조건들로 해석될, 그런 자유의 지지대가 존재해야 한다는 것을 이미 알고 있다. 그리고 발화를 실행하고 공간을 넘나들고 국경을 가로지르며 움직이는 신체는 말하고 움직일 수 있는 신체인 것으로 가정된다. 지지대인 동시에 행위자인 신체는 다른 식의 동원에 필요한 조건으로 추정된다. 확실히 바로 "동원"이라는 용어는 이동성의 작동적 의미, 즉 그 자체로서 권리에, 많은 사람들이 당연한 것으로 간주할 수 없는 권리에 의존한다. 움직이기 위해서라면 신체는 (수영을 하거나 공중을 날고 있지 않는 한) 통상 어떤 표면을 갖고 있어야 한다. 그리고 신체는 움직임이 일어날 수 있도록 해줄 그 모든 기술적 지지대를 마음대로 쓸 수 있어야 한다. 따라서 신체가 자신의 이동성의 권리를 실행하고 있을 때라면, 이미 포장도로와 거리가 신체의 필요조건으로 이해되고 있다고 보아야 한다. 그것들은 단지 신체의 지지대가 아닌, 행동의 일부로 변한 것이다.

우리는 이런 신체의 관념, 즉 지지대이자 행위자인 신체라는 관념, 즉 움직임을 가능케 하는 인프라에 함축된 신체라는 관념이 어떻게 그 모든 정치적 운동에서 암묵적으로 혹은 명시적으로 작동하는지 분명하게 목록화할 수 있다. 식량과 주거지를 위한 투쟁, 상해와 파괴로부터의 보호, 노동권, 저렴한 비용의 의료보장을 위한 투쟁. 따라서 우리는 어떤 층위에서는 특정한 정치적 요구와 동원에서 작동하는 암묵적인 신체의 관념을 놓고 질문을 하는 중이며, 또다른 층위에서는 우리가 인간 신체라 부르는 것과 분리 불가능한 것인바 동원이 그런 필요조건들과 지지대를 어떻게 자신의 정치적 관심 대상으로 간주하는지를 알아내려고 하는 중이다. 나의 제안은 인프라가 훼손당하고 있는 상황들에서는 다름 아닌 정치를 위한 플랫폼 자체가 정치적으로 자발적인 동원이 집결하는 목적이 된다는 것이다. 그리고 이는 신체의 이름으로 제기된 요구(신체의 보호, 주거지, 먹을 것, 이동성, 표현)가 때로 신체와 신체의 기술적이고 인프라적인 차원들과 함께, 그리고 그것들을 통해 일어나야 한다는 것을 의미한다. 이런 일이 일어날 때, 신체는 정치의 수단이자 목적일 수 있을 것 같다.[4] 그러나 신체는 신체를 가능하게 만들어주는 모든 조건, 과학기술, 생명 현상으로부터 분리되거나 고립되지 않는다는 것을 강조하는 것이 바로 핵심이다.

나의 이런 말하기가 인간 신체와 신체의 본질적인 필요라는 관념에 호소하는 것으로 보일지도 모르겠다. 그러나 이는 정확히 사실이 아니다. 그렇게 되면 그런 불변의 신체, 그리고 그 신체의 영구적 필요는 우리가 경제적·정치적 조직 중 어떤 형태가 인간의 번성에 충분한지를, 혹은 불충분한지를, 즉 그런 번성을 훼손시키는지를 결정할 때 사용하는 척도로 바뀔 것이다. 그러나 지반이나 척도로서의 신체 관념이 통상 단수의 신체로("우리"는 당분간 그런 견해를 감안하기로 동의한 한 무리의 사람들이다), 심지어 이상적이거나 전형적인 신체로 이해된다면, 이것은 내가 보기에는 신체를 지지하는 관계망의 견지에서 신체가 이해되어야 한다는 관점에 위배된다. 문제를 개별화해서 모든 단수의 신체는 식량과 주거지에 대한 권리를 갖는다고 말할 수 있다. 우리가 그런 진술("모든" 신체에는 이 권리가 있다는 진술)을 통해 보편화하고 있는 것이라 해도, 우리는 또한 신체를 불연속적인 것으로 이해하면서 개별 질료로서 특수화하고 있는 것이다. 그리고 그런 개별 신체는 그 자체로 신체가 무엇인가에 대한, 또 신체가 어떻게 개념화되어야 하는가에 대한 규범이다. 물론 이것은 명백히 옳은 것으로 보일 것 같지만, 이처럼 권리를 가진 개별적인 신체적 주체라는 관념은 취약성, 노출, 심지어 의존성에 대한 감각을 포착하지 못할 수도 있다는 점을 고려하자. 이러한 감각은 권리 자체에 이미 함축되어 있으며, 주장컨대 신체에 대한 대안적인 시각에 부합하는 것이다. 즉 본연의 신체(그리고 이것은 현재로서는 존재론의 주장이다)의 일부가 곧 다른 신체들과 그 신체를 지지해주는 네트워크에 대한 의존성임을 받아들인다면, 우리는 개별 신체들 각각을 완전히 분리된 변별적인 것으로 인식하는 일이 결코 옳지 않음을 주장하는 셈이다. 물론 그 신체들이 서로 혼융되어서 어떤 무정형의 사회체가 되는 것도 아니다. 그러나 인간 신체가 살아가고 번성하는 내부로서의 관계들을 이해하지 않고서 신체의 정치적 의미를 쉽게 개념화할 수 없다면, 우리가 달성하려 애쓰고 있는 다양한 정치적 목적들에 부합할 가장 좋은 사례는 만들지 못할 것이다. 내가 제안하고 있는 바는 관계망에 붙들려 있는 것은 이 신체나 저 신체가 아니라, 신체의 분명한 경계들에도 불구하고, 아니 어쩌면 그 경계들 덕분에 신체를 정의하는 것이 신체의 삶과 행위를 가능케 하는 관계들이라는 것이다. 내가 보여주고 싶은 바는 우리가 이러한 다른 인간들, 살아 있는 과정들, 비유기적인 조건들,

삶의 도구들과의 구성적인 관계들을 생각해내지 않고서는 신체의 취약성을 이해할 수 없다는 것이다.

이런 관계성의 의미를 정교화하기에 앞서 나는 취약성이 단지 개별적인 신체의 특질이나 일화적 성향에 불과하지는 않다는, 오히려 그것은 거듭해서 불연속적 개별성의 국면에 의심을 제기하는 관계성의 양태라는 생각을 더 진척시키고 싶다. 이는 우리가 정치적 집합이나 연합에 관해 대화하려 할 때, 심지어 저항을 두고 이야기하려 할 때 중요해질 것이다. 신체는 자가동력적인 행위자로서 이 세계에 존재하게 되는 것이 아니다. 그 동력에 대한 제어는 시간을 거치면서 설정된다. 아울러 신체는 무엇보다도 의존성을 조건으로 해서, 의존적인 존재로서, 사회적 삶 안으로 들어간다. 이것은 심지어 최초의 순간들, 최초의 발성, 최초의 움직임마저도 생존을 위해 가변적인 일군의 조건들에 반응하고 있다는 것을 의미한다. 이 조건에는 어딘가에 있을 인민은 포함되지만, 하나의 다른 신체를 매개로 한 사람—마찬가지로 생존에 대한 어떤 지지를 받고 있다 할지라도 가진 것이라고는 오직 먹고 잘 수 있는 수단과 능력뿐인 사람—이 꼭 포함되는 것은 아니다. 바로 이런 이유로 누군가를 돌보는 이는 다른 사람들에게 지원을 제공할 뿐 아니라 자기 자신을 지원할 수 있는 조건(이는 노동과 휴식의 살 만한 조건들, 보상과 주택, 의료보장의 살 만한 조건들을 의미한다) 역시 필요로 한다. 가장 취약한 삶의 순간들에 필요한 지원의 조건 자체가 취약하고, 이 조건들은 부분적으로는 인프라적이고 부분적으로는 인간적이고 부분적으로는 기술적이다. 유아들에게는 이 점이 적용될 수 있다는 것을 인정하되 인간 어른에 대해서는 의심을 가질 수 있지만, 나는 아무리 나이가 들어도 이런 특수한 조건, 의존적이고 민감한 조건에서 완전히 벗어난 채로 성장할 사람은 없다고 말하고 싶다. 내게 이것은 다음의 주장, 즉 돌봄을 조직하는 일차적인 방식은 그보다 넓은 사회적·정치적 형태의 노동 및 자격(entitlement)과 관련되어 있다는 주장에 의해 보강되는 것으로 보인다. 그렇다 하더라도 우리는 그저 인간 신체들에 대해 이야기하면서, 관습적으로 정신분석을 맑스주의와 연결했던 그 노선을 계속 이어가고 있는 것에 불과한 걸까? 나는 그렇다고, 하지만 반드시 꼭 그렇지는 않다고 말하고 싶은데, 이는 도나 해러웨이(Donna J. Haraway)가 이미 아주 상세하게 설명했던 이유들 때문에 그렇다. 만약 환경들, 기계들 없이는, 또 신체들이 의존하는 사회적 의존성의 복잡한 시스템 없이는 신체에 대해 어떤 이야기도 할 수 없다고 한다면, 그럼 이 모든 신체적 삶의 비인간적 차원들이 바로 인간의 생존과 번성의 구성적 차원임은 입증된 것이다. 수세기 동안 줄곧 직립원인(Homo erectus)에 대한 주장이 있었음에도 불구하고, 인간(the human)은 홀로 존립하지 못한다.[5] 전(全) 연령의 인간이 기계에 의존한다는 것을 보여주는 사례들이 분명 존재하고, 우리 대부분은 이 지점에서나 저 지점에서 기계 혹은 과학기술에 의존하고 있음을 자각한다. 뭔가 그와 유사한 것이 인간과 동물의 우발적이지 않은 관계와 연관해 이야기될 수 있다. 인간 신체와 동물 신체의 차이들을 아주 쉽게 받아들일 수야 있겠지만, 그렇다고 해서 그 둘을 명확히 구분할 방법은 없다. 그러나 통탄할 만큼 긴 철학 전통이 해왔던 것처럼, 인간의 신체적 차원이 동물적 차원으로 간주되어야 한다고 말하는 것도 충분한 이야기는 아니다. 인간이라는 피조물은, 동물이 인간의 "타자"라는 의미에서가 아니라 인간이 설사 여타 동물과 정확히 같지 않다 해도(어떤 동물도 다른 동물과 정확히 같진 않으며 동물의 범주는 정의상 그런 내적 변이를 허용한다) 이미 동물이기에 결국 이미 동물과의 관계 안에 있다. 더욱이 일련의 넓은 생명 현상은 인간과 동물을 가로지르면서 존재하며, 그 둘의 차이에 확고할 정도로 관심을 두지 않는다. 해러웨이의 논지 가운데 하나는 인간과 동물의 의존성 형태들은 그것들이 부분적으로는 서로에 의해 그리고 서로를 통해 구성된다는 것을 시사한다는 점이다. 우리가 만약 그런 의존성을 핵심으로 간주한다면, 동물과 인간의 차이는 부차적인 것이 된다(인간과 동물은 모두 의존적이고, 그 둘은 자기들식으로 자기 자신이기 위해 서로에게 의존하면서 서로에게 의존적이다). 이런 의미에서 그 둘의 존재론적 차이는 그들 사이에서 유지되는 관계들로부터 출현한다. 따라서 우리가 기계, 인간, 동물 사이에서 끌어내는 분석적 차이는 모두 그것들을 포괄하는, 혼합되었거나 의존적인 관계들에 기대고 있다.[6]

이 장을 시작하면서 나는 신체들, 연합들, 거리 정치의 관계를 재고할 것이라고 주장했다. 그리고 나는 인간 행위에 필요한 비인간적이고 인프라적인 조건들이 결국 다름 아닌 정치적으로 자발적인 동원의 목적이 된다고, 또한 이것은 인프라를 이루는 재화들이 넓고 빠르게 훼손당하는 상황들에서 특히 더욱 그러한 것 같다고 주장했다. 또 나는 신체들은 이런 식의 투쟁에 적어도 두가지 방식으로, 즉 정치의 기반으로서 그리고 정치의 목적으로서 연루되어 있다고 주장했다. 더 나아가 나는 우리가 인간 신체와 인프라의 관계를 재고함으로써 단수형으로 상상된 인간 신체의 불연속성과 자립에 의문을 제기할 수 있을 것이라고 주장했다. 그러나 나는 또한 인간 신체를 환경, 사회적 관계, 인간·동물·기술의 구분을 가로지르는 지원과 유지의 네트워크로 복잡하게 이해되는 일종의 인프라에 대한 의존성으로서 사유할 방식을 제안하기도 했다. 결국 우리가 정치적 투쟁을 시작한 사람들이 거론하는 신체의 필요조건들을 이해하고 하나하나 열거할 수 있게 된다 해도, 그런 필요조건이 충족되면 정치적 투쟁의 목적은 달성되었다고 주장할 수 있을까? 아니면 우리는 또한 신체가 번성하고, 삶이 살 만한 것이 될 수 있도록 만들기 위해 투쟁하는 걸까? 나는 각 단어를 차례차례 사용해가면서, 기술적인 명명법에 저항하는 문제에 접근할 수 있는 방법으로 일련의 상호 연관된 용어들을 찾고 있는 중이다. 한 단어로는 이러한 인간의 분투와 노력의 성격과 목적을 적절히 기술할 수 없을 것이다. 이렇듯 단결하여 분투하는, 혹은 함께 분투하는 모습은 정치적 운동이나 동원의 한가지 의미를 이루는 것 같기는 하다.

때로 함께 연관지어 사유하기 힘든 두가지 논증적 경향이 존재한다는 바로 그 이유 때문에, 다음의 내용을 모두 함께 움직이고 작용하게 하는 것이 중요할 듯하다. 먼저 한가지 주장은, 생존이 더 큰 삶의 정치적인 목적들, 곧 생존 자체와는 분명히 다른 목적들을 실현하기 위한 전제조건임이 분명하기에, 신체들은 생존에 필요한 것을 가져야 한다는 것이다(이것은 때때로 한나 아렌트가 보여줬던 견해다). 다른 한가지 주장은, 자유의 실천을 포함해 삶 자체의 조건들에 대한 공평하고도 공정한 재생산으로부터 분리될 수 있는 정치적 목적은 존재하지 않는다는 것이다. 살기 위해 생존한다는 말이 가능할까? 따라서 생존과 삶을 분리할 수 있을까? 아니면 생존은 살 만한 것이 되려면 항상 생존 이상의 것이어야 한다는 게 맞는 말일까?[7] 결국 어떤 사람들은 외상 같은 것에서 살아남아 생존하는데, 그렇다고 해서 이것이 그들이 온전한 의미에서 살아 있다는 의미는 아니다. 온전한 의미에서 사는 것과 그다지 온전하지 않은 의미에서 사는 것의 차이를 구분하는 법을 나는 모르지만, 나는 그 둘의 차이에 어떤 중요성이 있다고 생각한다. 생존에 대한 요구가 살 만한 삶에 대한 요구와 밀접한 관계에 있다고 결론 내릴 수 있을까? 무엇이 살 만한 삶의 조건을 이루느냐는 질문을 받았을 때 우리는 그 삶을 위한 어떤 단일한 혹은 한결같은 이상을 단언하지 않은 채 대답할 수 있어야 한다. 내가 보기에 그것은 "인간"이 실제로 무엇인가, 심지어 "인간 삶"이 무엇이어야 하는가를 찾아내는 문제는 아니다. 사실 내가 보기에 피조물로서 인간의 실존이 이 순간 우리를 저지하고 뒷걸음치게 만드는 것 같다. 결국 인간도 동물이라고 말하는 것은 동물화를 비천하고 타락한 조건으로서 끌어안으려는 것이 아니라, 이른바 인간이라고 인식되는 이들이 출현할 때 그 내부를 이루는 유기적이고 비유기적인 상호관계를 재고하는 것이다. 즉 다름 아닌 생존 가능성의 조건을 재고하게 만드는 것은 바로 인간 동물인 것이다. 우리는 이른바 보다 이상적인 인간 형태들, 즉 언제나 더 열등한 동일자의 존재를 암시하는 인간 형태들, 혹은 그와 같은 규범 속으로 번역되어 진입할 수 없는 삶의 양태들을 우리의 시야에서 지워내면서 그들을 분명 덜 살 만한 존재들로 만들어버리는 인간 형태들을 필요로 하는 게 아니다. 그러나 "인간"은 계속해서 정치적일 수밖에 없으므로, 바로 그 이유에서 "인간"이 차별적으로 인정되는 조건들에 대해 질문을 제기하려면, 우리는 관계의 집합 내부의 더 작은 부분을 재고해야 할 것 같다.[8] 내가 "우리"는 그 범주를 통해 사유해야 한다고 말할 때, 나는 아마도 우리가 그 범주의 위력에서 벗어나고자 하는 순간에도 여전히 그 범주의 통제를 받는다는 것을 보여주기 위해 담론의 인본주의적 개념을 끌어오고 있는지도 모른다.

거리에 신체들이 함께 모일 때 나는 전율에 사로잡힌다는 것을 처음부터 고백했다. 이와 같은 전율의 경험은 사실 내 청년기로 거슬러 올라갈 수도 있다. 그러나 나는 민주주의를 가령 밀려오는 다중이 만들어내는 사건으로 이해해야 한다고 주장하는 정치적 견해들에 대해서는 매우 회의적이다. 나는 그렇게 생각하지 않는다. 우리는 그런 집단을 함께 유지한다는 것이 무엇인지, 어떤 요구가 공유되고 있는지, 혹은 모두가 느낀 어떤 부정의와 삶의 위태로움, 변화 가능성에 대한 어떤 암시가 사태에 대한 집단적 인식을 고양시키는지를 물어야 한다는 게 내 생각이다. 이 모든 것을 민주주의적이라 부를 수 있으려면, 우리는 모두 팽창일로에 있는 기존의 불평등에, 지역적으로나 전지구적으로나 수많은 인구들을 상대로 점점 더 늘어나고 있는 불안정성의 조건에, 그리고 민주적 절차와 민주주의 운동을 짓누르려는 권위주의적이며 안보 중심적인 통제 형태들에 반대해야만 한다. 가끔 우리는 정치적 숙의와 행동은 집회의 형태로 일어난다고 생각하지만, 동일한 지반의 점거를 전제하지 않는 다른 방식의 협의와 행동 또한 존재한다. 거리나 온라인상에 모인다든지 덜 가시적인 연대의 네트워크를 통해 모이는 신체들이 있다. 이는 특히 어떤 하나의 공적 공간에서 직접적으로 일어나거나 혹은 일어나지 않는 연대의 형태들을 통해 자신들의 정치적 주장을 제기하는 수감자들의 경우 특히 더 그러한데, 이들의 연대가 일어날 때 그 일은 공적 공간에서 이들 모두가 강제적으로 배제되면서, 그리고 경찰이나 보안 요원이 감시하는 독방에 고립된 채로 나타난다. 이는 집회의 자유가 하나의 권리로서의 자격을 부인당할 때 과연 그 집회의 자유는 어떤 형태를 띨 수 있는가라는 질문을 제기한다. 만일 감옥에는 집회의 자유가 없거나 제한된다고 말한다면, 우리는 투옥된 사람들은 강압적으로 집회의 자유를 박탈당해왔음을 확실히 승인한 것이고, 그렇다면 우리는 시민권의 너무나 본질적인 차원을 박탈당하는 문제의 정의나 부정의를 놓고 논쟁할 수 있을 것이다. 나는 그런 논쟁을 적극 지지한다. 그러나 동시에 나는 감옥에서 집회의 자유를 실행하는 은밀하고도 때로 효과적인 방식이 발생한다고, 아울러 우리가 그런 저항의 형태를 개념화하려면 반드시 그런 사실을 인정할 수 있어야 한다고 제안하고 싶다. 감옥 안에서 출현하는 단식투쟁을 포함한 연대와 행동 방식들은 또한 집회의 자유 형태 혹은 그런 자유가 내포하고 있는 연대의 형태를 구성하기도 하는데, 따라서 그것은 적극적인 저항의 형태로 승인될 필요가 있다. 따라서 이미 우리는 거리와 광장이 단지 정치적 저항을 위한 플랫폼에 불과하진 않다는 것, 그리고 광장으로 진입하거나 거리로 나갈 자유가 존재하지 않는 곳에서도 저항의 지반은 분명 존재한다는 것을 이해한 셈이 된다. 2009년 이집트 카이로에서 일어났던 것처럼, 뒤집힌 탱크가 갑자기 인민이 군대에 맞서 공적인 목소리를 내는 플랫폼으로 바뀐 것과 비슷하게 영창의 네 벽이 플랫폼으로 바뀔 수도 있지 않을까? 옴짝달싹 못하게 갇힌 신체가 항상 움직일 자유를 갖는 것은 아니지만, 그럼에도 그 신체는 여전히 자신의 감금을 이용해 저항을 표현할 수 있지 않을까? 그 순간들에 공공광장은 그런 행위의 지지대는 아니다(거기에 모인 사람들은 투옥된 사람들을 지지하면서 지지대가 될 수 있고, 그런 공간적 지지대와 그것의 상징적 권력을 이용할 수 있겠지만). 그러나 지지대는 안과 밖에서, 연대의 양태로, 소통의 여러 양태를 고안해내고 기능적인 수감자이길 거부하고 감옥이란 제도의 재생산에 개입해서 방해하기 위해, 신체가 먹고 일하기에 대한 거부를 실행할 수 있는 방식을 통해 여전히 또다른 의미를 추정하고 상상해낸다. 감옥은 인간 행위와 움직임의 성공적인 규제에, 수감자 신체의 재생산에 의존한다. 가령 단식투쟁에서 볼 수 있듯이 그런 규제 권력이 실패하면, 감옥의 기능 능력이 상실된다. 게다가 이런 기능의 실패는 수감자 자체를 위험하게 하거나 살해하는 것과도 연관이 된다. 처벌 장치가 통제를 벗어남으로써 수감자를 파괴하게 되는 카프카의 「유형지에서」를 떠올려봐도 좋다. 단식투쟁은 이런 통제로부터의 벗어남을 유발하는 것 같지만, 그러한 단식투쟁을 통해 수감자들이 실제로 폭로하길 원하는 바는 언제나 그랬듯 감옥이 일종의 살인기계라는, 아니 감옥이 효율적으로 작동하고 있을 때조차 그것은 살인기계라는 사실이다. 왜냐하면 수감자의 효과적 재생산이 수감자의 생존 가능성의 조건들에 대한 학살과 나란히 일어난다면, 죽음에 묶이고 결속된 움직임이 이미 모든 단식투쟁에 앞서 일어나고 있을 것이기 때문이다. 단식투쟁은 죽음-거래가 이미 감옥에서 작동한다는 것을 폭로한다. 이런 의미에서 단식투쟁은 그 자신의 수행성의 정서를 따르는, 신체의 상연이다. 그것은 자신이 보여주려 하는 것, 그리고 저항하려 하는 것을 상연한다.

물론 이 각각의 상황은 맥락 안에서 고찰되어야 한다. '점령하라' 운동들에서든 스페인의 로스 인디그나도스(Los Indignados)*에서든, 최근 거리나 공공광장에서 일어난 집회는 점점 더 많은 사람들이 직장을 잃고 임금 삭감으로 고통을 받고 주택과 공공복리 혜택을 잃고 있는 상황에서, 영구적인 지지대의 형태들에 대한 좀더 폭넓은 요구를 활성화하려고 함과 동시에 집회에 참여한 이들에게 임시적인 지지대를 제공하려는 데 관심을 가졌다. 따라서 집회가 더 넓은 구조로서의 경제계를 정확히 반사하는 것은 아니다. 그러나 이런 더 작은 집회들, 그렇지만 평등과 상호의존성의 이상들을 생산하거나 혹은 쇄신할 수 있고, 그렇기에 어쩌면 더 큰 국가적이고 전지구적인 맥락들로 변위될지 모르는 집회들에서 어떤 원칙들은 정교

• 2011년 5월 15일, 스페인 수도 마드리드의 뿌에르따 델 쏠(Puerta del Sol) 광장에서 정부의 긴축정책에 항의하며 젊은이들이 시작한 시위. 이 시위는 프랑스 빠리를 거쳐 벨기에 브뤼셀까지 1700킬로미터에 이르는 대장정 형태로 나타났고, 언론 매체는 이들을 "분노한 사람들"이라 불렀다. 2010년 말 프랑스에서 출판되어 유럽 전역에 배포된 스떼판 에셀(Stéphane Hessel)의 책 『분노하라』(Indignez-vous!)가 "분노한 사람들"이라는 용어에 영향을 주었다. 스페인에서 시작된 이 분노의 행진은 75일 동안 계속되었고, "분노한 사람들"이라는 용어는 스페인뿐만 아니라 유럽 각국에서 청년 시위자들을 가리키는 표현으로 정착됐다.

해진다. 즉 정치적 요구는 실행되는 동시에 만들어지고, 예시화되는 동시에 소통된다. 이는 모두 수행성이 신체와 언어의 교차배열적인 (chiastic) 관계로 기능하는 곳에서 만들어진 요구들에는 항상 수행적 차원이 존재한다는 것을 의미한다. 그렇다면 우리는 배타적으로 혹은 우선적으로, 추상적 권리를 담지한 주체로서 거리로 나가는 것이 아니다. 우리는 거기서 걷고 움직일 필요가 있기에 거리로 간다. 가령 우리가 휠체어를 타고 있건 아니건 거기서 움직일 수 있기 위해, 방해나 괴롭힘이나 행정적 구금, 상해나 죽음의 두려움 없이 그 공간을 통과할 수 있기 위해 거리를 만들 필요가 있다. 우리가 거리에 있다면 이는 우리가 신체들, 즉 서서 움직이는 데 그리고 중요한 삶을 사는 데 공적인 지지대의 형태들이 필요한 신체들이기 때문이다(나는 장애학에서 제기된 이런 폭넓은 주장, 즉 모든 신체는 움직이기 때문에 지지대를 필요로 한다는 주장이 공적 동원을 지지하는 것이 무엇인지, 특히 인프라적 지지대에 대한 공적 자금 지원을 요구하는 동원을 지지하는 것은 무엇인지에 대해 사유하는 데 큰 시사점을 갖는다고 말하고자 한다). 이런 취약성은 우리가 바로 지금 특별히 취약하다고 느끼는지의 여부를 보여준다. 이동성은 그 자체로 신체의 권리이지만, 그것은 집회의 권리 자체를 포함한 여타 권리를 실행하기 위한 전제조건이기도 하다. 많은 사람들이 보행권을 중심으로 동원되는데, 그중에는 중요한 슬럿 워크(Slut Walks), 즉 이른바 헤픈 여자들이란 낙인을 신체화하면서도 거부하는 방식으로 우연히 전세계에서 시작되어 거리를 괴롭힘과 강간에서 자유로워야 할 장소로 천명한 운동도 포함된다. 심지어 경찰 폭력이 기다릴지 모르는 상황에서 걷거나(당신이 여성 혹은 트랜스일 경우 밤에 혼자 걷는 것), 모이는 것은 위험한 행위다. 그런데 인민은 여성들이 종교적 의복을 입은 채 거리를 걸을 권리, 트랜스 여성들이 다른 트랜스 여성들과의 연대 행위로, 혹은 더 넓은 사회적 투쟁을 목적으로 일하거나 행진하기 위해 거리를 걸을 권리를 중심으로 자발적으로 동원되고 있다. 누군가로부터 범죄자로 추정당하는 일 없이 밤에 걸을 수 있는 흑인의 권리. 보행할 수 있고, 또 보행을 가능케 해줄 포장도로와 기계를 가질 수 있는 장애인의 권리. 아파르트헤이트 법규가 널리 퍼져 있는 헤브론 거리를 걸을 수 있는 팔레스타인인의 권리. 그런 권리는 공동의 것이면서 눈에 띄지 않아야 하고 때때로 그렇기도 하다. 그러나 그저 거리를 걷는 것, 그런 사소한 자유를 실천하는 것이 때로는 특정한 체제에 대한 도전이 될 수 있다. 모종의 동작은 신체적이자 정치적이라는 이중의 의미에서 동시에 운동이기도 한데, 이 동작에 의해 어떤 소소한 수행적 소요가 상연될 수도 있는 것이다.

나는 당연히 연대를 통해, 그러나 또한 인프라적 조건들에 의해, 법에 의해, 그리고 그 방법을 저지하려는 폭력적이거나 강압적인 노력들의 부재에 의해 그런 행동을 지지해야 한다고 말하고 싶다. 내가 앞서 언급한 투쟁들은 신체들이 구속받아왔고, 구속받을 위험에 놓여 있으며, 일거리나 이동성의 보장 없이 살아야 하고, 폭력과 강압의 고통을 겪고 있다고 추정한다. 나는 신체들은 적극적이지도 능동적이지도 않으며 취약하다고 말하고 있는 것일까? 아니면 심지어 그런 취약한 신체들도 행동할 수 있다고 말하는 것일까? 사실 나의 논지는, 신체를 일차적으로 혹은 명백하게 취약하고 비활성화된 것이라 여기는 게 틀린 생각인 만큼이나, 일차적으로 혹은 명백하게 활동적이고 능동적인 것이라 여기는 것도 틀린 생각이라는 데 있다. 만약 이에 대한 어떤 정의가 있어야 한다면, 그것은 차라리 취약성과 행위성을 함께 사유할 수 있음에 달려 있다. 나는 특히 여성의 신체를 각별히 취약하다고 이해하는 것이 얼마나 비생산적일 수 있는지를 알고 있다. 남성과 여성에게 제각기 능동과 수동의 차이를 할당한 그 길고도 개탄스러운 젠더 정치에 유념한다면, 우리는 그 즉시 불확실한 지대로 진입하게 된다. 그러나 만일 우리가 특정한 집단들이 더욱 취약하다고 말한다면, 이는 그저 어떤 권력 체제 아래서는 어떤 집단이 다른 집단보다 더 쉽게 표적이 되고, 어떤 집단이 다른 집단보다 더 가난의 고통을 겪고 있고, 어떤 집단이 다른 집단보다 더 경찰 폭력에 노출되어 있다고 말하는 것에 불과하다. 우리는 이런저런 방식으로 뒷받침되어야 하는 일종의 사회학적 관찰을 하고 있는 중인 것이다. 그러나 그런 사회학적 주장은 아주 쉽게 새로운 기술(記述)의 규범으로 바뀔 수 있고, 그와 같은 과정 중에 여성은 그들의 취약성에 의해 정의되는 것이다. 그 지점에서 그 기술이 다루기로 한 바로 그 문제를, 바로 그 기술이 재생산하고 비준하게 된다.

이것이 우리가 취약성을 동원한다는 게 무슨 뜻인지, 좀더 특수하게는 취약성을 단결해 동원한다는 게 무슨 뜻인지에 주목해야 할 한 가지 이유다. 우리가 보기에, 즉 많은 인민들이 보기에, 거리에서 능동적으로 나타나는 순간은 계획적인 노출의 위험을 수반한다. "노출"이라는 단어 덕분에 존재론과 근본주의의 덫 바깥에서 취약성을 사유할 수 있는지도 모른다. 이는 허가받지 않은 채 거리에 나타나고 노출된 사람들, 무기를 소지하지 않은 채 경찰이나 군대 혹은 치안 부대와 대치 중인 사람들의 경우 특히 그러하다. 보호받을 수 없는 채로 노출된 사람이라고 해도, 그 사람이 반드시 어떤 "헐벗은 생명"으로 환원되는 것은 분명 아니다. 즉자적으로 정치적인 영역 바깥으로 주체를 내쫓는 주권적 권력은 존재하지 않는다. 그와는 반대로 거리나 영창, 또는 마을과 국경 주변에 신체들을 억류하고 침해하는 좀더 다양하고 산만한 권력과 힘의 작동이 존재한다. 그리고 이것이 바로 궁핍의 정치적 형태인 것이다.

물론 페미니즘 이론가들은 여성이 오랫동안 불균등하게 사회적 취약성으로 고통받아왔다고 주장해왔다.[9] 그리고 여성이 특별히 취약하다고 주장하는 데는, 얼마나 많은 다른 집단들에게 같은 주장을 할 자격이 있는지를 감안하면, 그리고 여성의 범주가 계급, 인종, 나이, 그밖에 무수히 많은 다른 권력의 벡터들이나 잠재적 차별·상해의 장소들과 교차되어 있다는 사실을 감안하면 항상 우려할 부분이 존재하지만, 여전히 이와 같은 전통에서 가져올 만한 중요한 것들이 존재한다. 그 주장은 여성은 변하지 않는 취약성을 갖고 있다는 뜻으로 들릴 수 있는데, 그런 식의 주장은 여성에 대한 가부장적 보호를 지지하고 찬성한다. 여성이 특별히 취약하다고 여겨지고 특별히 보호받아야 할 위상을 간구하고 있다면, 그런 보호를 제공하는 것은 국가나 다른 가부장제 권력의 책임이 된다. 그런 모델에 의하면 페미니스트 행동주의는 가부장제 권력에 특별한 시혜와 보호를 간구하는 것일 뿐만 아니라, 여성을 권력이 없는 입장에, 암묵적으로는 남성을 보다 권력이 있는 입장에 위치시키는 권력 불평등을 확증하게 된다. 그리고 그저 "남성"에게만 혹은 배타적으로 "남성"에게만 보호를 제공할 수 있는 입장을 부여함으로써, 페미니즘이 목표로 하는 성취를 촉진시키고 활성화할 가부장제의 의무를 국가구조에 부여하게 된다. 그런 관점은 가령 여성은 취약하면서도 동시에 저항할 수 있다고 주장하는, 취약성과 저항은 동시에 발생할 수 있고 발생하고 있으며 심지어 발생해야 한다고 주장하는 이들의 관점과는 아주 다르다. 이들의 관점은 가부장제 권력을 확장하지 않으면서도 보호를 제공하려 애쓰는 페미니즘의 자기방어와 기관들(가령 가정폭력 피해 여성들의 쉼터)에서, 그리고 터키에서의 경우처럼, 또 확장되었고 확장될 수 있는 여성 범주가 비규범적으로 출현한다는 이유로 괴롭힘이나 상해의 위험에 놓이는 다른 곳에서처럼 트랜스 여성들을 후원하는 여러 네트워크에서 찾아볼 수 있다.

물론 여성들의 차등적 취약성을 지지할 합당한 이유들이 존재한다. 여성들은 여성이 놓인 조건에 대한 모든 전지구적 분석의 아주 중요한 두가지 차원(그리고 우리 가운데 어느 누구도 이 조건들이 완전히 극복되지 않는 한 "포스트페미니스트"일 수 없을 두가지 이유), 즉 가난과 문맹으로 고통을 겪는다. 그러나 말하자면 취약성의 문제로 선회한 많은 페미니스트들이 그렇게 선회한 것은 인권단체와 국제사법재판소에서 보호받아야 할 여성의 지위를 증대시키기 위함이다. 페미니즘 기획의 이러한 법제화는 법정에서 그런 호소를 강화하는 데 필요한 언어를 우선시하려고 한다. 그런 호소가 매우 중요할 수 있는 만큼, 다른 한편으로 그런 호소는 대중적이면서 초법적인 페미니즘의 저항 형태들, 대중운동의 역학, 시민사회의 주도권, 취약성에 의해 형성되고 동원된 정치적 저항 형태들을 이해하기에는 너무 제한된 언어를 제공한다.

개입주의(paternalism)의 축소를 피하는 정치를 확립할 필요는 자명한 것처럼 보인다. 동시에 만약 이런 개입주의에 대한 저항이 사회복지를 제공하는 모든 국가적·경제적 제도에 반대하게 된다면, 인프라적 지원에 대한 요구는 그 요구가 사용하는 용어 내부에서는 읽힐 수 없게 될 것이고 심지어 자멸적인 것이 될 것이다. 따라서 훨씬 더 많은 사람들이 무주택, 실업, 문맹, 부적절한 의료보장에 노출되는 불안정성이 증가하는 한 그 과제는 훨씬 더 어려워진다. 내가 보기에 페미니즘으로서는 삶의 유지·보존에 그런 국가 제도가 결정적이라는 주장을, 그것과 상반되는 주장인바 페미니스트들이 불평등관계들을 복원하고 자연화하는 개입주의 양태들에 저항한다는 주장과 동시에 어떻게 효과적으로 만들어낼 것인지가 힘든 부분이다.

따라서 페미니즘 이론과 정치에서 취약성의 가치가 중요했다고 해도, 그런 이유로 취약성이 하나의 집단으로서의 여성을 정의하는 만족스러운 특성이라고 말할 수는 없다. 나는 토대론적인 취약성 개념에 의존하는 새 규범을 여성이라는 범주를 위해 설치하려는 노력에는 반대할 것이다. 사실 다름 아닌 "여성들"이라고 불리는 집단에 누가 속하는가에 대한 논쟁이 보여주는 것은 바로 뚜렷이 구별되는 취약성의 지대, 즉 젠더를 따르지 않는 사람들, 그리고 그런 토대위에서는 차별, 괴롭힘, 폭력에의 노출이 강화될 게 분명한 사람들이다. 따라서 잠정적으로 "여성들"이라 불리는 집단은 잠정적으로 "남성들"이라 불리는 집단보다 더 취약한 것은 아닐뿐더러, 여성들이 남성들보다 취약성을 더 중시한다고 주장하는 게 특별히 유익하거나 사실인 것도 아니다. 오히려 젠더를 정의하는 취약성과 비취약성 같은 특정한 속성들은 특정한 권력 체제 아래서, 다름 아닌 여성들의 권리를 박탈한 바로 그 권력 체제를 지지할 목적으로 불평등하게 할당된다. 우리는 재화를 천연자원, 특히 물 같은 천연자원과 마찬가지로 자본주의 아래서 불평등하게 할당된 것으로 생각한다. 그러나 우리는 인구를 관리하는 한가지 방식이 취약성을 불평등하게 할당하는 것이라는 것, 그것을 통해서 "취약한 인구"가 담론과 정책 내부에서 확립된다는 것도 분명 고려해야 한다. 보다 최근의 경우, 사회운동들과 정책 분석가들이 불안정한 인구에 대해 언급하고 있음에, 아울러 불안정성의 조건들에 대한 개선 방법을 고심할 목적으로 그에 따라 정치적 전술들이 고안되고 있음에 우리는 유념하고 있다.[10] 그러나 이와 동일한 요구가 방대한 인민의 투쟁들, 즉 불안정성을 폭로하면서 동시에 동원하고, 말하자면 불안정성의 한가운데에서 출현하는 수행적인 정치적 행위의 가능성을 보여주는 인민의 투쟁들을 통해서도 제기되고 있다. 만일 취약성이나 불안정성이라는 명명이 이와 같은 정치적 요구의 형식을 제거해버린다면, 그것은 자신이 완화하고자 하는 바로 그 조건을 오히려 더욱 견고하게 만들 것이다.

따라서 우리는 여기서 "취약성"이라는 용어를 사용하는 것의 위험을 목도하고 있다. 그러나 그 용어를 피하는 것의 위험도 역시 존재하는 것 아닐까? 불안정성은 취약성에 특별히 정치적인 가치를 제공하는 것일까? 그리하여 우리가 두 용어를 각기 단독적으로 사용하는 편이 더 나은 것일까? 나는 두 용어가 모두 위험을 무릅쓰는 용어이기에, 이 용어들을 바꾼다고 해서 쟁점이 해결될 수 있을지에 대해서는 회의적이다.

물론 불안정성과 취약성이라는 두 범주를 교묘하게 사용할 더 악랄한 방법이 있기는 하다. 군사 정책과 경제 정책 양쪽의 용어들은 특정 인구를 겨냥하여 실질적으로 (처벌받을 걱정 없이) 상해를 입힐 수 있거나 폐기 가능한 존재로(즉 폐기 가능한 조건에서 살고 있다거나, 더이상 살아 있지 않다거나, 문자 그대로 폐기된 존재로 — 이 셋의 구분은 사회적 죽음의 시공간에서 어떤 간격을 구성한다) 규정한다. 이런 식의 명시적이거나 암묵적인 표식은 (전쟁 시기에 볼 수 있거나 미등록 이주노동자와 같이 미등록 시민들에게 자행되는 국가 폭력에서 볼 수 있는 것처럼) 그런 인구들에 가해진 상해를 정당화하는 데 사용된다. 따라서 "취약성"은 어떤 인구를 특정해 그들에게 대량 학살을 자행하는 한가지 방식일 수 있다. 이것은 신자유주의와 신자유주의의 "책임의 정당화" 개념 내부에 어떤 역설을 초래했다. 책임의 정당화라는 개념은 특정 인구를 그들이 가진 불안정한 입장이나 불안정성의 일상화에 대한 그들의 가속화된 경험을 통해서만 설명될 수 있는 이들로 지목한다. 이런 극악한 도덕화의 형태에 대한 대응으로서, 취약성 관념을 옹호해온 지지자들은 그 인구를 법적·제도적으로 보호할 필요를 주장한다. 여기서 취약성은 두가지 방식으로, 즉 그 인구를 공격하거나 보호하는 방식으로 작동하는데, 이는 취약성이라는 용어가 공격 아니면 보호만이 유일한 두 가지 대안인 극히 협소한 정치 논리를 확립하는 데 사용되어왔음을 의미한다. 우리는 그렇게 배치된 취약성이라는 용어가 사실상 인민의 운동들(인민주권의 형태들은 아니었다고 해도), 그리고 저항 및 사회적·정치적 변형을 위한 적극적 투쟁들도 삭제하고 있음을 확인할 수 있다. 우리는 취약성 개념을 사용하는 이 두 방식이 상반된다고 생각할 수 있지만, 오직 문제적 논리의 용어들 내부에서만, 즉 분명 더 절박하고 더 유망한 정치적 합리성과 실천의 다른 형태들을 와해시키는 문제적 논리의 용어들 내부에서만 그 둘은 실제로 상반된다.

따라서 공격과 보호는 권력이 가진 동일한 근거에 속한 관행이다. 만일 불안정한 인구가 그들 자신의 상황을 자초해왔다고 한다면, 그들은 체계적 방식으로 불안정성을 재생산하는 권력 체제 내부에 위치해 있는 게 아니다. 그들의 행동 혹은 그들 자신의 실패가 바로 그들이 놓인 불안정한 상황의 원인인 것이다. 그들이 보호를 필요로 하는 것으로 보인다면, 또 (때로 박애주의적이고 인도주의적인 비정부기구들을 포함하는) 개입주의적 권력 형태들이 힘없는 자들을 대표하기 위해 영구적인 권력의 위치를 독점하고자 한다면, 민주적 절차와 동원에서 배제되는 것은 다름 아닌 그 인구다. 이런 딜레마에 대한 해답은 불안정한 인구를 도덕적으로 과도하게 책임을 져야할 사람들로 만드는 것도, 역으로 (기독교 가치와 암묵적으로 제휴한 프랑스의 사회민주주의 담론이 현재 주장하듯) 선한 기독교인들의 "보살핌"을 받아야 할 고통받는 사람들로 만드는 것도 아니다.

이런 접근 방식은 취약성과 비취약성을 정치적 효과로, 신체에 대해 그리고 신체를 통해 작용하는 권력의 장이 불평등하게 할당된 데서 나온 효과로 간주한다. 이런 순식간의 전도(顚倒)는 취약성과 비취약성이 남성과 여성의 본질적 특질이 아니라는 것, 오히려 젠더 형성 과정, 다양한 불평등의 조건들에 맞춰 생산되는 젠더 차이를 그 목적 중 하나로서 유지하는 권력 양태의 효과들이라는 것을 보여준다. 우리는 이 같은 논리의 증거를 가령 남성성이 페미니즘의 "공격을 받고" 있다고 말할 때(이 경우 "취약한" 입장에 있는 것은 남성성이다), 아니면 일반 대중이 다양한 종류의 성소수자들과 젠더 소수자들에게서 "공격을 받고" 있다고 말할 때, 혹은 캘리포니아주의 백인 다수자가 사라졌기에 이제 그 주가 "공격을 받고" 있다고 이해될 때, 혹은 애리조나주가 라틴계 인구의 "공격을 받고" 있다고 하여 그 결과 미국인들이 미국 남쪽에 훨씬 더 공고한 국경을 세우려고 할 때 볼 수 있다. 현재 유럽의 다양한 민족들은 새로운 이주민 공동체의 "공격을 받고" 있다고들 한다. 즉 지배 집단과 그들의 인종차별적 대표자들이 취약한 조건을 차지하고 있는 것으로 이해되는 것이다.

취약성을 이렇듯 전략적으로 사용하는 것은 정신분석학적 페미니즘에서 유래한, 다음과 같이 진행되는 분석에 위배된다. 즉 그런 식으로 이해된 남성적 입장은 사실상 자신을 구성한 취약성을 부인함으로써 만들어졌다는 것이다. 내가 보기에 우리 모두는 이런 논증 아니면 저런 논증 가운데 한 버전에 대해서는 알고 있을 것 같다.[11] 이런 부정(denial)이나 부인(disavowal)은 부정, 투사, 전치의 정치적 기제를 필요로 한다. 그것은 여성적인 것(the feminine)이라는 기호를 중심으로 모여든다. 그러나 그러한 분석은 그 자체의 정식화의 전도에 직면해야 한다. 결국 (민족의, 그리고 남성성의) 과잉취약성(hypervulnerability) 생산은 때로 여성과 소수자 모두를 봉쇄하고 억제하는 데 필요한 근거를 확립한다. 이런 불침투성(impermeability)을 획득한 사람은 취약성에 대한 기억의 모든 흔적을 지우고(즉 말살하고 이를 외면화하고), 사실상 관리 불가능한 취약성이라는 동시대적 감정을 통제하려고 한다. 자신을 정의상 상처받을 수 없는 사람으로 간주하는 사람은 사실 "나는 결코 취약하지 않아, 만일 취약하다면 그건 사실이 아니야, 나는 그런 조건에 대한 기억이 없어, 그리고 지금 그것은 분명 사실이 아니야"라고 말하고 있는 것인데 이 담론은 그것이 부인하려고 하는 바를 입증한다. 오늘날 널리 퍼지고 있는 일련의 주장들은 바로 그 주장들의 언표 행위가 가진 신체적 조건과 모순되며, 이는 우리가 부인의 정치적 구문론이라 칭할 만한 무언가를 보여준다. 그러나 그것은 또 우리가 진실이길 희망하는 자아의 이상을 지지하기 위해서 어떻게 각자의 이야기들(histories)을 말할 수 있는지와 연관해 우리에게 뭔가 중요한 것을 일러주기도 한다. 그런 이야기들은 일관성, 특히 부서지기 쉬운 일관성을 위해 부인에 의존한다.

이와 같은 정신분석의 관점들은 젠더에 따라 취약성이 할당되는 이 특정한 방식에 대한 통찰을 얻는 방법으로서는 중요하지만, 여기서 필요한 종류의 분석을 위해서는 그저 부분적으로만 의미가 있을 뿐이다. 왜냐하면 우리가 어떤 사람이나 어떤 집단은 취약성을 부정한다고 말할 때, 우리는 취약성이 이미 거기에 있었을 뿐 아니라 취약성은 어떤 의미에서 부정할 수 없는 것이라는 점 역시 상정하고 있기 때문이다. 부정은 언제나 고집스럽게 사실을 외면하려는 노력이고, 따라서 부정에 대한 잠재적 부인은 다름 아닌 부정에 대한 정의의 일환이다. 이런 의미에서 취약성의 부정은 불가능하더라도 항상 일어난다. 물론 우리는 개인의 형성과 집단의 형성 사이에 손쉬운 유비를 만들 수는 없다. 그러나 부정이나 부인의 양태들은 그 둘 모두를 횡단하는 것으로 보일 수 있다. 가령 군사적인 이유로 표적이 된 집단이나 인구의 파괴를 옹호하는 이들에게 우리는 "당신은 마치 당신이 자행하고 있는 파괴에 전혀 영향받지 않을 사람처럼 행동하는군"이라고 말할 수 있다. 아니면 특정한 신자유주의 경제 형태를 변호하는 이들에게 우리는 "당신은 마치 당신 자신은 삶과 노동이 불안정한 인구에, 갑자기 기본권이나 주택 혹은 의료보장에 대한 접근을 박탈당할 수 있는 인구에, 혹은 직업을 어떻게 가질 수 있을지 혹은 가질 수나 있을지를 걱정하며 살아가는 인구에 결코 속하지 않을 수 있는 것처럼 행동하는군"이라고 말할 수 있다. 따라서 그렇다면 우리는 다음과 같은 사실을 추정해볼 수 있다. 즉 자신들의 위치를 비취약성으로 확언하고 유지하려는 이들뿐 아니라 다른 사람들을 취약한 위치에 노출시키려 드는, 혹은 거기에 그들을 붙박아 놓고자 하는 이들은 모두 그들이 예속시키고자 하는 이들과 극도로까지는 아닐지라도 집요할 정도로 엮여 있도록 만드는 취약성을 부인하고자 한다는 것이다. 우리가 우리의 의지와 상관없이 다른 사람들과 엮여 있는 것이라면, 심지어 아니 정확히 계약이 예속의 수

단일 때, 그런 속박은 문자 그대로 우리를 미치게 만드는 것일 수 있다. 즉 노예노동과 여타 다른 형태의 강제적 계약관계에서 일어나는 것처럼 용납할 수 없을 만큼 강압적인 의존성의 형태일 수 있는 것이다. 여기서 문제는 의존성 자체가 아니라 의존성의 전술적인 착취다. 그렇기에 이것은 의존성을 착취에서 분리함으로써 의존성이 직접적으로 착취를 뜻하지 않게 만드는 것이 무슨 의미를 갖는가라는 질문을 제기해낸다. 모든 의존성을 벗어난 자율성 형태들을 지지하는 정치적 저항 형태는 이처럼 의존성을 착취로 이해하는 실수를 저지르는 것은 아닐까 싶다. 물론 알베르 멤미(Albert Memmi)가 그의 중요한 텍스트 『의존』(La dépendance)에서 지적했듯이, 의존이라는 용어는 어떤 인구가 다른 인구들보다 더 의존적이고 그렇기에 식민통치를 필요로 하며, 따라서 식민통치가 그 인구 혹은 그 인구 중 몇몇을 근대성과 문명화로 이끌 유일한 방식이라고 제안하는 식민권력 형태들을 합리화하는 데 사용되어왔다.[12] 그렇다면 우리는 의존이라는 용어가 그런 식으로 더럽혀지도록 방관할 것인가? 그 용어의 유산과 단절하면서 그 용어를 동원할 또다른 방식은 없는 것인가?

신체의 생존과 번성은 항상 오래 지속하는 사회적 관계들 및 제도들에 의존한다는 일반적인 주장을 달리 이해할 방법은 없을까? 그런 주장을 통해 우리는 최종적으로 신체가 무엇인지에 대해 말하고 있거나, 신체에 대한 일반적 존재론을 제공하고 있는 것은 아닐까? 그러면서 취약성에 어떤 보편적 우위를 부여하고 있는 것은 아닐까? 이와는 반대로, 신체를 형성하고 유지하는 것은 다름 아닌 인프라적 지지대 (혹은 그와 같은 지지대의 부재) 및 사회적이고 기술적인 네트워크나 관계망과의 관계이기에, 우리는 신체를 구성하는 관계들에서 신체를 빼낼 수 없고 이 관계들은 늘 경제적으로나 역사적으로나 특수할 수밖에 없다. 따라서 우리가 신체는 취약한 것이라고 말할 때, 우리는 신체가 경제에 그리고 역사에 취약하다고 말하고 있는 것이다. 이는 취약성이 항상 어떤 대상을 취한다는 것, 그리고 항상 신체 자체 바깥에 존재하지만 또한 신체의 일부이기도 한 일련의 조건들과의 관계에서 형성되고 경험된다는 것을 의미한다. 그렇다면 신체는 그것이 갖고 있거나 요구하고 있는 지지 조건들과의 탈아적(ecstatic) 관계 속에 존재한다고 말할 수 있을 것이다. 그러나 이는 또한 신체가 그것의 역사적 조건과 분리된 존재론적 양태 안에서는 결코 존재하지 않는다는 것을 의미하기도 한다. 아마도 다음과 같은 방식으로 말하는 것이 좋을 듯하다. 신체는 역사에, 불안정성에, 그리고 힘에 노출되어 있지만, 또한 열정과 사랑처럼 예기치 않은 것과 행복한 것, 혹은 갑작스러운 우정이라든지 갑작스럽거나 예기치 않았던 상실에도 노출되어 있다고 말이다. 실로, 상실에 대해 예측하지 못한 모든 것은 우리가 가진 취약성과, 즉 우리가 사전에 예측할 수도 통제할 수도 없는 취약성과 관련되어 있다고 말할 수 있다. 그런 의미에서 취약성은 사전에 예측할 수도 예언할 수도 통제할 수도 없는 어떤 차원을 의미한다. 이것은 우연히 당신과 같은 버스를 탄 사람이 무심코 내뱉은 한마디일 수도 있고, 갑작스러운 우정의 상실일 수도 있으며, 혹은 폭격에 의한 한 생명의 무참한 상실일 수도 있다. 물론 이런 일들이 동일한 사건은 아니지만, 우리 앞에 일어나고 있는 것에 열려 있는 피조물로서 우리는 아마도 일어나고 있는 일을 언제나 사전에 알 수는 없을 때 일어나고 있는 일들에 취약한 존재인 것이라고 말할 수 있다. 취약성은 우리 너머에 존재하는 것, 그러나 우리의 일부인 것에 우리를 연루시키면서 잠정적으로 우리의 체현이라 부를 수 있을 것의 핵심적 차원 가운데 하나를 구성한다.

이제 나는 그 정치적 중요성을 이상화하지도 폄하하지도 않는 차원에서 취약성과 연관된 몇가지 논점을 명료화할 수 있을 듯하다. 취약성은 반드시 상처받을 가능성하고만 연관될 수는 없다는 게 첫번째 논점이다. 일어나고 있는 일들에 대한 반응성은 모두 취약성의 기능이자 효과다. 그것은 곧 어떤 역사에 열려 있거나, 어떤 인상을 표명하거나, 혹은 우리의 이해에 각인된 무언가를 갖는 행동의 기능이자 효과인 것이다. 취약성은 개방성의, 즉 완전히 알 수도 예측할 수도 없는 세계에 열려 있는 개방성의 기능일지 모른다. (스피노자Baruch Spinoza에 대한 독서에서 유래한 들뢰즈의 문구를 이용하자면) 신체가 하는 것의 일부는 다른 사람, 혹은 한 무리의 타자들의 신체로 스스로를 열어젖히는 것이라 할 수 있는데, 이런 이유에서 신체는 스스로 닫혀 있는 실체가 아니다.[13] 신체는 어떤 의미에서는 항상 자기 자신 밖에 있고, 자신의 환경을 탐험하거나 항해하면서, 감각을 통해 확장되거나 심지어 어떤 경우에는 감각을 통해 박탈된다.[14] 만일 우리가 다른 이와의 관계 속에서 상실될 수 있는 존재라면, 혹은 우리의 촉감·운동성·촉각·시각·후각·청각 능력이 우리를 넘어서는 행동을 하도록 만든다면, 이는 신체가 자기 자리에 머물지 않기 때문이고 이런 식의 박탈이 더 일반적인 신체적 감각의 특징이기 때문이다.

바로 이런 이유로 우리가 때때로 감각들의 규제에 대한 것을 정치적 문제로 보고 이야기하는 것이 중요하다. 가령 우리는 전쟁에서 부상당하거나 파괴된 신체의 사진을 볼 수 없도록 금지되는데, 왜냐하면 우리 신체가 그런 다른 신체들이 겪었던 것과 같은 것을 느낄 수 있다는 두려움, 아니면 우리 신체가 자기 밖에서 감각적으로 처신하다가 외부의 관여로부터 완전히 닫히지 않은 채, 단자적 존재로서, 개별적인 존재로서 유지되지 못할 것이라는 두려움이 있기 때문이다. 실로 우리는 과연 어떤 종류의 감각들에 대한 규제 —— 탈아적 관계성의 양태들 —— 가 제정되어야 개인주의가 경제와 정치 모두에 필요한 존재론으로서 유지될 수 있을지 질문해볼 수도 있을 것이다.

비록 취약성은 종종 우연적이고 스쳐 지나갈 상황인 것처럼 이야기되지만, 그런 관점을 일반적인 견해로 받아들이지 않을 이유는 여러가지가 있다. 물론 다음과 같이 말하는 것은 언제나 가능하다. "나는 그때는 취약했지만 더이상은 그렇지 않아"라고. 그리고 우리는 우리가 위험에 놓여 있다거나 상해를 입을 수 있을 것이라고 느끼는 특수한 상황과 연관해서도 그런 식으로 말한다. 그러한 특수한 상황들은 우리가 착취당하고 있다거나 직업을 잃었다고 느낄 때, 혹은 궁핍한 상태이거나 이미 꾸준히 삭감되고 있는 공적 원조가 필요하다고 느낄 때와 같이 경제적이거나 재정적인 상황일 수도 있다. 혹은 우리가 거부에 몹시 취약한 상태였다가 이후 그 취약성을 상실한 것과 같은 정서적인 상황일 수도 있다. 이런 식으로 말하는 게 이치에 맞는 것만큼이나, 이 순간에 평범하고 일상적인 담론의 유혹을 신중하게 다루는 것이 마찬가지로 타당한 태도일 것이다. 그리고 어떤 경우는 취약하지만 또 어떤 경우는 그렇지 않다고 느끼는 게 정당할지라도, 그렇다고 해서 취약성의 조건 자체가 가변적인 것은 아니다. 이는 우리가 객관적으로나 주관적으로나 항상 똑같이 취약하다는 뜻이 아니다. 그러나 분명히 말할 수 있는 것은 취약성이 우리 경험이 지닌 다소간 잠재적인 혹은 명시적인 특질이라는 점이다. 우리 모두는 취약한 존재라고 말하는 것은 곧 우리가 단지 타자들에 대해서만이 아니라, 지속적이고 지속 가능한 세상에 대해서도 철저히 의존적임을 나타내는 것이다. 이는 정서적으로 그리고 성적으로 열정적인 존재로서의 우리, 처음부터 타자들에게 묶인 우리, 그러나 또한 계속 살려고 하기에 사회적·경제적·정치적 구조들이 살 만한 삶에 충분한 지지대를 제공하는가 여부에 따라 그런 끈덕진 지속이 위험해질 수도 혹은 지탱될 수도 있는 존재들로서의 우리가 누구인가를 이해하는 데도 의의를 갖는다.

차별적으로 할당되는 취약성과 불안정성이 특징인 인구는 그런 이유에서 고정될 수 없다. 그런 조건들에 저항할 정치적 투쟁이 나타날 때, 그러한 투쟁은 불안정성을, 심지어 때로는 아주 의도적으로 신체의 공적 노출을 동원한다. 설사 그 투쟁이 폭력에 대한, 구금이나 만에 하나 있을지 모르는 죽음에 대한 노출을 의미할 때에도 그렇다. 이는 취약성이 역전되어 저항 ─ 이 지점에서는 용기가 취약성을 극복하게 된다 ─ 이 되기 때문은 아니다. 용기와 취약성이 꼭 반대인 것만은 아니다. 나는 취약성이 개인적 전략이 아닌 단결된 형태로서 동원될 때 그 점이 분명해진다고 말하고 싶다. 이것은 아마 한나 아렌트가 정치는 단결 행동에 달려 있다고 말할 때 염두에 두었던 바는 아닐 것이다. 나는 아렌트가 슬럿 워크를 아주 좋아했을 것이라고는 상상할 수 없다.[15] 그러나 신체와 신체가 필요로 하는 것이 행위의 일부이자 정치적인 것의 목적이 될 수 있도록 아렌트의 견해를 재고한다면, 수행성 및 상호의존성 모두와 함께 사유될 복수성 개념에 접근하는 일이 시작될 수 있을 것이다.

이제 나는 내가 의미하는 바를 충분히 밝히지 않은 채 새로운 용어를 도입했음을 깨달았다. 바로 "상호의존성"이라는 용어 말이다. 나는 다음과 같이 신중을 기하고 싶다. 상호의존성을 어떤 아름다운 공존의 상태라고 상정하기는 불가능하다. 그것은 사회적 조화와 같지 않다. 불가피하게 우리는 우리가 가장 의지하는 사람들을 (혹은 우리에게 가장 의지하고 있는 이들을) 저주한다. 그리고 의존성을 공격성에서 최종적으로 분리할 수 있는 방법은 전혀 존재하지 않는다. 멜라니 클라인(Melanie Klein)의 심오한 통찰이 바로 이것이었을 법한데, 토머스 홉스(Thomas Hobbes) 역시 또다른 표현을 사용하여 그런 통찰을 보였다. 1980년대 초 미국의 흑인 페미니스트인 버니스 존슨 레이건(Bernice Johnson Reagon)은 다음과 같이 토로한 바 있다. "매 순간 쓰러져 죽을 것 같은 느낌이다. 당신이 진짜로 연합하여 작업을 하고 있다면 종종 느낄 그런 느낌이다. 대부분의 시간에 당신은 속속들이 위협당한다고 느낄 것이고 그렇지 않다면 당신은 실제로 연합하고 있는 게 아니다. (…) 당신은 연합이 좋아서 거기에 가담한 게 아니다. 당신을 죽일 수도 있는 이와 팀을 이루려고 하는 유일한 이유는 당신이 살아남을 수 있다는 것을 이해할 수 있는 유일한 방식이 그것이어서다." 레이건은 글의 마지막에 이르러 상호의존성은 죽음의 위협을 포함한다는 점을 분명히 한다. 공동 세계(common world)의 관념, 우리가 "우리의 공동 세계"라 부를 수 있는 관념에 관해 그녀는 이렇게 논평한다. "〔현재 우리의 세계에서 그렇듯이〕 버니스 존슨 레이건을 포함하지 않는 '우리'(our)를 가질 수 없다는 것을 당신은 분명히 이해해야 한다. 왜냐하면 나는 여기서 어디 다른 곳으로 물러날 계획이 전혀 없기 때문이다! 바로 이런 이유로 우리는 연합해야 한다. 나는 당신이 나를 살게 하지 않는다면 당신을 살게 하지 않을 것이기에. 이제 우리의 관계에 그러한 위험이 존재하지만 당신이 이것을 견딜 수 있다면 우리 둘 다 살 수 있는 가능성도 존재한다."[16]

어떤 의미에서 당신이 거리에서 혹은 거리 밖에서 혹은 감옥이나 주변부에서, 아직은 거리가 아닌 길에서, 혹은 당장 있을 수 있는 연합을 수용할 어떤 지하 공간에서 발견하는 인민은 당신이 선택했던 바로 그 인민이 아니다. 내 말은 대부분의 경우 우리는 도착할 때, 또 누가 도착하고 있는지를 알지 못한다는 것이고, 이는 다른 이들과 연대할 때, 우리가 선택하지 않은 어떤 차원을 받아들인다는 것을 의미한다. 어쩌면 신체는 항상 자신이 할 말을 갖고 있지 않은 사람들과 영향들에, 자신이 예측하거나 완전히 통제할 수 없는 사람들과 영향들에 노출되어 있고, 이런 사회적 체현의 조건들은 우리가 온전히 간여하지 않았던 조건들이라고 이야기할 수 있다. 나는 연대란 우리의 의지로써 진입하는 의도적인 계약에서보다는 차라리 그와 같이 예측하지 못한 조건들에서 출현한다고 말하고 싶다.

그렇다면 마지막으로 취약성이나 노출의 동원으로서의 저항을 어떻게 이해해야 할까? 이 장의 논의를 마치는 방법으로 다음의 내용을 펼쳐보겠다. (미국의 거리에 공공시위의 일환으로 미등록 이주노동자들이 도착할 때 계속 일어나는 것과 같이) "폐기 가능한" 혹은 "애도 불가능한" 존재로 간주된 사람들의 신체가 대중이 보는 곳에 모일 때 그 신체들은 이렇게 말하고 있는 것이다. "우리는 공적 삶의 그림자 속으로 침묵하며 숨어들지 않았다. 우리는 당신의 공적 삶을 구조화하는 명백한 부재가 되지 않았다." 신체의 집단적 모임은 어떤 면에서는 민의의 실행이다. 즉 이들과는 다른 또다른 대중의 것으로 보이는 거리를 빼앗거나 점거하는 것, 사회적 인정 가능성의 한계에 저항하여 일어나는 행동과 발화를 목적으로 도로를 메우는 일종의 결집인 것이다. 그러나 거리나 광장이 사람들이 모이는 유일한 방식은 아니며, 우리는 소셜 네트워크가 가상의 영역에서 꽤 인상적이고 효과적일 수 있는 연대의 고리를 생산한다는 것을 안다.

신체들이 미디어 등의 기술적 기반을 빼앗긴 채 공적으로 나타나건, 혹은 (오늘날 많은 사람들이 시위 중 경찰 폭력의 증거를 채집하려고 하는 것처럼) 일제히 휴대전화를 들고 있건, 혹은 신체들이 강제적인 고립과 궁핍의 상황에 격리되어 있건, 신체는 일종의 자원이, 그렇다고 해서 무한하거나 마법적이지는 않은 자원이 된다. 함께 모여 행동하는 집단은 행동하기 위해 지지가 필요하며, 행동이 점점 더 지속적인 지원과 살 만한 삶의 조건들을 요구하는 방식으로서 일어날 때 특별한 의미를 갖게 된다. 이는 한편으로 끊임없는 순환인 것처럼 들릴 수도 있지만, 사회운동에 결집한 신체들이 신체의 사회적 연대를 단언하고 있음은 전혀 놀랍지 않은, 당연한 것으로 이해되어야 한다. 이것은 우리가 보고자 하는 세계를 실행하거나 우리를 죽이고 있는 세계들을 거부하는 사소한 방식일 수 있다. 이것이 의도적 노출과 집요한 존속의 형태, 즉 불안정한 상태에 놓이는 동시에 행위하고 있다는 동시성을 우리에게 보여주는 살 만한 삶에 대한 신체적 차원의 요구인 것은 아닐까?

5장

"우리 인민"
— 집회의 자유에 대한
사유들

"우리 인민"은 미국이 영국에서의 사법적 독립을 개시하도록 만든 것이라 전해지는 미국 헌법 전문(前文)에 등장하는 문구이지만, 아울러 미국의 사법적 프레임을 공유하지 않는 수많은 공공집회에서 암묵적으로 환기된 문구이기도 하다. 에띠엔 발리바르(Étienne Balibar)의 『우리, 유럽의 인민?』(*Nous, citoyens d'Europe?*)이라는 책 제목이 그 점을 잘 보여주는 사례다. 그런 문구가 현실에서 말과 글로 나오는 경우는 사실 흔치 않다. 그런데 말과 글이 아닌 다른 수단을 통해 그 수행적 힘을 전달할 수는 없을까? 나는 이 장의 서두에서 '점령하라' 운동들뿐 아니라 다른 종류의 집회들, 즉 학생들이 신규 예산 삭감과 우수 연구 우선 협약(excellence protocols)의 표준화에 반대한 칠레와 몬트리올, 유럽 전역의 공교육 운동들을 비롯해 공적 공간이 매각되었거나 다양한 종류의 안보 중심적 통제에 종속되어 버렸기에 나타나고 있는 집회들에서도 예시를 끌어올 것이다. 내 의도는 이 모든 집회가 동일하다거나, 완벽하리만치 유사한 구조를 언표한다고 제안하려는 게 아니다.

공적 공간에 대한 요구는 어떤 수단을 통해 만들어지는 걸까? 항상 언어가 인민을 하나의 통일체로 명명하고 형성하는 게 아니라면, 인민은 어쩌면 여타 다른 신체적 자원들 — 침묵, 단결한 움직임, 고요, 그리고 '점령하라' 운동의 특징이었던바 주야를 가리지 않고 공적 공간에 끈덕지게 무리를 이루며 모인 신체들 — 과 나란히 일어나고 있는 것 아닐까? 공공광장에 나타날 능력에 오직 부분적으로만 의존하고 있는 형태의 연대를 설명하려면 공적 공간에 대한 우리의 기존 관념들을 수정할 필요가 있지 않은지를 최근 이런 집회들이 우리에게 묻고 있는 것일 수도 있다. 물론 이것은 바로 아렌트의 유명한 주장, 즉 정치는 출현의 공간뿐만 아니라 출현할 신체들도 필요로 한다는 주장이었다. 아렌트가 보기에 출현은 말하기의 전제조건이고, 오직 공적 발화만이 실제 행동으로 셈해진다. 아렌트는 혁명에서는 단결 행동, 혹은 복수적 행동이 존재한다고 말한다. 그러나 복수의 신체들의 움직임이 "우리", 즉 민주주의에 너무나 본질적인 것으로 간주된 그 복수성을 명료하게 한다는 점을 아렌트는 인정할 수 있을까? 우리는 발화와는 다른 정치적 상연으로서의 공공집회를 어떻게 이해할 수 있을까?

함께 모여, 집단으로서의 말하기 방식을 형성하고, 정책 변화를 촉구하고, 국가 정당성의 부재나 통치의 와해를 폭로하는 수많은 인민의 사례가 존재한다. 이집트 타흐리르 광장은 한동안 공공집회의 민주적 권력을 상징하는 것처럼 보였지만, 우리는 반(反)혁명들이 경찰과 군사 당국을 개입시켜 인민을 공격하고 투옥시키면서도 "인민"이 누구인지에 대한 자기들의 생각을 어떻게 전개하는지를 목격해왔다. 따라서 이와 같이 전개되고 있는 사례를 따라 사유를 진행시키면, 어떤 하나의 대중적인 집회도 인민 전체를 대표하지 못할 테고, 집회를 통해 인민을 하나하나 단언하는 일은 일련의 갈등을 유발할 텐데, 그렇게 되면 갈등은 이제 인민이 진짜로 누구인가를 두고 가중될 의심을 재촉할지 모른다. 어쨌든 어떤 하나의 집회도 모든 집회를 위한 일반화의 근거일 수 없음은 당연하다고, 또 특정한 봉기나 동원을 민주주의 자체와 결합하려는 시도는 그것이 실수인 만큼이나 솔깃한 일이라고 추정해보자. 물론 이런 시도는 인민이라는 관념이 명료해지거나 협상되는 데 필요한 갈등 과정을 차단하게 된다. 어떤 면에서 문제는 인식론적이다. 즉 우리는 거리에 모인 "우리"가 누구인지를, 그리고 어떤 특정한 집회가 그 자체로 인민을 대표하는지를 정말로 알 수 있는가? 그리고 어떤 특정한 집회가 집회의 자유 자체를 통해 우리가 의미한 것을 대표할 수 있는지를 알 수 있는가? 모든 사례는 실패한다. 그리고 어떤 주제들은 되돌아와서 우리가 "우리 인민"에 대한 주장을 하는 방식에 다시 접근하도록 이끄는 경향이 있다. 때로 그것은 아주 명시적으로 단어들, 정치적 기표들 혹은 이미지들과 기술(記述)들을 놓고 벌어지는 싸움이다. 그러나 그 언어에 대한 논쟁을 시작하는 모든 집단에 앞서, 말하자면 또다른 방식으로 말하는 신체들의 함께 있음이 존재한다. 집회는 발화나 침묵에 의해, 행동이나 한결같은 비행동에 의해, 몸짓에 의해, 인프라에 의해 조직되어 공적 공간에 한 무리로 모인 신체들에 의해 스스로를 단언하고 실행한다. 그리고 이 신체들은 가시적이고 청각적이고 촉각적인, 신중하면서도 동시에 무의지적인 방식으로 노출되어 있으며, 조직적이면서도 또한 즉흥적인 형태로 서로에게 의존하고 있다.

따라서 어떤 집단이 "인민"으로서 함께한다면 그것은 특수한, 그리고 정확한 발화 행위를 통해서 그렇게 하는 것은 아님을 처음부터 가정하기로 하자. 우리는 "우리 인민"이 자신의 인민주권을 강화할 때 사용하는 선언적인 발화 행위를 종종 그런 집회에서 나온 행위로 간주하지만, 그럼에도 집회가 어떤 단어를 입에 올리기에 앞서 이미 집회는 말하고 있다고, 함께 있음으로써 그것은 이미 인민 의지의 상연이라고, 즉 상연은 단일한 하나의 통일된 주체가 자신의 목소리로 표명한 명제를 통해 자신의 의지를 선언하는 방식과는 아주 다르게 의미화한다고 말하는 게 적절할 것 같다. 언어로 발성된 "우리"는 이미 신체들의 모임, 신체들의 몸짓과 움직임, 신체들의 발성화, 그리고 단결 행동 같은 방식들에 의해 상연된다. 일치단결한 행동은 순응적인 행동을 의미하지는 않는다. 인민은 서로 다른 여러 방향에서 동시에 움직이거나 말하고 있는지 모른다. 그리고 그것은 '점령하라' 운동 같은 공공집회에서 그렇듯 가끔 구호를 외치거나 릴레이 경주처럼 말하기를 이어갈 때 발생하기는 하지만, 인민이 정확히 같은 단어를 말한다는 의미도 아니다. 그리고 때로 "인민"은 집단적 침묵이나 언어의 반어적 사용 등의 방법을 통해 행동하기도 한다. 인민의 유머와 심지어 그들이 하는 조롱은 언어를 그 통상적 목적들에서 탈선시킴으로써 그 언어를 장악하고 탈취해낸다.

내가 강조하고 싶은 논점 두가지가 이미 제시되었다. 첫번째로 나는 함께 모인 인민이 스스로를 인민으로 단언하는 행동이 또다른 식으로 말해지거나 상연될 수 있을 것이라는 사실을 강조하고 싶다. 두번째로 나는 우리가 그런 행동을 복수적 행동으로 간주할 수 있어야 하고, 그럼으로써 단일한 하나의 행동에 순응하거나 단일한 요구로 환원되지 않는 방식으로, 수렴하면서 또한 분기하는 자신들의 목적들을 실행해내는 신체들의 복수성을 전제할 수 있어야 한다고 주장하고자 한다. 여기서 우리에게 남은 쟁점은 개인의 목소리로 요구된 추상적 권리들이라는 관념이 때로는 언어로, 때로는 다른 방식으로 자신들의 주장을 실행하는 신체를 매개로 한 행위자들의 복수성에 자리를 내줄 때, 어떻게 정치가 바뀌는지를 묻는 것이다. 그러니 이런 프레임의 변화에 비추어 어떻게 집회의 자유를 이해할 수 있는지를 고찰해보기로 하자. 그것은 어떤 의미에서 권리이며, 또 어떻게 요구되는가? 그것은 우리가 누구이고 또 누구일 수 있는지와 연관해 무엇을 권리로서 전제하고 있는가? 집회의 자유를 실천할 권리는 지금까지는 국제법에 잘 기록되어왔다. 국제노동기구(ILO)는 집회의 권리(혹은 결사의 권리)가 단체교섭권과 관련되어 있다고 명시한다.[1] 이는 인민이 안전에 대한 요구, 고용 보장, 착취로부터의 보호를 포함한 노동조건들과 아울러 단체교섭권을 협상하기 위해 모인다는 것을 뜻한다. 그 권리는 노동자들을 한데 모은다. 노동력과 연관해서 구조적으로 유사한 입장에 있는 사람들로 이루어진 집단이 없다면 어느 누구도 집회의 권리를 갖지 못한다.

몇몇 인권 담론은 집회의 자유를 정부의 보호를 받을 만한 근본적인 자유의 형태로 기술하는데, 이는 그 자유를 보호할 의무가 정부에 있음을 의미한다. 정부가 정부 간섭에 반대하는 집회의 자유를 보호해야 한다는 것은 역설적이다. 이는 정부가 구금·체포·괴롭힘·위협·검열·투옥·상해·살인에 경찰과 사법 권력을 불법적으로 사용함으로써 집회의 권리를 공격하지 않을 엄격한 의무를 갖고 있다고 말하는 하나의 방식이다. 앞으로 보겠지만 이 정식에는 처음부터 위험이 내포되어 있다. 집회의 자유를 위해서는 정부의 보호를 받아야 하는가, 아니면 집회의 자유는 정부로부터 집회를 지키는 데 달려 있나? 인민이 정부로부터 스스로를 보호하기 위해 정부에 의지한다는 게 말이 되는가? 오직 정부만이 인민에게 권리를 수여한다면 그 권리란 대체 존재하기는 하는 것일까? 그리고 정부가 보호하기로 동의하는 한에서만 그 권리는 존재하는 것일까? 만일 그렇다면, 정부에 의한 권리의 파괴와 집회의 권리에 대한 단언은 상호 대립할 수 없다. 우리는 집회의 자유를 자연법에서 발견할 수 없다는 데는 동의할 수 있을 것이다. 그러나 집회의 자유가 그 어떤 정부로부터도, 아니 모든 정부로부터 어떻게든 여전히 독립적일 수 있을까? 표현의 자유는 실로 그 자유를 보호하거나 침해하는 정부의 행위를 넘어서는, 아니 심지어 그 행위에 도전하는 것일까? 정부의 정당성과 국가권력을 다름 아닌 집회가 의문시하면서 경합하고 있을 때, 혹은 특정 국가가 집회의 권리를 반대하고 그 결과 그 국가의 인구가 군대와 경찰의 잔인함을 포함한 국가의 위협적 개입 때문에 더이상 자유로이 집회를 열 수 없을 때, 그런 권리는 정부의 보호에 의존하지 않으며 또 의존할 수 없다. 게다가 권리를 "보호할" 국가의 권력이 바로 그 보호를 철회할 국가의 권력과 같을 때, 그리고 인민이 그처럼 때에 따라 보호를 제공하기도 하고 또한 철회하기도 하는 임의적이고 불법적인 형태의 권력에 이의를 제기하기 위해 집회의 자유를 실천할 때, 뭔가 집회의 자유 안의 어떤 것, 혹은 집회의 자유의 어떤 것이 국가주권의 관할권 밖에서 움직이게 된다. 국가주권의 한 측면은 바로 인구의 권리들에 대한 보호를 철회할 수 있는 이 능력이다.[2] 이것은 사실일지 모른다. 그러나 국가가 집회의 목적에 반대하면서 집회 자체를 금지하려고 할 때, 거부당하고 있는 것은 권리로서의 집회의 자유를 잃을 수 있다는 생각일지 모른다. 알다시피 국가 자체가 시장 확대를 장려할 때, 공공서비스를 금융기관에 넘길 때, 그럼으로써 공공의 재정 지원 혜택을 소비자 상품이나 투자 기회로 바꾸는 데 국가 자체가 관여할 때 그런 일이 발생한다. 반(反)사유화 운동은 자유시장 방식에서 국가의 포화 상태를 중지시키려고 한다. 그런 운동은 종종 권위주의적인 권력 형태를 취했던 정부의 정당성에 의문을 제기하면서 일어난다. 과거에 밀턴 프리드먼(Milton Friedman)이 삐노체뜨(Augusto Pinochet) 치하의 칠레에서 악명을 떨치며 주장한 것처럼 자유시장이 이제 민주주의를 육성한다는 주장은 누구도 하지 않는다. 사유화와 권위주의가 공적으로 대립할 때, 국가는 자신의 군대, 경찰, 사법 권력을 사용해서 집회의 자유와 여타 다른 (잠재적으로 혁명적인) 자유를 억압한다.

따라서 집회의 자유는 기존 국민국가가 배당하고 보호하는 특수한 권리와는 다르다. 바로 이런 이유에서, 가령 미국에서의 집회의 자유 역사에 대한 탁월한 연구가 숱하게 존재하긴 하나 그런 연구들이 우리에게 언제나 초국가적 연대 형태들이라든지 '점령하라' 운동의 특징과 같은 전지구적 네트워크에 대한 통찰을 제시하는 것은 아니다. 집회의 자유에 대한 분석을 특수한 국가 내 집회의 자유 역사에 한정한다면, 우리는 오직 그 국가가 그 권리를 수여하고 보호하는 한에서만 그 권리가 존재한다는 것을 부지불식간에 내비치는 것일지 모른다. 그렇게 되면 우리는 그 권리의 효력을 보증하기 위해 국민국가의 지속에 의지할 수도 있다. 물론 집단적으로 실행되면 국가 자체를 전복할지도 모르는 그 권리를 국민국가가 "집회의 자유" 운운하며 보호하고 있다고 한다면, 그 말은 사실이 아닌 것으로 판명 날 것이다. 아렌트를 비롯한 여러 다른 사람들이 집회의 자유에서 혁명권의 재발을 보며 의미했던 바가 바로 그것이라고 나는 생각한다.[3] 그러나 특정한 체제가 그 권리를 봉쇄하거나 보호한다 해도, 내가 보기에 집회의 자유는 그 집회의 권리를 수여하고 보호할 모든 정부 형태보다 선행해야 하고 이를 초과해야만 한다. 나는 영구적 무정부주의의 형태들을 확언하지 않기 위해, 그리고 중우정치를 용납하지 않기 위해, 오직 집회의 자유는 당연히 정치 자체, 신체들이 규제를 받지 않으며 움직이고 모일 수 있는 정치, 신체들이 자신들의 정치적 요구를 어떤 공간, 즉 결과적으로는 공적 공간이 되거나 혹은 공적인 것에 대한 기존의 이해를 재정의하는 공간에서 실행하는 정치의 전제조건이어야 한다고 제안하기 위해 이렇게 말하고 있다.

그러한 집회는 "인민"으로 불릴 수 있거나, 혹은 그 자체가 "인민"의 한 버전일지도 모른다. 인민은 한목소리로 혹은 심지어 한 언어로도 말하지 않는다. 그러나 인민은 그렇게 하는 데 필요한 기술적·인프라적 지지대가 무엇이건 간에 그것을 갖고 움직일 수 있는 능력을 지닌 존재들이다(중요한 점은, 이 같은 생각이 공공집회를 충분히 사유하는 데 구체적인 영향을 미치고 있는 장애학으로부터 온 통찰이라는 것이다). 그리고 이것은 그들이 가만히 있기로, 움직이지 않기로, 심지어 자신들의 욕망과 요구를 실천하는 데서도 요지부동하기로 결심할 수 있음을 의미한다. 움직이거나 가만히 있을 권력, 말하고 행동할 권력은 어떤 특정한 정부가 수여하거나 보호하기로 결정한 권리가 무엇이건 간에 상관없이 그 권리에 앞서, 그리고 그 권리를 초과해서 집회에 소속된다. 존 이나주(John Inazu)가 주장하듯 군중의 연합은 군중이 만들어낼 모든 특수한 주장이나 발화에 앞서 "표현적 기능"을 갖는다.[4] 여기서 정부의 권력은 당연히 집회의 자유가 반대하는 바로 그것으로 바뀌게 되는데, 그 순간 우리는 국가주권과는 구분되는 인민주권의 형태, 국가주권과 스스로를 구분하는 게 임무인 주권 형태의 작동을 본다.

그렇다면 우리는 집회의 자유와 인민주권에 대해 어떤 사유를 해볼 수 있을까? 나는 몇몇 이들이 "주권"을 일종의 나쁜 용어로서 간주하게 됐음을 알고 있다. 이때의 주권은 정치를 단수의 주체와 연관짓고, 집행 권력의 형식을 영토적 주장과 연관짓는다. 때로 주권은 지배와, 또 때로는 종속과 같은 뜻으로 사용된다. 그럼에도 주권은 우리가 온전히 잃고 싶지는 않은 다른 함의들 역시 갖는 것 같다. 주권성 개념이 인민 동원에 얼마나 결정적이고 중요한지를 이해하려면 캐나다 원주민의 주권에 대한 논쟁들을 고찰하거나, 하와이 주권성의 여러 역설들에 대한 J. 케하울라니 카우아누이(J. Kēhaulani Kauanui)의 중요한 연구를 읽으면 된다.[5] 주권은 정치적 자기-결정 행위를 기술하는 한가지 방식일 수 있는데, 바로 이런 이유로 주권을 획득하기 위한 토착민의 인민 운동들은 공간에 대한 권리를 주장하고, 자유롭게 움직이고, 자신의 견해를 피력하고, 배상과 정의를 간구하는 중요한 방식들이 되었다. 선거는 그 결과로서 정부 공무원들이 인민주권(혹은 더 구체적으로는 "민의")을 대표하게 되는 방식이지만, 인민주권의 의미가 투표 행위에 의해 완전히 소진되는 것은 아니다. 물론 투표는 인민주권의 모든 개념에 필수적이지만, 주권의 실천은 투표 행위와 더불어 시작되는 것도 종식되는 것도 아니다. 민주주의 이론가들이 한동안 주장해왔듯이, 선거는 주권을 대중에게서 건네받아 그 대중이 선출한 대표부로 완전히 양도하지 못한다. 인민주권의 어떤 것은 항상 양도 불가능한 것으로 남아 선거 과정의 외부를 표식한다. 그렇지 않다면, 부패한 투표 과정에 반대할 어떤 인민의 수단도 존재하지 않을 것이다. 어떤 의미에서 대중의 권력은 선출된 이들의 권력과 분리된 채로 남으며 심지어 선출 뒤에도 그러한데, 왜냐하면 오직 그런 분리 가능성 안에서만, 선출된 공무원들의 행위뿐 아니라 선거의 조건 및 결과에 계속 이의를 제기할수 있기 때문이다. 인민주권이 다수에 의해 선출된 사람들에게 완전히 양도되고, 그 사람들이 주권을 대신하게 된다면, 여기서 상실되는 것은 우리가 비판적이라 부르는 그 권력, 우리가 저항이라 부르는 그 행위들, 그리고 우리가 혁명이라 부르는 실제 경험한 그 가능성이다.

따라서 인민이 투표를 할 때 "인민주권"은 선거 권력으로 번역되는 게 확실하지만, 이 번역은 결코 완전한 혹은 적절한 번역이 아니다. 인민주권 중 어떤 것은 번역 불가능한, 양도될 수 없는, 심지어 대체 불가능한 것으로 남는데, 바로 이런 이유로 그것은 체제를 선출할 수도 와해시킬 수도 있다. 인민주권이 의회를 통한 권력 형태를 정당화하는 만큼이나 인민주권은 또한 그 권력 형태가 불법임이 드러날 때 바로 그에 대한 지지를 철회할 수 있는 권력을 보유하기도 한다. 의회를 통한 권력 형태들은 그 정당성을 위해 인민주권을 필요로 하지만, 또 확실히 인민주권을 두려워하기도 한다. 왜냐하면 인민주권이 도입하고 토대를 만드는 모든 의회 형태에 역행하거나 그것을 초과하거나 혹은 앞지르는 무언가가 존재하기 때문이다. "인민의 이름으로" 말하면서, 민주적 원칙이라는 조건 아래서 최종적인 정당한 권력을 유지할 바로 그 "우리"를 상연하는 인민의 집회는 어떤 선출된 체제를 중지시키거나 극복할 수 있다. 달리 말하자면, 민주주의 정치의 조건들은 그 어떤 특정한 민주적 질서에 의해서도 완전히 봉쇄될 수도 표현될 수도 없는, 그러나 그 민주적 특성의 조건인 인민주권의 실천에 궁극적으로 달려 있다. 바로 이것이 모든 의회가 합법적으로 기능하는 데 꼭 필요한, 그리고 기능 장애나 심지어 와해를 빌미로 모든 의회를 위협하는 초의회적 권력인 것이다. 우리는 이것을 민주적 질서 내에 위치한 "무정부주의적" 간극 혹은 영구적 혁명의 원칙이라고, 어느정도는 정초적 순간과 함께 와해의 순간 역시 보여주는 원칙이라고, 그러나 집회의 자유 자체에서도 작동하는 원칙이라고 불러도 좋을 것이다.

내가 제안하려는 바는 상연은 전적으로 단언으로 환원될 수 없다는 것이다. 오히려 단언은 그저 정치적 상연 형태 중 하나에 불과한데, 바로 이런 이유에서 정치적 수행성의 국면은 구어(口語) 및 문어(文語) 발화를 포함하면서도 그 발화를 초과한다. 이런 식으로 나는 "구성적 순간들"에 대한 제이슨 프랭크(Jason Frank)의 중요한 정식, 즉 인민의 상연이 인민의 재현을 초과하는 구성적 순간들에 대한 정식에 의지하려고 한다. 프랭크의 관점에서 본다면 인민은 재현되어야 하지만 어떤 상연도 그들을 재현하는 데 성공할 수 없다.[6] 이런 상연과 재현의 부조화는 프랭크가 보기에 민주적 집회의 핵심적 역설임이 밝혀진다.

국가가 다름 아닌 집회의 자유의 조건을 통제하는 한, 인민주권은 국가주권의 도구가 되고 집회의 자유가 가진 비판적이면서도 민주적인 기능이 강탈당함과 동시에 국가를 합법화하는 조건들이 상실된다. 나는 만일 우리가 인민주권이 국가주권에 달려 있다고 가정한다면, 그리고 우리가 주권국가는 예외를 만들 수 있는 자신의 권력 — 이에 근거해서 인구의 일부가 법의 보호를 받거나 받지 않을 것인데 — 을 통해 통제를 유지하고 있다고 생각한다면, 어쩌면 부지불식간이겠지만 우리는 그런 인민주권의 권력을 헐벗은 생명에, 혹은 국가주권과의 단절을 전제하는 무정부주의 형태에 환원한 것이라는 점을 여기서 덧붙이고 싶다. 그러나 만약 그런 단절이 이미 인민주권 내부에 존재한다면, 혹은 인민주권이 곧 그런 단절이라면, 이때 국가주권으로의 인민주권의 환원은 그 가장 중요한 잠재성, 자기결정권을 위해 투쟁하는 수많은 인민 운동들을 조직하는 궁극의 가치로 확증된 잠재성을 완전히 덮어버리고 추방하는 것이다. 인민의 호소는 인민이 나타나는 바로 그 순간 경합 가능해지고 또 경합 가능해져야 한다. "출현"은 가시적 현전, 즉 구어를 가리킬 수도 있지만, 또한 상호 연결된 재현과 침묵을 가리킬 수도 있다. 더욱이 우리는 그런 행위를 복수적 행동으로서 사유할 수 있어야 하는데 그러려면 한데 모아진 자신들의 목적을 어떤 단일한 종류의 행동에 대한 혹은 단일한 종류의 요구에 대한 엄격한 순응을 요하지 않는 방식으로 상연할 신체의 복수성을, 또한 함께 어떤 단일한 종류의 주체를 구성하지 않는 신체의 복수성을 전제할 수 있어야 한다.

설사 이 모든 것이 너무 분명해 보인다 해도 여전히 어렵고 집요한 질문 하나가 남는다. 즉, 누가 "인민"인가? 우리는 심지어 그 질문을 제기했던 것이기는 한가? 나는 이 주제를 자끄 데리다, 보니 호니그, 에띠엔 발리바르, 에르네스또 라끌라우, 자끄 랑시에르(Jacques Rancière)가 풍부하게 분석해왔다는 것을 알고 있다. 그리고 내 의도는 그 논쟁에 지금 뭔가 새로운 것을 첨가하려는 게 아니다. 그러나 저들 각자는 "인민"의 지명이 모두 포용과 배제의 용어들을 설정할 경계를 정함으로써 작동한다는 논지를 받아들인다. 이것은 왜 민주주의 이론가들이 종종 인민에 대한 지명을 지속·전개시키는 데 사용되는 배제적 논리를 검토하면서, "인민"의 시간적이며 제한 없이 열린 특성을 강조하려고 해왔는지를 해명해주는 근거 중 하나다. 아마 다들 "인민"의 상상적 특성에 대해서는 들어본 적이 있을 것이다. 이는 그 단어를 거론할 때마다 모두 민족주의나 유토피아주의를 무릅쓸 위험이 발생한다는 것, 혹은 그에 따라 "인민"

이 불가피하게 텅 빈 기표가 된다는 것을 시사한다.[7] 나는 당분간은 인민이 누구인지를 구성하는 신체들의 수를 확증하기 위해, 그저 하나의 스냅숏에만 기댈 수는 없음을 강조하고 싶다. 우리는 인민이 원하는 것이 무엇인지, 아니면 인민이 실제로 그것을 원하는지를 알아내기 위해, 거리의 군중을 관리할 책임을 짊어진 경찰이 찍은 항공사진에만 의지할 수는 없다. 그런 절차는 역설적이게도 인구 통제를 위해 사용되는 과학기술, 그리고 "인민"을 인구통계학적 논의의 효과의 일환으로 만들려는 과학기술에 의지하게 된다. 모든 사진, 아니 모든 일련의 이미지는 의심의 여지 없이 프레임 혹은 일련의 프레임을 갖고 있고, 그런 프레임은 잠재적으로 배제적인 지명으로 기능하면서, 포착 불가능한 것의 지대를 수립함으로써 자신이 포착한 것을 포함한다. 어딘가에서 시작해 끝나는 모든 비디오, 즉 하나의 시퀀스를 만들어낸 비디오에 대해서도 같은 이야기를 할 수 있다. 비디오는 항상 관점, 자신의 대상을 선별적으로 정교화해서 전달하는 관점에 의해 제한된다.

이런 논지가 시각적 재현과 관련해 중요한 이유 중 하나는, 모든 인민이 거리에서, 혹은 적어도 똑같은 거리에서 집회의 권리를 갖지 않을 때, 그 어떤 군중 사진도 인민을 재현할 수 없기 때문이다. 여기서 줌인과 줌아웃은 우리에게 도움이 될 것 같지 않다. 왜냐하면 바로 그것이 누가 그리고 무엇이 중요할지를 선별하고 편집하는 방식이기 때문인데, 이는 우리가 '누가 인민인가'라는 질문을 어떤 인민이 인민으로서 중요한지를 확립하는 과학기술에서 분리할 수 없다는 것을 의미한다. 아마도 "인민"의 지명은 인민을 포착하고자 하는 그 어떤, 그 모든 프레임을 초과하는 것이고, 좀더 민주적인 프레임이란 그런 인민의 다공성(多孔性)이라는 특성을 편성해낼 수 있는 프레임일 것이다. 이와 같이 민주적인 프레임은 직접적으로 봉쇄의 전략을 재생산하지 않을 것이고, 그때 프레임은 부분적으로 부서지고 있을 것이다.

때로 인민은, 혹은 어떤 인민은 거리와 카메라의 시야에 딱 들어맞거나, 시야에 부재하거나, 시야 바깥에 있다. 인민은 또다른 의미에서는 당연히 포착될 수 있지만, 그럼에도 인민은 포착 불가능하다. "인민"이라는 개념에 의해 재현되는 모든 가능한 사람들이 자신들을 인민이라고 주장하면서 동일한 공간과 동일한 시간에 나타나는 일은 실제로는 결코 일어나지 않는다! 마치 그들이 모두 자유롭게 움직일 수 있는 것처럼, 그리고 마치 자유의지를 가진 그들 모두가 모두를 포용하는 방식으로 기술되거나 사진으로 포착될 수 있는 어떤 시공간 속에 함께 도착하기라도 하는 것처럼 말이다!

"인민"이라 불리는 집단의 전 구성원이 함께 모여 한마음 한목소리로 말하는 것을 떠올린다면, 무서울 것까지는 없어도 기묘할 것 같다. 그런 모습은 잠재적으로 피해망상적인 환영은 아닐지라도, 환상, 즉 우리가 끌릴 수밖에 없는 그 잠재력이 그것의 근본적인 실현 불가능성과 직결되어 있는 일종의 환상일 것이다. 우리는 모든 사람이 같은 시간에 같은 것을 말하고 있는 사건을 파시즘의 여러 형식들이나 여타 강제적인 순응 형태들과 연관짓곤 한다. 사실 "우리 인민"이라는 발화, 노래, 글줄 등은 항상 그것이 재현한다고 주장하는 집단을 놓치고 있다. 어떤 사람들은 나타날 수 없거나, 나타나지 못하도록 강제된다. 그리고 많은 사람들은 대도시 외곽에 살고 있고, 어떤 사람들은 이민 등록 조치, 이동 조치, 피난처 등을 기다리면서 난민 캠프 외곽에 집결하고 있으며, 또 어떤 이들은 감옥에 있거나 수용소에 구금되어 있다. 그밖에 다른 어딘가에 있는 사람들은 할 수 있다면 뭔가 다른 것을 말하고 있는지도 모르고, 문자 메시지를 보내거나 블로그에 글을 올리거나 혹은 새로운 미디어를 통해 자기 몫을 하고 있을지도 모른다. 또 어떤 이들은 단호하게 또는 무심하게 전혀 말하고 있지 않을 수도 있다. 이것이 가리키는 바는 "인민"은, 실제로는 이구동성으로 발화하는 집단적 현전으로서는 결코 도착하지 않는다는 점이다. 인민이 누구건, 그들은 확실히 내적으로 분열되어 있고, 차등적으로, 연속적으로 나타나며, 혹은 전혀 나타나지 않거나 어느정도로만 나타나고, 어쩌면 어느정도는 모여 있으면서도 흩어진 채로 나타나기에, 따라서 결국에는 통일체가 아닌 것이다.[8] 사실 2013년 여름 터키와 이집트 두곳에서 있었던 시위에서 보았듯이, 한곳에 모여 스스로를 인민이라고 주장하는 어떤 집단이 있는가 하면, 건너편에 모여 똑같은 주장을 하는 다른 집단이 있기 마련이다. 또 정부는 한 무리의 사람들을 모이게 만들어, 그들의 모습만이 "인민"의 시각적 기표로 기능할 수 있도록 그들을 사진 이미지로 찍어내기도 한다.

모든 공공광장에 접근하는 데 있어서 전제는 그 시공간 밖에서 사건들을 중계할 어떤 미디어에 대한 접근 가능성이다. 공공광장은 이제 부분적으로는 미디어 효과로서, 또 한 무리의 사람들이 스스로를 인민이라고 주장할 때 사용하는 언표 장치(enunciatory apparatus)

의 일부로서도 수립된다. 공공광장이 사건을 유포하는 미디어와 접속한다는 것은 인민이 모이면서 흩어짐을 뜻한다. 미디어 이미지는 모인 사람을 보여주면서 그 사람들을 흐트러뜨린다. 이는 공공광장을, 철저하게 미디어 재현 — 이것이 없다면 광장은 그것이 재현하는 요구를 상실하게 된다 — 을 통해 이미 항상 분산되어 있는 것으로서 재고할 필요가 있음을 의미한다. 이는 인민이 누구건 간에 인민은 완전히 알려지지도 완전히 알려질 수도 없음을 의미한다. 그리고 미디어 프레임이 자신이 중계하고 있는 인민의 관념을 제한하고 바꾸기 때문에만 그런 것이 아니다. 그러나 알려진 바는 인민이 누구건 간에 그들은 나타나거나 나타나지 않는다는 것, 그리고 운동과 집회의 다양한 제약에 종속된다는 것, 또 그들이 누구인가와 관련해서 내부적으로 분열되어 있다는 것이다. 함께 나타난다는 것은 모든 사람이 그 집회의 이름으로 말해진 모든 것에 동의하고 있다거나 심지어 그 집회가 어떤 이름을 갖는다는 것을 뜻하지 않는다. 이름을 두고 벌어지는 경합은 헤게모니 투쟁이 될 수밖에 없으며, 따라서 "인민"은 그 경합을 위한 또 하나의 이름으로 보인다.

그렇다면 그 결과 무엇이 일어나는가? 인민은 모든 쟁점에서 하나로 통일될 필요가 없으며 그럴 수도 없다. 그리고 인민의 이름으로 단결 행동이 일어나기 위해 꼭 인민이 단일한 공간에 함께 모여 있을 필요도 없다. "인민"이라는 이름, 심지어 "우리 인민"이라는 선언은 인민이 하는 것을 완전히 포착하지는 못한다. 왜냐하면 형성되어 나타난 특정한 집단, 그래서 모든 인민이 원하는 것을 말하고 있을 것 같은 특정한 집단과는 다른 어떤 것이 항상 존재하기 때문인데,

이는 인민의 이름으로 일어난 것과 그 인민이 원하는 것 사이에는 간극이 존재하기 때문이다. 모든 인민이 같은 것을 원하거나 같은 방식으로 원하는 것은 아니다. 이런 실패를 애석해할 필요는 없다. 인민의 이름은 전유되고 경합하고 쇄신되면서 항상 탈취되거나 기각될 위험에 놓여 있고, 그 이름을 두고 벌어지는 헤게모니 투쟁을 표식하는 연약함과 난폭함은 사실 인민의 민주적 작동을 알리는 신호일 뿐이다. 따라서 어떤 화자나 한 무리의 화자가 모든 인민을 공정하고 완전하게 재현할 "우리"를 환기할 때에도, 복수의 "우리"는 그럼에도 자신이 행하고 있는 것을 실제로 할 수는 없다. 그런 화자들은 그 "우리"가 가진 열망의 특성을 강조하면서 좀더 포용적인 목표를 획득하려고 계속 고군분투할 게 분명하다. 그러나 "우리"가 정치적으로 작동할 수 있으려면, 그 단어는 인민에 호소함으로써 헤게모니적 권력을 성취하고 실행하려 하는 사람들로 국한되어야 한다. 스스로를 인민으로 부르면서 "우리"로서 뭉친 사람들은, 결국 인민을 완전하고 적절하게 대표하고 있지는 않다는 것을 알게 된다. 그들은 오히려 여러 기능을 한번에 수행하고 있는 중이다. 가령 그들은 투표할 수 있다면 선거를 통해 인민을 대표하게 된 이들을 합법화할 토대를 제공한다. 그러나 선출된 공무원들이 스스로를 대표자로 주장하기 위해서는 인민을 응축해서 다수표로 기록될 수 있는 일련의 투표자들로 만드는 일이 필요하다는 것 역시 중요하다. 이런 의미에서 인민은 인민을 대표할 이들을 뽑는 바로 그 순간 축약되고 거의 상실된다. 그리고 이런 의미에서 정치적 대표는 우리가 민의라 칭할 만한 것을 축약하고 수량화한다. 이와 동시에 비선거적인 무언가도 작동하게 된다. "우리"를 말하는 인민은 선거 과정에서건 그 바깥에서건, 혹은 선거에 반대하고 있건, 그와 같은 복수 대명사를 글자 그대로든 혹은 비유적으로든 음성화하는 과정에서 스스로를 인민으로서 구성한다. 경찰에 맞서 함께 대치하는 것은 단 한마디도 하지 않은 채로도 다름 아닌 바로 그 복수 대명사를 실행하는 것일 수 있다. 2013년 여름 터키 정부가 탁심 광장(Taksim Square)에서 집회가 열리는 것을 금지했을 때, 한 사내가 군중의 집회를 금지한 법에 "복종한" 채, 경찰과 대치하며 홀로 서 있었다. 그가 거기에 서 있었을 때, 더 많은 개인들이 그와 가까운 곳에 "홀로", 그러나 정확히 "군중"은 아닌 상태로 서 있었다. 그들은 각자 따로 한 개인으로서 서 있었지만, 침묵 속에 움직이지 않은 채 개인 한 사람 한 사람으로서, "집회"의 통상적 관념을 회피하면서도 그 장소에서 또다른 집회의 개념을 생산하며 서 있었다. 그들은 간격을 두고 떨어져 서서는 아무 말도 하지 않음으로써, 집단이 집결해 움직이는 것을 금지한 법을 사실상 따르고 있었다. 실로 그 표현은 분명하지만 말이 없는 시위가 되었던 것이다.'

*

이런 자기-제작 또는 자기-구성 행위는 이미 온전하게 형성된 인민을 대표하는 것과 동일하지 않다. "인민"이란 용어는 단지 이미 존재하는 한 무리의 사람들을 대표하기만 하는 게 아니다. 만약 그렇다면 그 용어는 그 집단성 자체가 만들어진 뒤에야 나올 수밖에 없다. 실로 그 용어는 만들어지는 과정 중에 있는, 혹은 스스로를 만들어내는 과정 중에 있는 집단성을 결코 적합하게 대표할 수 없다. 그 용어의 불충분함과 자기-분열은 둘 다 그 용어의 상연된 의미와 약속의 일부분이다. 그렇기에 담론상으로 환기된 "우리"는 자신의 필요·욕망·요구가 아직 전적으로 알려지지 않은 인민을, 그리고 함께 있음이 아직 살아내지 않은 미래와 밀접히 연관되어 있는 인민을 가리킨다. 실로 그런 자기-결정의 실천은 자기-재현 행위와 완전히 같지 않은데, 그럼에도 그 둘은 함께 작동하면서, "우리 인민"이라는 표현이 어떤 식으로든 말해지거나 상연되고 있는 집회의 자유를 실천할 것이다. 그런 실행은 그것이 명명할 인민을 출현시키는 한에서는, 혹은 그것이 그 발화 아래로 그들을 함께 모이게끔 요청하는 한에서는 수행적이다. 그리고 이것이 의미하는 바는 그와 같은 수행적 행동은 동시에 다름 아닌 그 "우리"를 만드는 데 관여하고 있기도 한 우리가 누구인지에 대한 지명, 이른바 정치적 자기-결정이라 불리는 과정의 일부라는 것이다. 나아가 "우리"의 환기는 국가주권에서 인민주권을 분리시킨다. 그것은 이와 같은 분리를 계속해서 명명하고 확립한다. 복수성은 선출된 이들과, 혹은 우리가 그 선출에 대해 의심을 품는 이들과, 혹은 우리로서는 선출할 어떤 선택권도 없었던 대표자들이 통치하는 국가와 언제나 단절한다. 이는 점령 아래 있는 경우, 미등록 이주노동자들이나 불완전한 시민권자들 혹은 시민권이 아예 없는 이들의 경우 분명하게 드러난다.

따라서 재현으로서는 실패할 수밖에 없는 어떤 것, 우리가 거의 동어반복적으로 비재현적이고 비표상적이라고 부를 만한 무언가가 정치적 자기-결정의 민주적 형태 ─ 국가주권과는 다른, 혹은 간헐적으로 국가주권과 구분되는 인민주권 ─ 의 토대가 된다. 국가주권과의 분리를 꾀하는 이런 영구적 행위를 통해서만 인민주권은 의미를 갖는다. 따라서 그것은 자기-지명과 자기-모임 행위를 통해 인민을 형성하는 방식이다. 이렇듯 언어적이면서 비언어적이고, 신체적이면서 가상적인 상연의 반복이 여러 시공간 지대를 가로지르며, 또 여러 상이한 공적 무대, 가상현실, 그리고 잘 보이지 않는 그림자 지대 등에서 일어나게 된다. 음성화된 수행인 "우리 인민"이라는 구호는 자기-구성이라 불리는 상연의 일부분인 게 확실하지만, 우리는 이 형상을 정치적 자기-결정이 작동하는 방식에 대한 일반적 설명으로 간주할 수는 없다. 모든 정치적 자기-결정 행위가 그런 언어적 발화로 번역될 수 있는 것은 아니다. 그런 움직임은 구술 언어의 영역을 여타 영역보다 특권적인 것으로 만든다. 사실 정치적 자기-결정의 상연은, 설사 그 행동이 침묵이고 그 상연을 실행하는 신체가 격리되어 있다 해도 반드시 언어적인 것과 신체적인 것이 교차하여 이루어진다.

가령 우리는, 엄밀히 우리가 습득한바 공적으로 나타날 수 없는 신체에 대한 거부까지는 아닐지라도 단식투쟁이라는 것을 어떻게 이해할 수 있을까?[10] 이것은 어떤 신체의 형태로 공적으로 출현하는 것이 정치적 자기-결정에 적합한 형상은 아님을 의미한다. 동시에 공적 공간에서 보도되지도 재현되지도 않는 단식투쟁은 그 행위 자체의 권력을 전달하는 데 실패할 수밖에 없다. 수감자들의 네트워크는 바로 그러한 연대의 형태이며, 어떤 신체적 형태로 나타나지 않고 나타날 수도 없는 것이다. 또한 그 네트워크는 그들에 관한 이미지가 있다 하더라도 극소수일 수밖에 없는 디지털 미디어를 통한 보도에 압도적으로 의존하고 있다. 터키에서든, 팔레스타인의 감옥이나 수용소에서든, 아니면 캘리포니아주의 펠리컨 베이 교도소에서든, 수감자들, 활동가들, 변호사들, 확장된 친족 및 사회적 관계 네트워크들 역시 "집회"의 형태들이다. 이러한 네트워크에서는 자신들의 시민권 획득이 지연된 이들이 파업, 탄원, 여타 법적·정치적 재현 형태들을 통해 자유의 형식을 실행해낸다. 설사 출현하지 않거나, 출현을 허락받지 않을지라도 그들은 법 앞에서든 공공장소에서든 공적으로 출현할 권리를 실행하면서, 투옥 및 감금 상태에 있어 자신들의 공적 출현이 금지된 것에 항의하고 있다.

이 모두를 염두에 두면서, 이제 집회의 자유를 인민주권과 연관지어 생각하고 재고하는 데 다음의 내용이 어떤 의미를 갖고 또 갖지 않는지를 짧게나마 살펴보도록 하자. (1) 따라서 인민주권은 자신이 정당화하려는 바로 그 대의적 체제로부터 분리된 성찰적인 자기-제작의 형태다. (2) 인민주권은 바로 그런 분리의 과정 안에서 일어난다. (3) 인민주권은 그 체제로부터 분리되지 않고서는, 즉 체제에 부분적으로 통제받지 않고 그 체제의 도구로서 조직화되지 않고서는 그 어떤 특정 체제도 정당화할 수 없다. 그렇기에 인민주권은 합법적인 정부가 공정하고 포괄적인 선출을 통해 형성되도록 만드는 토대다. 그리고 (4) 인민주권의 자기-제작 행위는 실로 공간적으로 할당된 일련의 행위, 즉 늘 같은 방식으로 같은 목적을 위해 작동하지는 않는 행위다. 이런 공간적 차이들 가운데 가장 중요한 차이가 바로 공적 영역과 강압적 감금 — 정치범들과 집회의 자유 및 표현의 자유를 실천해왔던 이들이 투옥되어 있고 종속되어 있는 감옥을 포함하는 강압적 감금 — 의 영역 간 차이다. 공적 영역으로의, 그리고 공적 영역 밖으로의 이행을 규제하는 것은 다름 아닌 법 권력과 경찰 권력, 그리고 감옥이라는 제도다. 나아가 (5) "우리 인민"의 상연은 언어적 형태를 취할 수도 취하지 않을 수도 있다. 발화와 침묵, 움직임과 부동성은 모두 정치적 상연들이다. 단식투쟁은 공적 영역과 말하기에서 자유롭게 서 있는, 음식을 섭취한 신체와 정확히 상반된다. 그것은 그 권리의 박탈을 표식하면서 그 박탈에 저항하고, 아울러 감옥에 갇힌 인구가 겪는 박탈을 상연하면서 폭로한다.

인민에 대한 호소는 인민이 출현하는 바로 그 순간 경합 가능해지며 또 그렇게 되어야 한다. "출현"은 가시적 현전, 즉 구어를 의미할 수 있지만, 또한 상호 연결된 재현과 단결한 침묵의 행동 역시 의미할 수 있다. 공간적인 동시에 시간적인 형태를 띤 차등적 권력 형태는 누가 그런 상연에 속할 수 있는지를, 그리고 그런 상연의 수단과 방식을 수립한다. 감금은 공공집회로부터 공간적으로 분리되었음을 의미하지만, 판결의 지속 혹은 알 수 없는 무기한 구금의 지속 또한 수반한다. 공적 영역은 부분적으로는 강제적 격리 장소들을 통해 구성되기에, 공적인 것을 정의하는 경계들은 감금된 자, 격리된 자, 투옥된 자, 추방당한 자, 그리고 사라진 이들을 정의하는 경계들이기도 하다. 우리가 지금 이야기하고 있는 것이 미등록 난민들이 난민수용소에 감금되어 있고 시민권이 부인되거나 무한정 유예되어 있는 국민국가의 경계들인지, 아니면 무기한 구금이 규범이 되어버린 감옥인지에 상관없이, 공적으로 나타나고 움직이고 말하는 것에 대한 금지는 신체를 매개로 한 삶의 전제조건으로 변하게 된다. 감옥이 꼭 공적 영역과 상반되는 것은 아닌데, 왜냐하면 수감자의 권리를 지지하는 네트워크가 감옥의 벽을 횡단하기 때문이다. 수감자들의 저항 형태들은 그 정의상 공공광장의 일부가 될 수는 없는 그런 형태의 상연인 것이다. 물론 커뮤니케이션, 그리고 이들의 목소리를 대리하는 네트워크를 통해서 이들의 상연이 일종의 공공광장이 될 수 있기는 하지만 말이다. 그러나 우리가 공적 영역을 아무리 가상 공간으로서 생각한다고 한들(공적 영역을 가상공간으로 간주할 이유는 다분하다), 감옥은 여전히 공적 영역의 한계에 위치한 사례이며, 누가 공적인 것으로 진입할 수 있고 누가 공적인 것 바깥으로 나와야 하는지를 통제하는 국가권력을 특징짓는다. 따라서 감옥은 공적 영역의 한계 사례일 수밖에 없고 집회의 자유에는 언제나 투옥 가능성이 따라다닌다. 누군가는 자신이 한 말 때문에 투옥될 수 있고, 또 누군가는 단지 집회에 참여한 것 때문에 투옥될 수도 있다. 아니면 단지 집회에 대해, 혹은 자유 투쟁에 대해 쓰고 가르쳤다는 이유로, 혹은 터키의 여러 대학에서 쿠르드인의 자유 운동을 가르친 일과 같이 인민주권 투쟁을 가르쳤다는 이유로 투옥될 수도 있다.

이 모든 이유가 출현할 자유를 가진 이들이 결코 온전히, 혹은 충분히 인민을 대표할 수는 없음을 알려준다. 즉 우리가 알고 있듯이 이른바 공적인 것에서 누락된 이들, 여기 터키의 게지 공원에 모였던 대중에서 빠진 이들이 분명 존재하기 때문이다. 그들은 투옥의 위험을 무릅쓰고서라도 자신들에 대한 재현을 찾아내야만 하는 이들이다. 그리고 이는 단순히 그날 다른 일이 생겨서 집회에 참석하지 않은 사람들이 있다는 얘기가 아니다. 오히려 게지 공원에 모일 수 없었던 이들, 혹은 더이상은 모일 수 없는 이들, 무기한으로 집회를 저지당한 이들이 존재한다는 것이다. 바로 그런 감금이나 구속의 권력은 무엇이 공적 영역인지, 그리고 누가 공공집회를 허락받을 수 있는지를 정의하고 생산하고 통제하는 하나의 방식이다. 이것은 공적 공간을 시장 주도형 국가의 기업가적 현장으로 바꾸려는 과정으로서의 사유화와 나란히 작동한다. 따라서 사유화에 반대하려고 모인 군중이 왜 경찰, 최루탄 공격, 물리적 습격에 의해 분쇄되고 분산되는지 의아해할 수도 있겠지만, 우리는 공적 공간을 사기업에 떠넘기거나, 이제 시장가치에 따라 그런 결정을 내리고 있는 국가가 공적 공간을 통제하고 말살하는 적어도 두가지 방식에 연루되고 있다는 점을 기억해야 한다. 사유화에 반대하며 시작한 운동이 불가피하게 경찰 폭력에 반대하는 운동이 된 데 유감을 표할 이들이 있을 것이다. 그러나 인민주권으로부터 공적 공간을 강탈·압류하고자 하는 것이 다름 아닌 사유화의 목적, 그리고 집회의 자유를 습격한 경찰의 목적이었음을 이해하려고 노력해보자. 앤절라 데이비스(Angela Davis)가 분명히 보여주었듯이, 이런 식으로도 시장과 감옥은 시민권을 통제·단속하기 위해 작동하는 감옥 산업에서 함께 움직인다. 그리고 이것은 미국에서 수감자 중 가장 많은 수를 차지하는 이들이 흑인이기에, 반박 불가능하리만치 인종차별주의적인 방식으로 일어난다.[11] 시장과 감옥은 한나 아렌트가 말하는 "출현할 권리"를 심각하게 제한하면서, 공적 공간을 억누르고 말살하고 전유하기 위해서도 함께 작동한다.

그렇긴 하지만, 나는 집회의 자유와 관련된 이론적 논점으로 돌아가 우리의 사유 방식이 갖는 정치적 함의 몇가지를 제안하고 싶다. 나의 탐구는 다음의 질문으로 시작한다. 어떤 의미에서 집회의 자유는 인민주권에 대한 즉각적인 표현인 것인가? 그리고 그것은 수행적 실천으로, 혹은 제이슨 프랭크가 언급한 "자기-권위부여에 대한 작은 드라마"로 이해되어야 하는가?[12] 나는 인민의 수행적 권력이 우선 말에 의존하는 것은 아니라고 말하면서 이 장을 시작했다. 집회가 의미가 있으려면 어떤 식으로든 신체들이 모여서 연결되고 있거나 그렇게 될 수 있어야 한다. 그뒤에야 그곳에서 전개될 발화 행위가 복수의 신체라는 층위에서 이미 발생하고 있을 무언가를 명료하게 표현하게 된다. 그러나 음성적 발화는 수화(手話)와 마찬가지로 신체적 행위임을 기억하자. 그리고 이는 어떤 것을 의미화하는 신체 없이는 어떤 말하기도 존재하지 않는다는 것, 때때로 신체는 한 사람이 실제로 말하고 있는 바와는 아주 다른 무언가를 의미화한다는 것을 시사한다.

*

그럼에도 민주주의 이론에서 "우리 인민"은 무엇보다 먼저 일종의 발화 행위다. 누군가가 다른 누군가와 더불어 "우리"라고 말하거나, 어느 집단이 구호를 외치며 다 함께 "우리"라고 말하거나, 그 말을 써서 세상에 내보내거나, 아니면 나란히 서서 어쩌면 잠정적으로는 함께, 미동도 없이 그리고 침묵을 지키며 집회를 상연한다. 그 말을 할 때 사람들은 그 말이 선포되는 그 순간 스스로를 "인민"으로 구성하려고 한다. 따라서 발화 행위로 간주되는 "우리 인민"은 자신이 명명하고 있는 사회적 복수성을 실제로 만들어내고자 하는 언표 행위다. 그 말은 그 복수성을 기술하기보다는 그 발화 행위를 통해 한 집단을 함께 모여 있게 만든다.

그렇다면 어떤 자연발생의 언어적 형태가 "우리 인민"이라는 표현에서 작동하는 것 같다. 그것은 차라리 우리로 하여금 어떤 마법의 행위, 혹은 적어도 수행적인 것의 마법적 본성을 믿을 수밖에 없게 만드는 행위인 것 같다. 물론 "우리 인민"이라는 표현은 욕구와 욕망, 의도된 행동, 정치적 주장 같은 보다 긴 선언을 촉발하기도 한다. 그것은 일종의 서문이다. 그것은 일련의 특정한 단언들을 가능케 하는 방안을 마련한다. 그것은 실질적인 정치적 주장을 위한 준비를 하게 만드는 문구다. 그럼에도 우리는 그 문장을 시작하려는 이와 같은 방식을 잠시 중지시킨 채, 어떤 정치적 주장이 이미 만들어지고 있는지를, 아니 심지어 어떤 사람이 말하고 신호를 보내기 전에도 이미 정치적 주장이 만들어지고 있는 것은 아닌지를 물어야만 한다. "우리 인민"을 말하는 모든 사람이 동시에 그 문구를 한마음으로 발화하는 것은 아마도 불가능할 것이다. 그리고 '점령하라' 운동 집회들에서 가끔 일어났던 것처럼 결집한 사람들이 "우리 인민"을 소리 높여 외친다면 그것은 아주 짧고도 일시적인 순간일 것이다. 그것은 어떤 단수의 사람이 타인들이 말하는 동시에 말하는 순간이자, 의도치 않은 어떤 복수의 외침이 복수의 단결 행동으로부터, 그리고 함께, 차례차례 발화의 반복에 내재되어 있는 그 모든 변화를 아우르며 말해지는 발화 행위로부터 기인하는 순간이다.

그러나 글자 그대로 한마음으로 말하는 그런 순간, 그리고 우리를 "인민"이라고 명명하는 그런 순간이 그렇게, 즉 동시적이면서도 복수적인 형태로 일어나는 일은 거의 없다는 사실을 인정하자. 결국 미국에서 "우리 인민"의 선포는 일종의 인용이고, 그 문구는 자신의 인용 가능성에서 완전히 자유롭지 않다. 미국의 독립선언문은 그와 같은 문구, 즉 선언문 작성자들에게 인민 대중을 대신해 발언할 권한을 수여하는 문구와 더불어 시작하고 있다. 그 문구는 정치적 권위를 확립하면서도 동시에 하나의 정치적 권위에 얽매이지 않는 인민주권 형태를 선포하는 문구다. 데리다는 보니 호니그가 해왔던 것과 마찬가지로 이 같은 점을 매우 중요한 몇가지 방식으로 분석한 바 있다. 인민주권은 스스로를 (동의 아래) 수여할 수 있고, 스스로를 (이견 중에 혹은 혁명 과정 중에) 철회할 수 있는데, 이는 그 정당성을 강압이 아닌 것에 정초하길 원하는 체제는 모두 인민주권을 수여받는 데 의존한다는 것을 의미한다.

아무리 적절하게 일어난 발화 행위였다 해도, 그것은 인용의 사슬 안에 삽입되어 있다. 이 말인즉, 발화 행위를 만드는 데 필요한 시간적 조건이 그 언표 행위가 일어나는 순간에 선행하고 또 이를 초과한다는 것을 의미한다. 그리고 또다른 이유에서 발화 행위는 아무리 발화수반적이라 해도 언표 행위의 순간에 완전히 매여 있지는 않다. 즉 발화에 의해 지명되고 생산된 사회적 복수성이 똑같은 시간에 말하기 위해 똑같은 장소에 모두 모일 수는 없다. 따라서 사회적 복수성은 공간상으로나 시간상으로나 확장된 현상이다. 언제, 어디서 인민주권 — 인민의 자기입법권 — 이 "선포되든지", 아니 "스스로를 선포하든지" 간에 그것은 정확히 단 하나의 사례일 수는 없다. 오히려 그것은 일련의 발화 행위 속에, 혹은 내가 엄격히 언어적이지는 않은 수행적 상연들이라 부르는 것 안에 존재한다.

따라서 내가 제기할 질문들은 다음과 같다. "우리 인민"이란 언표 행위에 필요한 신체적 조건은 무엇일까? 그리고 자유로이 말할 수 있어야 하는 것을 자유로이 모여야 할 방법과 분리한다면 이는 잘못일까? 내가 제안하려는 바는 신체들의 집회를 수행적 상연으로 사유하자는 것이고, 이로써 (1) 인민주권은 수행적 실행일 뿐 아니라 (2) 인민주권은 어떤 때는 같은 장소에, 다른 때는 그렇지 않은 곳에 모이는 신체들의 수행적 상연을 반드시 포함하고 있다는 것이다. 우선 내가 제안하는 바는 "우리 인민"이란 구호가 지키고자 하는 인민주권이란 관념을 우리가 이해해야 한다는 것이다.

헌법에 쓰여 있는 "우리 인민"이 독립선언문에서 명백히 그렇듯 "일련의 진리가 자명하다는 것을 선포하는" 것이라면, 우리는 이미 곤경에 빠진 것이다. 수행적 선포는 그런 진리를 실제로 발생시키려는 시도일 텐데, 만일 그 진리들이 "자명하다면" 그때의 진리는 전혀 발생시킬 필요가 없는 종류의 진리일 것이다. 그 진리는 수행적으로 유발되거나 아니면 이미 자명하거나 둘 중 하나다. 따라서 이미 자명한 진리를 발생시킨다는 것은 모순적인 듯하다. 우리는 일련의 진리가 생겨나고 있는 중이라고 말할 수도, 혹은 우리가 그러한 진리들을 어디에선가 발견했고 따라서 우리가 그것들을 존재하게 만들지는 않았다고 말할 수도 있다. 혹은 여기서 문제가 되고 있는 바로 그 진리들이 자명한 것으로 알려지려면 자명한 것으로서 선포되어야 한다고 말할 수 있다. 다시 말해서 그 진리들은 명백해져야만 한다는 것인데, 이 말인즉 그 진리들은 사실 자명하지 않다는 것을 의미한다. 이와 같은 순환논증은 모순이나 동어반복의 위험을 초래하는 것 같다. 그럼에도 이 진리들은 그것들이 선포되는 방식으로만 명백해진다. 다시 말해서 문제가 되는 진리는 미리 주어져 있거나 정적인 것이 아니라 특정한 종류의 복수적 행동을 통해 상연되거나 실행된 것이기에, 수행적 진리의 상연이야말로 바로 그 진리를 명백하게 만드는 방식인 것이다. 인민주권에 대한 권리를 주장할 때 위태로워지는 것이 다름 아닌 복수적 행동 가능성이라면, 우리가 자기-구성이라 부르는 상연인바 복수 형태이자 항상 갈등 상태에 있는 상연의 바깥에서는 이러한 진리를 "보여줄" 방식이 전혀 존재하지 않는다.

만일 복수의 주체가 수행적 행동 가운데 구성되는 것이라면 그것은 이미 구성되어 있는 것은 아니다. 수행적 실행에 앞서 어떤 형태를 취하고 있건 복수의 주체는 행위할 때 자신이 취하는 형태, 그리고 자신이 행위한 뒤에 취할 형태와는 같지 않다. 그렇다면 우리는 이런 집회의 움직임, 지속적이지만, 또 한편으로는 임시적이고 주기적이거나 한정적인 흩어짐의 형태 역시 함축하고 있는 집회의 움직임을 어떻게 이해할 수 있을까? 그 움직임은 하나의 행위는 아니다. 그것은 각기 다른 행동들의 수렴이고, 순응으로 환원될 수 없는 정치적 사회성의 한 형태다. 심지어 군중이 함께 말하고 있다 해도, 그들은 서로의 목소리를 듣기 위해서, 그들 각자가 내는 발성에 보조를 맞추기 위해서, 충분할 정도로 리듬과 조화를 달성하기 위해서, 그럼으로써 어떤 중요한 행동이나 발화 행위를 함께 해낼 수 있는 이들과의 청각적·신체적 관계를 달성해내기 위해서 충분히 가까운 거리에 모여 있어야만 한다. 우리는 **지금** 말하기 시작하고 **지금** 멈춘다. 우리는 **지금** 혹은 어느정도는 주어진 시간에 움직이기 시작하는데, 그렇다고 해서 분명 단일한 하나의 유기체로서 움직이는 것은 아니다. 우리는 즉시 멈추려고 하지만, 누군가는 계속 움직이고 있을 것이고 누군가는 자신만의 속도와 리듬으로 움직이고 쉴 것이다. 시간적인 연속성과 조직화, 신체적 근접성, 청각적 범위, 조직화한 발성, 이 모두가 집회와 시위의 본질적 차원들을 구성한다. 그리고 이 모두는 "우리 인민"을 언표하는 발화 행위의 전제조건들이다. 그것들은 그 언표 행위의 **순간**을 구성하는 복합 요소들, 즉 그것의 의미화의 비언어적 형태들이다.

발성을 발화 행위의 모델로 간주하려 한다면, 그때 신체는 유기적 조건이면서 발화의 도구인 발화 기관으로 전제될 수밖에 없다. 말할 때 신체는 순수한 사유로 바뀌는 게 아니다. 오히려 신체는 발성에 필요한 유기적 조건을 의미화하는데, 쇼샤나 펠먼에 따르면 이는 발화 행위가 항상 그것이 실제로 말하고 있는 것과는 다른 것, 나아가 그 이상의 어떤 것을 하고 있음을 의미한다. 따라서 신체적 행위에서 분리된 순전히 언어적인 발화 행위란 존재하지 않는 것과 마찬가지로, 자신의 유기적 조건을 제거한 순전히 개념적인 사유의 순간 역시 존재하지 않는다. 그리고 텍스트에 적혀 있건 거리에서 발화되건 "우리 인민"은 스스로를 지명하고 형성하는 행위 중에 집회를 지명하기에, "우리 인민"이라고 말하는 것이 의미하는 것과는 다른 것을 우리에게 말해준다. 그것은 행동하면서 그 자신에게 작용한다. 복수성이 발화의 순간에 나타나건 나타나지 않건 복수성의 신체적 조건은 지표화된다. 이런 복수이면서 역동적인 신체적 조건이야말로 발화의 순간이 가진 구성적 차원이다.

신체가 기본적으로 필요로 하는 것들은 대개 황폐화된 삶의 방식들에 의해서는 충족되지 않기에, 인민의 신체적 특성은 그들이 제기하는 요구들과 관련해 매우 중요한 것으로 드러난다. 마치 공공재의 공정한 분배와 공정한 처리에 대한 도덕적이고도 정치적인 요구를 목적으로 신체에 대한 특정한 몰역사적 개념이 환기되고 있는 것인 양, "기본적인 신체적 필요"에 대해 말하는 것은 이론적으로 우리를 불편하게 할 수도 있다. 그러나 이론적 난국에 빠질까 두려워 신체적 필요에 대해 어떤 이야기도 하지 않으려 한다면, 이는 훨씬 더 받아들이기 어려운 일이 될 것이다. 이 문제는 몰역사적인 혹은 역사적인 신체의 유형을 받아들이느냐의 문제가 아니다. 왜냐하면 심지어 역사적 구성이란 정식에도 불변의 특질들이 있기 마련이고, 모든 신체에 대한 보편적인 개념도 다름 아닌 그 특정한 역사적 정식에서 유래했기 때문이다. 따라서 이 논쟁의 어느 쪽도 자신이 다른 쪽과 어떤 관계를 맺고 있는지를 알지 못한다. 모든 특정한 신체적 필요는 어떻게든 역사적으로 기술될 수 있고, 따라서 당연히 "필요"라는 것도 단순한 표현의 효과가 아닌 어떤 절박함의 역사적 표현일 것이다. 다시 말해서 신체적 필요들을 차등적으로 인정함으로써 너무나 자주 그 필요에 대한 인정 자체를 하지 못하게 되는 재현의 도식으로부터 신체적 필요란 개념을 분리할 방법은 없다. 이런 연유로 신체적 필요가 완전히 몰역사적인 것이 되는 것은 아니지만, 그렇다고 해서 신체적 필요가 역사적으로 특수한 담론의 순수 효과가 되는 것도 아니다. 한번 더 말하지만, 신체와 담론의 관계는 교차배열적인데, 이는 신체는 재현되어야만 하고 신체는 그 재현에 의해 결코 완전히 소진되진 않는다는 것을 시사한다. 게다가 신체가 재현되거나 재현되지 않는 차등적 방식들은 권력의 장들에서 필요가 재현되는 것에 큰 영향을 미친다. "필요 같은 것은 전혀 존재하지 않는다"라고 주장하지 않으면서도 우리는 맑스(Karl Marx)가 검토했고 아그네스 헬러(Ágnes Heller)가 이론적으로 풍부하게 만들었던 필요의 생산을 고려해볼 수도 있다.[13] 물론 우리는 다른 단어들을 사용할 수 있고, 또 그 현상을 보다 자세히 서술하는 데 사용된 단어들의 생산적 특성을 훑어볼 수도 있다. 그러나 우리가 사용하는 언어 없이는 무언가에 이를 방법이 전혀 없다 해도, 또 우리가 사용하는 언어를 통해 항상 그 무언가를 언어적으로 바꿔버리게 될지라도, 우리는 여전히 그것에 대해 이야기하고 있게 된다. 그렇기에 "필요"라는 개념은 이미 항상 언어적으로 변형된 필요조건이나 절박함의 느낌이기 마련이고, "필요"를 적절히 이해하는 데는 그것의 동의어나 다른 어떤 단어도 충분치 않을 것이다.

그와 유사하게 "유기적인 것"에 대한 언급은 의무이면서 동시에 성가신 일이다. 순전히 유기적인 것은 순전히 개념적인 것만큼이나 한번 상실하게 되면 회복 가능하지가 않다. 두 개념은 항상 어떤 식으로든 조직화된 것으로 나타나고, 그렇기에 이런저런 개별적인 형이상학적 실체에 속하기보다는 "유기적인 것"의 사회적 의미를 구성하고, 상당히 자주 그것의 형이상학적 번역을 규제하는 한 무리의 관계들, 몸짓들, 움직임들에 속한다. 그렇다면 도대체 어떤 다른 신체적 행동들과 비행동들, 몸짓들, 움직임들, 조정과 구조의 양태들이, 더이상은 오직 발성으로만 이해되지 않을 발화 행위를 좌우하고 구성하는 것일까? 소리는 그저 함께 의미화하는 한가지 방식일 뿐이다. 노래하고, 구호를 외치고, 선언하고, 드럼이나 주전자를 두드리고, 감옥과 분리 장벽을 사정없이 두드리면서 치는 소리 말이다. 유기적인 것과 정치적인 것의 또다른 의미를 나타내는 방식으로, 즉 집회의 수행적 실행 자체로 이해될 수 있는 방식으로 이 모든 종류의 행동들은 어떻게 "말하는" 것일까?

*

점점 심화되고 있는 불안정성에 대한 전망들에 직면해 거리로 나가 자신들의 주장을 제기하는 데 "우리 인민"을 사용하는 이들은 이제 거리에 출현하고 말하는 자신들이 "인민"으로 정체화되었음을 단언하고 있는 것이다. 그들은 망각의 가능성을 피하고자 노력 중이다. "우리 인민"이라는 구호는 이익을 본 사람들이 "인민"이 아니라는 것을 시사하지 않는다. 그리고 그 구호가 반드시 "우리 역시 인민이다" 같은 단순한 포괄(inclusion)의 느낌만 함축하는 것도 아니다. 그 구호는 "우리는 그럼에도 여전히 인민이다"라는 것을, 따라서 우리는 여전히 존속하며 아직 파괴되지 않았다는 것을 의미할 수 있다. 혹은 그 구호는 심화되어가는 불평등에 맞서 어떤 평등의 형태를 단언하고 있는 것 같기도 하다. 이 같은 구호를 함께 외치는 이들은 그저 그 구호를 말함으로써가 아니라 가능한 모든 방식으로 평등을 체현함으로써, 평등을 근거로 한 인민의 집회를 구성함으로써 그러한 평등을 단언한다. 평등은 불평등의 한가운데에서 실험적으로 또 잠정적으로 단언되는 것이라고 말할 수도 있다. 이를 두고 비평가들은 이렇게 반응한다. 그런 행위는 상징적일 뿐이기에 헛되고 쓸모없다고. 그리고 진정한 경제적 평등은 천문학적 수준의 빚을 졌고 고용에 대한 희망이 불가능한 이들에게 계속 실행 불가능한 것이 되고 있다고 말이다. 그러나 집회의 실천들에서 보이는 체현된 평등, 상호의존성의 강조와 노동과 업무의 공정한 분담, 함께 유지하고 있는 토대 혹은 "공동"(the commons)의 개념 등 모든 것이 다른 구역들에서는 급속히 사라지고 있는 평등의 어떤 면모를 이 세계 안으로 밀어 넣기 시작한다. 여기서 핵심은 신체를 단지 정치적 주장을 하기 위한 도구로 간주하는 것이 아니라, 이 신체, 신체들의 복수성을 모든 더 나은 정치적 주장의 전제조건으로 만드는 것이다.

지난 몇년간 우리가 함께했던 '점령하라' 운동, 초기 단계의 이집트 타흐리르 광장, 스페인 마드리드의 뿌에르따 델 쏠 광장, 터키의 게지 공원, 브라질의 슬럼가 운동인 파벨라(favela) 운동 같은 거리의 정치에서, 신체가 기본적으로 필요로 하는 것은 정치적 동원의 중심에 있었다. 이와 같이 신체가 필요로 하는 것은 사실 모든 정치적 요구에 선행해 공적으로 상연된다. 사유화의 세력들, 거버넌스와 일상생활을 탈취한 신자유주의적 합리성의 형식들에 의한 공공서비스 및 공공재의 이상들의 파괴에 맞서 저항하면서, 신체들은 식량과 주거지, 상해와 폭력으로부터의 보호, 움직이고 일하고 의료보장에 접근할 자유를 필요로 한다. 신체들은 지원받고 생존하기 위해 다른 신체들을 필요로 한다.[14] 물론 이 신체들의 나이가 몇인지 그리고 그들이 장애가 없는 신체인지 아닌지도 중요한데, 신체의 모든 의존성 형태는 단지 또다른 신체만이 아니라 복합적으로 인간적이면서 기술적인 사회적 지원체계 역시 필요로 하기 때문에 그렇다.

다름 아닌 이 세계, 점점 더 많은 사람들의 신체적 삶에 대한 지원이 상당히 불안정해졌음이 입증되고 있는 이 세계에서, 신체들은 포장도로나 진흙 위에 혹은 그들을 그들의 땅으로부터 갈라놓고 있는 벽을 따라 함께 출현하고 있다. 이 집회, 즉 가상공간을 통해 집회에 참여하는 이들을 포함할 수 있는 이 집회는, 그럼에도 여전히 일련의 복수의 신체들과 서로 맞물려 있는 일련의 위치들을 가정하고 있다. 그리고 이런 식으로 신체는 포장도로, 땅, 건축, 그리고 기술의 일부가 되는데, 이것들 덕분에 신체는 살고 움직이고 일하고 욕망한다. 거리에 결집한 능동적 신체들이 갑자기 밀려드는 강력한 다중—그 자체로 급진적인 민주적 사건이나 행동을 구성하는 다중—을 구성한다고 말할 이들도 존재하겠지만, 나는 그런 식의 견해에는 오직 부분적으로만 동의할 수 있다. 기존 권력과 단절할 때 인민은 민의를 실행한다. 물론 그것을 확실히 알기 위해 우리는 그런 단절의 주체가 누구인지, 누가 단절하지 않는지, 그리고 그들이 어디에 있는지를 알아야 할 테지만 말이다. 결국 내가 결코 지지하지 않을 다중(설사 내가 그들의 집회의 권리에 대해서는 전혀 이의를 제기하지 않을지라도), 갑자기 밀려드는 모든 종류의 다중이 존재하고 있다. 그들은 린치를 가하는 무리, 반(反)유대주의자나 인종주의자나 파시스트의 모임, 반(反)의회 대중운동의 폭력적인 형태들을 포함할 수 있다. 나는 갑자기 밀려드는 다중의 표면적인 생동감이라든가 그들의 집단행동에서 비롯된, 새롭게 생겨나 그 미래가 밝은 것만 같은 생명력보다는, 구조적으로 유발된 불안정성과 인종적 결핍 형태들에 맞서 보다 지속 가능한 생존 가능성의 조건을 확립하는 데 더 관심이 있다. 설사 나 역시 지지하는바 때로는 급진적인 민주적 변화를 목적으로 모두가 살 만한 삶의 보다 지속적인 가능성을 위해 세계의 주목을 촉구하거나 세계의 관심을 돌릴 수 있는 방식으로 군집하는 것이 중요하지만, 정치의 최종 목적이 그저 함께 몰려들어서(비록 이것이 불안정성에 맞서는 좀더 폭넓은 투쟁 안에 존재하는 강렬한 감응의 본질적인 순간일 수는 있겠지만) 실제 "인민"에 대한 새로운 의미를 구성해내는 것에 있지는 않다. 살아 있음을 느끼는 것, 혹은 살아 있음을 긍정하는 것과, 그런 덧없는 순간이 우리가 정치에서 기대할 수 있는 전부라고 말하는 것은 다르다. 아직도 살아 있는 존재로서의 가치를 얻지 못한 이들을 위해 삶이 살 만한 것이 될 세계를 위해 싸우는 것은 살아 있음을 느끼는 것과는 거의 같지 않다.

나는 그런 집단을 하나로 묶어줘야 할 어떤 것, 어떤 요구, 부정의와 삶의 위태로움에 대한 실감, 모두가 공유하는 어떤 변화 가능성의 암시 같은 것이 있어야 한다고 생각하지만, 현장에서 새로운 형태의 사회성을 생산하려는 욕망 역시 존재한다. 이런 자발적 동원이 만들어내는 주장은 언어·행동·몸짓·움직임을 통해, 서로 팔짱을 낀 시위대의 모습을 통해, 이동을 거부하는 것을 통해, 경찰과 국가 권한을 신체를 이용하여 방해함으로써 표명된다. 어떤 특정한 운동은 그것이 취하는 전략에 따라 그리고 그것이 직면해야 하는 군대와 경찰의 위협 여부에 따라, 심화된 노출의 공간 안으로 들어가거나 바깥으로 나갈 수 있다. 그러나 그 각각의 경우 우리는 저항의 능동적 행위자인 이 신체들이 또한 근본적으로 지원을 필요로 한다는 점을 기억하면서, 이 신체들이 함께 저항의 네트워크를 형성한다고 말할 수 있다. 취약성은 저항 속에서 곧바로 행위성으로 전환되지 않는다. 그것은 저항의 조건, 즉 저항이 출현하는 삶의 조건, 우리가 대항해야 하고 대항하고 있는, 불안정성을 띠는 조건으로 남는다. 이것은 나약함이나 희생자화와는 다른 것이다. 왜냐하면 불안정한 이들에게 저항이란 폐기되었거나 지지받지 못한 삶의 차원의 폭로를 요하지만, 또한 그 취약성을 의도적이면서도 적극적인 정치적 저항 형태로서, 즉 복수의 저항적 행위를 통해 권력에 노출된 신체로서 동원하기를 요하기 때문이다.

*

만일 정치 영역에서 신체가 그 정의상 능동적인 것이라면, 즉 언제나 자기-구성적인 것이고 결코 외부의 힘에 의해 수동적으로 구성된 것이 아니라면, 우리는 사회적·경제적 정의의 이름으로 신체의 자유로운 활동을 용인하는 조건들을 위한 투쟁을 할 필요가 없을 것이다. 그 투쟁의 전제는 신체는 제한당하고 있으며 또 제한될 수 있다는 것이다. 신체적 취약성의 조건은 가속화 일로의 불안정성에 맞서 싸우려는 공공집회와 연합에서 바깥으로 드러난다. 따라서 우리의 정치적 저항뿐 아니라 우리의 생존, 우리의 번성을 표시할 활동성 형태들과 취약성의 관계를 이해하는 일이 훨씬 더 긴급해진다. 심지어 거리에 능동적으로 나타나는 순간에도, 우리는 노출되고 이런저런 종류의 상해에 취약해진다. 이것은 의도적인 혹은 의지에서 비롯된 취약성의 자발적 동원, 즉 좀더 적절히 표현한다면 정치적 노출이라 할 만한 것이 존재한다는 것을 시사한다.

마지막으로, 우리가 공적 영역에 대해 제기하는 모든 주장에는 감옥이 따라다니고 투옥의 위험이 기다린다는 점을 기억하자. 즉 터키의 게지 공원이나 여타 다른 거리에서, 거리에 출현한다는 것은 구금과 투옥의 위험을 감수하는 일이다. 그리고 시위대를 도우러 온 의료 전문가들마저도 체포당한 바 있다. 집회와 표현의 권리를 옹호하려고 했던 변호사들은 체포되고 구금되었으며, 이런 범죄를 좀더 광범위한 세계의 대중에게 알리려 했던 인권 운동가들 역시 체포되거나 체포의 위협을 받았다. 일어났던 일을 알리려 했던 미디어 종사자들 역시 검열당하고 구금당하고 체포되었다. 인민이 공적 공간에 대한 권리를 주장하는 어디에서건 그들은 경찰에 의해 저지당하고 상해를 입고 투옥될 위험을 감수했다. 따라서 공공집회에 대해 생각할 때 우리는 항상 그것을 일어나게 허가해주거나 그것이 일어나지 않도록 저지할 경찰 권력에 대해 생각하고 있는 것이며, 우리는 국가가 자신이 대표하기로 되어 있는 바로 그 인민을 공격하기 시작하는 순간이 발생하지 않도록, 그리고 공적 공간이 강압적으로 감옥으로 이행되는 순간이 발생하지 않도록 경계하게 된다. 실로 공적 공간을 정의하는 것은 이런 강압적인 이행이라 할 수 있다. 그 결과 정치범들 — 정말이지 부당한 조건 아래 감금되어 있는 모든 인민 — 과의 연대 형태들은 그런 연대가 공적 영역과 감금의 영역을 교차하면서 일어나야 한다는 것을 함축한다. 수감자들은 다름 아닌 집회의 자유와 공적 공간에 대한 접근을 거부당한 사람들이다. 따라서 주립 공원을 사유화하고, 공공재와 공적 권리를 보존하는 장소를 사유화할 수 있도록 허가하는 정부의 움직임은 공적 공간에 대한 경찰의 통제를 확고한 것으로 만드는 움직임이나 다름없다. 가장 효과적으로 그렇게 할 수 있는 방법은 공적 공간에 대한 권리를 주장하는 사람들을 투옥하고, 공적인 것 자체를 위해 공적 영역에 대한 권리를 주장하고자 하는 저항가들을 공격하고 추방하는 것이다. 바로 이것이 국가가 공적 삶에 대한 전쟁을 선포하면서 자신에 맞서 투쟁한 이들을 체포하고 구금하는 이유를 이해할 수 있는 하나의 방식이다.

사유화가 공적 공간을 파괴하려는 노력이라면, 감옥은 공적 공간에 대한 접근을 방해하고 금지하는 궁극의 수단이다. 이런 의미에서 사유화와 감옥은 함께 작동하면서 우리가 마땅히 우리 것이라고 생각하는 장소에 접근하는 것을 막는다. 어느 누구도 홀로 공공집회의 권리를 가질 수는 없다. 마땅히 그래야 하듯이 우리 중 누군가가 그 권리를 주장할 때, 우리는 서로의 차이와 불일치 한가운데에서 서로 함께 그 권리를 주장해야 하며, 아울러 이미 그 권리를 잃어버렸거나 공적 영역에 속한 것으로 단 한번도 인정받지 않았던 사람들과의 연대 속에서 함께 주장해야 한다. 이것은 체류 허가 없이 거리에 출현한 사람들, 경찰 및 군대 혹은 무기를 소지하지 않은 다른 경찰력에 대항하고 있는 사람들, 트랜스 혐오적 환경에서 트랜스젠더로 살아가는 사람들, 시민권을 얻으려는 이들을 범죄화하는 나라에서 미등록 이주노동자인 사람들에게 특히 해당되는 사실이다. 보호가 부족하다는 것은 "헐벗은 생명"이 되고 있다는 문제가 아니라, 오히려 정치적 노출과 잠재적인 힘겨움을 구체적으로 겪게 된다는 문제다. 이는 곧, 명백히 취약하며 심지어 와해될 수도 있지만, 동시에 잠재적으로나 실질적으로나 저항하는, 심지어 혁명적인 상태가 된다는 것을 의미한다.

스스로를 "우리 인민"으로 지명하고 형성한 채 함께 모인 신체들은, 살아가기 위해 필요한 사회적·신체적 조건들이 신자유주의적 계측과 오늘날 공공재란 이름으로 작동하고 있는 시장 합리성의 결과로서 마치 파괴될 수 있는 것인 양 행동하는 현실로부터 괴리된 추상적 인식을 겨냥하고 있다. 그런 궁핍에 반대하는 집회에 나오는 것은 우리 요구의 목적인 바로 그 신체를 상연하는 것으로, 이는 때때로 우리가 의도한 것과는 다른 방식으로 요구한다는 것을 의미한다. 이와 같은 요구를 하기 위해 우리는 서로를 알 필요도 없고, 사전에 심사숙고할 필요도 없다. 왜냐하면 팔짱 낀 채로 연결된 신체들 없이는, 혹은 거리 여기저기서 새로운 연대 형태들을 요구하는 또다른 민주주의의 이름으로 연결된 신체들 없이는 그 어떤 신체도 실로 가능하지 않기 때문이다.

내가 강력하게 주장하는 바는 이런 식의 집회는 오직 비폭력 원칙에 동의할 때에만 성공할 수 있다는 것이다. 우리가 폭력에 맞닥뜨렸을 때 비폭력 원칙에 입각한 신체적 행동은 더욱 중요한 자리를 차지한다. 그리고 그처럼 비폭력 원칙에 입각한 행동들이 공공집회의 권리를 옹호하려 하는 모든 운동을 정의해야만 한다. 그런 주장은 나로 하여금 어떻게 하나의 원칙이 신체를 매개로 체현되는지를 설명하도록 이끈다. 그리고 나는 그 점을 통해 내가 무엇을 말하려 하는지를 제시하고자 하지만, 또한 그런 주장은 나로 하여금 폭력에 대한 비폭력적 저항이 어떻게 가능한지(이는 내가 다른 맥락에서 보다 전면적으로 다룰 질문이다)를 보여주도록 이끈다. 내가 강조하려는 비폭력의 핵심은, 비폭력은 어떤 원칙을 고수하는 문제일 뿐만 아니라 원칙으로 하여금 우리의 처신, 심지어 욕망을 만들게 하는 문제이기도 하다는 것이다. 혹자는 그것을 원칙에 굴복하는 문제라고 할지도 모르겠다. 비폭력적 행동은 단지 자신의 공격적 충동을 자제하려는 의지를 실천하려는 문제가 아니다. 비폭력적 행동은 육체적이고 집단적인 형식을 취한 적극적인 투쟁으로서, 폭력에 대한 억제를 함양함으로써 가능한 적극적인 투쟁이다.

비폭력적 저항은 나타나는 신체, 행동하는 신체, 즉 그 행동을 통해 자신이 조우한 것과는 다른 세계를 구성하려고 하는 신체를 필요로 하는데, 이것은 폭력의 조건들을 재생산하지 않은 채 폭력과 만난다는 의미다. 그것은 그저 폭력적 세계를 거부하는 것이 아니라 새로운 방식으로 자기, 그리고 자기와 세계의 관계를 만들면서 자신이 쟁취하려 하는 대안을 설사 잠정적일지라도 체현해내고자 하는 것이다. 그렇다면 비폭력적 저항은 수행적이라고 말할 수 있지 않을까? 그리고 비폭력은 일종의 행동, 지속적 행동인 것 아닐까? 만일 그렇다고 한다면 그것이 수동성과 맺는 관계는 무엇일까? 수동적 저항이 비폭력적 행동의 한 형태라 해도, 모든 비폭력적 행동의 형태가 수동적 저항으로 환원될 수 있는 것은 아니다.[15] 탱크 앞에 납작 엎드리고, 경찰 권력에 맞서 "느릿느릿 나아가고자" 하는 생각은 어떤 입장을 견지할 수 있는 함양된 능력을 수반한다. 축 늘어진 신체는 자신의 행위성을 포기하는 것으로 보이겠지만, 방해가 될 만큼 축 늘어진 무거운 신체는 계속 그 자세를 고수하면서 존속한다. 그렇다고 해서 공격성이 근절되는 것은 아니다. 오히려 그것은 함양되는데, 그처럼 함양된 형태의 공격은 신체가 맞서고, 넘어지고, 모이고, 멈추고, 침묵을 유지하고, 신체 자체가 지지하고 있는 다른 신체들에 대한 지지를 떠맡는 중에 보이게 된다. 지지하고 지지를 받으면서 신체의 상호의존성에 관한 어떤 개념이 실행되며, 이로써 비폭력적 저항은 영웅적 개인주의로 환원되어서는 안 된다는 것을 보여준다. 심지어 맨 앞에서 움직이는 개인도 부분적으로는 다른 사람들의 지지가 있기에 그럴 수 있다.

바로 이런 것들을 우리는 자기-구성의 공적 행동들이라 말할 수 있지 않을까? 즉 노동, 주거지, 그리고 지속에 대한 자신들의 기본권을 표명하는 신체들을 호명하고 만들어내면서 자아가 단지 이런저런 개별적 자아가 아니라 권력과 표현, 이동 및 집회의 자유를 가진 역동적이면서도 상호의존적인 자아성의 사회적 배치가 되는 그런 자기-구성 말이다.

그와 같은 이상을 실현하는 길에는 많은 어려움이 산재한다. 애초에 확신을 갖고 비폭력을 정의하는 게 늘 가능한 일은 아니다. 실로 모든 비폭력에 대한 정의는 비폭력이 무엇이고 무엇이어야 하는지에 대한 해석이다. 그리하여 계속 곤란한 상황이 발생한다. 즉 원칙에 근거해서 비폭력을 이해하는 것은 때때로 폭력으로 해석될 수도 있다. 그럴 경우 그런 해석을 한 사람은 그 해석이 맞다고 할 것이고, 자신의 행위가 폭력으로 해석된 사람은 그 해석이 틀렸다고 생각할 것이다. 비폭력이 폭력으로 해석될 때, 그것은 일반적으로 폭력적 목적이나 충동을 덮기 위한 구실, 따라서 일종의 계략으로서, 혹은 사실상 힘을 가진 이들이 이기도록 용인할 수수방관의 형태로서 이해된다. 비폭력에 참여하고 있다고 믿지만 결국 그 행동에 어떤 폭력적 특성이 있거나 폭력적 결과를 초래한다는 것을 깨닫게 되는 상황, 혹은 특히 자기-방어를 위해 폭력이 사용될 때 그 행동이 회색지대로 진입하게 되는 애매한 상황이 있을 수 있다. 그러나 그와 같이 자신의 행동이 가진 완전한 함의를 제대로 알지 못하는 상황은 비폭력을 폭력으로 재명명하려는 이들이 행동을 적극적으로 왜곡하는 방식들과 구분되어야 한다.

우리는 당연히 파업, 감옥에서의 단식투쟁, 휴업 같은 전술들, 정부기관이나 관청을 점령하는 비폭력적 형태들, 혹은 사유할 수 있는 공간인지를 두고 논쟁이 일어나는 공간들, 혹은 소비자 불매운동, 문화적 보이콧, 그리고 제재 등을 비롯한 다양한 종류의 보이콧들을 고려할 수 있을 것이고, 또한 공공집회들, 청원 운동들, 불법적 권력을 인정하지 않거나 불법적으로 폐쇄된 기관을 비우길 거부하는 방법 등을 고려할 수도 있다. 그런 행동들, 혹은 당신의 해석에 따라 비행동이라고도 불릴 수 있는 행동들을 하나로 통일해주는 것은 이 행동들이 모두 일련의 정책이나 행동의 합법성, 혹은 특정한 규칙 형태의 합법성을 문제 삼고 있다는 점이다. 그리고 이것들은 모두 경찰, 형성된 국가 체제, 혹은 규칙의 변화를 촉구하기에 "파괴적"이라 불릴 수 있는데, 왜냐하면 그러한 행동들은 현상의 실질적 변화를 촉구하기 때문이다. 그러나 정책을 폐지하자거나 합법적인 근거 위에 국가를 수립하자는 호소 ── 둘 다 민주주의 아래에서의 민의의 명백한 실천이다 ── 가 폭력이나 "테러리즘"으로 간주된다면, 치명적인 혼란이 생겨 결국 비폭력적 행동을 민주적 투쟁의 맥락에서 명명할 우리의 능력은 좌절될 것이다.

헨리 데이비드 소로(Henry David Thoreau)의 개념에 의거하고 있는 간디(Mahatma Gandhi)의 말을 빌리자면, 비폭력적인 시민 불복종은 "초도덕적인(unmoral) 법령의 실행에 대한 시민의 불이행"이다.[16] 간디가 보기에 법이나 법령은 초도덕적인 것으로, 혹은 도덕상 틀린 것으로 간주될 수 있고 따라서 시민 행동의 정당한 대상이 될 수 있다. 따라서 법령에 대한 불복종은 법령이 초도덕적(혹은 비도덕적immoral)이기에 정당하다. 법의 영역은 간디가 이해하기에 시민 생활을 구성하는 도덕의 형식들에 책임이 있기에 비도덕적인 법령이나 법에 불복하는 것은 시민의 권리다. 우리는 도덕이 과연 간디가 가정하고 있는 방식대로 시민의 권리를 지지하고 있는지를 당연히 의문시해볼 수 있지만, 그의 주장의 일반적 취지는 받아들이는 게 중요할 것 같다. 때로 명백한 발화 행위의 형식을 취하는 합법적 정당성에 이의를 제기할 여러 방법이 존재한다. 또 다른 때에는 그런 발화 행위는 복수의 체현된 행동의 표현적 차원이나 행위에 대한 거부에 의존한다. 그런 방식들이 복수의 신체적 행동에 의지할 때, 그 방식들은 신체적 행위성을 요한다. 그리고 때때로 경찰이나 보안 요원들 혹은 군대가 비폭력적 집회를 와해시키거나 해산하려고 할 때, 그 집회는 다른 신체들, 아마도 물리적 위해를 가할 무기나 물건을 휘두르고 있을 신체들과 직접 접촉하게 된다. 단식투쟁을 행하는 이들은 자신들에게 물리적 강압과 위해의 위험이 있을 것임을 추정하고 있다. 왜냐하면 가령 음식을 거부하는 수감자는 지켜야만 하는 규칙에 복종하기를 거부할 뿐 아니라 자기 자신을 수감자로 재생산하는 데도 실패하기 때문이다. 감옥이 가진 특수한 권력 양태를 실행하려면 실로 물리적인 수감자의 재생산이 필요하다. 즉 비폭력적 행동은 때로 폭력적인 권력의 장 안에서 일어나고, 바로 이런 이유로 비폭력은 순수하고 초연한 입장, 곧 폭력의 현장에서 동떨어진 어떤 거리를 취하는 입장이 될 수 없는 것이다. 오히려 비폭력은 폭력의 현장 내부에서 일어난다. 쾌활하고 평화롭게 거리를 걷고 있는 어떤 누군가는 폭력을 행하는 것도 비폭력을 행하고 있는 것도 아니다. 비폭력은 폭력의 위협과 더불어 작동하게 된다. 즉 비폭력은 잠재적으로 혹은 실제로 대립이 일어나는 어떤 공간에서 자기 스스로 그리고 다른 이들과 함께 견디고 절제하며 처신하는 방식이다. 이는 비폭력이 단지 어떤 반작용일 뿐이라는 얘기가 아니다. 비폭력은 어떤 상황에 접근하는 방식, 심지어 이 세계에서 살아가는 방식이며, 살아 있는 존재의 불안정한 특성을 헤아리는 일상적 실천인 것이다.

비폭력이란 다름 아닌 갈등에 직면해서, 아니면 갈등적 충동과 선동의 한가운데에서 신체적 자아의 행동을 절제해내는 신중한 방식이기 때문에, 결정의 순간 자체에 선행하면서 그 순간을 예기하는 비폭력의 실천을 촉구해야 한다. 이런 식의 자기-절제, 이런 성찰의 자세는 비폭력적 행동에 대한 인정 가능한 토대로 기능하는 역사적 관습을 통해 매개된다. 설사 비폭력이 고독하고 쓸쓸한 행위라 해도 그것은 사회적으로 매개되어 있고, 비폭력적인 행동 양태를 통치하는 관습들의 집요함과 그 관습들에 대한 인정에 의지한다.

물론 비폭력의 방식을 중단하고 폭력적 방식을 쓰기로 결심한 이들, 혹은 비폭력적 집회의 목적을 바꾸기 위해 그 집회에 들어가는 이들도 존재하는데, 우리는 그들에게도 역시 저항해야 한다. 폭력은 모든 집회의 구성적 가능성인데, 단지 대개의 경우 경찰이 진압 기회를 기다리며 대기하고 있어서가 아니라, 또 비폭력적 집회들을 전유하려 애쓰는 폭력적인 분파들이 있어서가 아니라, 어떤 정치적 집회도 그것을 구성하고 있는 내부의 적대감을 완전히 극복할 수는 없기 때문에 그렇다. 따라서 과제는 적대감을 비폭력적 실천으로 조성해낼 방법을 찾는 것이다. 그러나 정치적 주체성이 여전히 존재하는 어떤 평화로운 지대를 발견하고 거기 머물 수 있을 것이라는 생각은 공격성과 적대감을 민주적 경합의 요소로 접합해내야 할 긴급하면서도 지속적일 수밖에 없는 우리의 과제를 평가절하하는 일이다. 전략적으로 그리고 원칙에 입각해서 공격성을 신체를 매개로 한 행동의 양태로 조성해내지 않는다면, 비폭력을 달성할 어떤 방법도 존재하지 않는다. 우리는 우리가 하려고 목표하는 것이 아니라 우리가 느끼는 분노와 우리가 억제하여 체현된 정치적 표현으로 변형시킬 분노를 의미화하는 방식으로 폭력의 제스처들을 모방할 수 있다. 해를 입히지 않으면서도 싸울 수 있는 방법은 많다. 그 방법들이 바로 우리가 추구해야 할 방식들이다.

결국 비폭력 전술을 그 특수한 역사적 맥락 바깥에서 사유하기란 아마 불가능할 것 같다. 비폭력 전술은 불변의 절대적 원칙이 아닌 에토스라고 정의하는 게 더 정확할 것이다. 모든 전술에는 암묵적인 에토스가 존재한다. 왜냐하면 비폭력은 **에토스**이자 **전술**이기 때문인데, 이는 보이콧과 파업 등 비폭력 운동들이 단지 다른 수단에 의한 전쟁일 수는 없음을 뜻한다. 그러한 비폭력 운동들은 실질적으로 전쟁에 대한 윤리적인 대안임을 몸소 증명해야 한다. 왜냐하면 그 입장의 정치적 가치는 오직 윤리적 주장의 표명을 통해서만 보일 수 있기 때문이다. 전술을 오직 증오, 혹은 다른 수단에 의한 전쟁의 연속으로밖에 읽을 수 없는 이들이 존재할 때 그런 시위를 하기란 쉽지 않다. 이는 비폭력이 단지 우리가 하고 있는 것에 의해서만이 아니라 그것이 나타나는 방법에 의해서도 확립된다는 주장의 한가지 근거이며, 비폭력을 그 자체로서 인정할 수 있는 미디어가 우리에게 필요하다는 것을 뜻한다.

6장

그릇된 삶에서 올바른 삶을 영위할 수 있을까?

아도르노가 제기했던 질문, 오늘날 우리에게도 여전히 살아 움직이는 그 질문을 따라 내 논의를 발전시키고자 한다. 그것은 내가 계속 돌아갈 질문, 되풀이해서 계속 감지될 질문이다. 그 질문에 대답할 손쉬운 방법, 그 질문이 우리에게 제기하고 있는 주장을 모면할 손쉬운 방법은 분명 존재하지 않는다. 물론 아도르노는 『미니마 모랄리아』(*Minima Moralia*)에서 "그릇된 삶에서 올바른 삶은 존재하지 않는다"(Es gibt kein richtiges Leben im falschen, 에드먼드 제프콧Edmund Jephcott은 이를 "그릇된 삶은 올바르게 살아질 수 없다"라고 번역했다)[1]고 말했지만, 이런 이유 때문에 도덕(morality)의 가능성에 대한 희망을 잃지는 않았다. 이제 우리에게 남겨진 질문은 이렇다. 우리는 어떻게 그릇된 삶에서 올바른 삶을 영위하는가?* 아

---

* 버틀러는 윤리적 태도 및 판단을 함축하는 독일어 형용사 richtig(제대로 된, 올

도르노는 우리 자신을 위해, 자신으로서, 불평등과 착취 및 여타 삭제의 형식들에 의해 구조화되어 있는 더 넓은 세계의 맥락에서, 올바른 삶을 추구할 방법을 찾는 일의 어려움을 강조했다. 적어도 이것이 내가 아도르노의 질문을 재정식화할 최초의 방법일 것 같다. 이제 여러분을 위해 그 질문을 재정식화하려는 내가 볼 때 그 질문은 그것이 정식화될 때의 역사적 시간에 따라 새로운 형태를 취하게 된다. 따라서 처음부터 우리에게는 두가지 문제가 존재한다. 첫번째 문제는 구조적으로나 체계적으로나 너무나 많은 이들에게 올바른 삶의 가능성이 배제된 세계에서, 혹은 올바른 삶이 아무런 의미도 없는 문구가 되었거나 혹은 어떤 면에서는 아주 그릇된 삶의 방식을 의미하는 것 같은 세계에서, 어떻게 하면 스스로 올바른 삶을 살고 있는 중이라 말할 수 있을 정도로 우리 자신의 삶을 잘 살 수 있는가다. 두번째 문제는 그 질문이 이제 우리에게 어떤 형태를 취하는가다. 아니, 우리가 살아가는 역사적 시간은 어떻게 그 질문 자체의 형태에 스며들어 그 형태를 좌우하는가?

바른)와 falsch(잘못된, 그릇된)를 각각 good과 bad라는 단순하고도 일상적인 단어를 사용해 번역하고 있다. 버틀러가 이 같은 번역어를 사용하는 것은 분명 의도적이며, 아도르노의 개념화를 보다 확장시키고자 함이 분명하다. 그러나 영어의 good과 bad에는 단순히 좋고 나쁨의 의미를 넘어 '바른'과 '바르지 못한' 같은 가치판단의 의미 또한 내재해 있는 반면, '좋은'과 '나쁜'이라는 번역어는 이러한 윤리적 가치판단의 함의가 다소 약하다는 문제점이 있다. 이에 옮긴이들은 아도르노가 사용한 독일어의 의미에 맞는 번역어인 '올바른'과 '그릇된'을 사용하기로 했다. 이 장 마지막 부분에서 버틀러는 이와 같은 번역어 선택의 이유에 대해 설명하고 있다.

논의를 진척시키기에 앞서, 나는 우리가 사용하는 용어들을 성찰해야 한다. 무엇이 "올바른 삶"(das richtige Leben)인지에 대해서는 너무나 많은 다른 견해가 존재하고, 따라서 "올바른 삶"은 논쟁적인 문구다. 많은 사람들이 올바른 삶을 경제적 복지, 번성, 심지어 안정과 동일시한다. 그러나 우리는 경제적 복지와 안정 둘 다를 획득할 수 있는 사람들이 모두 올바른 삶을 살고 있지는 않다는 것을 안다. 그리고 올바른 삶을 살자고 주장하는 사람들이 다른 사람의 노동에서 이윤을 얻거나, 여러 불평등 형태에 뿌리박고 있는 경제체계에 의존하고 있을 때 그 점은 아주 명확해진다. 따라서 "올바른 삶"이 불평등의 전제가 되거나 불평등을 함축하지 않게끔 이를 더 넓게 정의해야 한다. 아니면 이를 다른 규범적인 가치들과 절충시켜야 한다. 무엇이 올바른 삶인지를 알려줄 평이한 언어에 의지한다면 우리는 혼란에 빠질 텐데, 왜냐하면 그 문구는 서로 경쟁하는 가치들의 도식을 위한 일종의 궤도가 되었기 때문이다.

사실 우리는 아주 빠르게 다음과 같은 결론을, 즉 한편으로는 문구로서의 "올바른 삶"이 도덕적 행위의 개인주의 형식에 얽매여 있는 시대에 뒤떨어진 아리스토텔레스적 정식에 속한다거나, 혹은 다른 한편으로 "올바른 삶"이 도덕 혹은 더 넓게는 윤리와 사회·경제 이론의 관계를 사유하길 원하는 이들에게 유익할 상업적인 담론에 의해 지나치게 오염되었다는 결론을 내릴 수도 있다. 그릇된 삶에서 올바른 삶을 영위할 수 있는가를 물을 때 아도르노가 궁금해한 것은 사회적 조건과 도덕적 행위의 관계, 그러나 더 넓게는 사회이론과 도덕의 관계였다. 실로 그는 권력과 지배의 폭넓은 작동 방식들이 가장 잘 살아갈 수 있는 방법에 대한 우리 각자의 성찰 안으로 들어오거나 혹은 우리의 성찰을 해체하고 있는지를 묻고 있기도 하다. 그는 이렇게 적는다. "das ethische Verhalten oder das moralische oder unmoralische Verhalten immer ein gesellschaftliches Phänomen ist ─das heist, da es überhaupt keinen Sinn hat, vom ethischen und vom moralischen Verhalten unter Absehung der Beziehungen der Menschen zueinander zu reden, und da das rein für sich selbst seiende Individuum eine ganz leere Abstraktion ist"("윤리적 행위, 혹은 도덕적이고 비도덕적인 행위는 항상 사회적 현상이다. 즉 윤리적이고 도덕적인 행위를 인간들 서로의 관계에서 분리해 이야기하는 것은 아무런 의미가 없다. 그리고 순전히 스스로의 힘으로 존재하는 개인은 그저 공허한 추상일 뿐이다").[2] 다시 이어지는 문장. "die gesellschaftlichen Kategorien bis ins Innerste der moralphilosophie sich hinein erstrecken"("사회 범주들은 다름 아닌 도덕철학 범주들의 성질 속으로 들어간다").[3] 또, 『도덕철학의 문제』(*Probleme der Moralphilosophie*)의 마지막 문장을 보자. "Kurz, also was Moral heute vielleicht überhaupt noch heissen darf, das geht über an die Frage nach der Einrichtung der Welt ─man könnte sagen: die Frage nach dem richtigen Leben wäre die Frage nach der richtigen Politik selber heute im Bereich des zu Verwirklichenden gelegen wäre"("우리가 오늘날 도덕이라 부르는 것은 무엇이건 세계를 조직하는 문제로 융합된다. (…) 그런 올바른 정치 형태가 오늘날 우리가 성취할 수 있는 것의 영역 안에 놓여 있다면, 심지어 우리는 올바른 삶에 대

한 추구가 곧 올바른 정치 형태에 대한 추구라고 말할 수 있을 것이다").[4] 그러므로 "삶"의 어떤 사회적 배치가 그 질문, 즉 어떻게 가장 나은 삶을 살 수 있는가라는 질문 안으로 들어가는지를 묻는 것은 타당해진다. 어떻게 최선의 삶을 살 것인가, 아니면 어떻게 올바른 삶을 영위할 것인가를 물을 때 나는 무엇이 선(善)인가에 대한 생각들뿐 아니라 무엇이 살아가는 것이고 무엇이 삶인가에 대한 생각에도 기대고 있는 것 같다. 어떤 식의 삶을 영위할 것인가를 질문하려면 내 삶에 대해 인식하고 있어야 하고, 내 삶이 내게 뭔가 영위할 만한 것, 단지 나를 이끌고 가기만 하지는 않는 것으로 나타나야 한다. 그렇기에 나는 부득불 내 삶을 어떻게 이끌고 갈 것인가를 물어야 하지만, 그럼에도 나는 나 자신인 바의 이 살아 있는 유기체의 모든 양상을 "이끌" 수는 없다. 삶을 구성하는 모든 삶의 과정을 내가 이끌 수 없다면, 혹은 오직 삶의 어떤 양상만을 신중하게 내지는 성찰적인 방식으로 이끌거나 형성할 수 있다면, 그리고 다른 사람들은 그렇게 하지 못한다면, 우리는 어떻게 삶을 이끄는 것일까?

따라서 그 질문, '나는 어떻게 올바른 삶을 영위할 것인가'가 도덕의 기본적 질문, 도덕을 정의하는 질문 중 하나라면, 도덕은 그 시초부터 생명정치와 밀접히 연관되어 있는 것 같다. 내가 생명정치를 통해 가리키는 것은 삶을 조직하는 권력, 심지어 통치 수단과 비통치적인 수단을 통해 보다 폭넓게 인구를 관리하는 것의 일환으로서 삶의 불안정성을 차별화해 배치하고 삶 자체를 차별적으로 가치 매기기 위해 일련의 척도를 설정하는 권력이다. 내 삶을 어떻게 이끌 것인가를 물을 때, 나는 이미 그런 권력 형태와 협상하고 있는 것이다. 도덕에서 가장 개인적인 질문 ― 내 것인 이 삶을 나는 어떻게 살 것인가 ― 은 다음과 같은 형태의 질문에 녹아 있는 생명정치적 질문들, 즉 누구의 삶이 문제이고 중요한가, 누구의 삶이 삶으로서 중요하지 않은가, 누구의 삶이 삶으로서 인정 불가능한가, 혹은 누구의 삶이 오직 모호한 채로만 살아 있는 것으로 여겨지는가 같은 질문들과 밀접한 관계가 있다. 그런 질문들은 모든 살아 있는 인간이 권리와 보호를 받을 만한 가치가 있고, 자유와 정치적 소속의 의미를 갖고 있는 주체의 위상을 담지한다는 것을 당연한 것으로 간주할 수 없다고 가정한다. 오히려 그 질문들은 그런 위상이 정치적 수단을 통해 확보되어야 하며, 그 위상이 부인당하는 곳에서는 그 위상의 박탈이 명시되고 있음에 틀림없다고 가정한다. 줄곧 내가 제안해왔던 바는 그런 위상이 할당되는 차별적 방식을 이해하려면 우리는 누구의 삶이 애도될 수 있고 누구의 삶이 애도될 수 없는지를 물어야 한다는 것이었다. 애도 불가능한 것들에 대한 생명정치적 관리가 그 질문, '나는 이 삶을 어떻게 이끌 것인가'에 접근하는 데 결정적임이 드러나는 것이다. 그렇다면 삶 안에서, 지금 우리를 구조화하는 삶의 조건 안에서, 나는 이 삶을 어떻게 살 것인가? 여기서 긴급한 질문은 다음과 같다. 누구의 삶이 이미 삶으로 간주되지 않거나 부분적으로만 살아 있는 것으로, 혹은 모든 명백한 파괴나 폐기에 앞서 이미 죽고 없는 것으로 간주되는가?

물론 이 질문은 이미 자기 자신을 없어도 좋은 존재로 이해하는 누군가에게, 아니 그러한 모든 이에게, 즉 정서적이고 신체적인 층위에서 자신의 삶이 지켜지거나 보호받거나 가치 있다고 여겨질 만한 자격이 없다고 생각하는 사람에게 가장 통렬한 질문이 된다. 이 사람은 자신이 죽어도 슬퍼할 사람이 없을 것이라고 이해하는 사람, 따라서 조건문인 "내가 죽더라도 나의 죽음을 애도할 사람은 없을 것이다"가 현실적으로 지금 이 순간 생생하게 느껴지는 사람이다. 내게 먹을 것이나 거주할 곳이 있으리라는 어떤 확실한 믿음도 가질 수 없다고, 혹은 어떤 사회적 네트워크나 제도도 내가 추락할 때 나를 붙잡지 않을 것이라고 판명이 난다면, 나는 애도 불가능한 이들에 속하게 된다. 이것은 나를 애도할 사람이 없을 것이라는, 혹은 애도 불가능한 이들에게는 서로를 애도할 방법이 없다는 뜻이 아니다. 이것은 내가 여기서는 애도될 것이지만 저기서는 애도되지 않을 것이라는 뜻도 아니고, 나의 상실, 곧 나의 죽음이 전혀 인식되지 않을 것이라는 뜻도 아니다. 그러나 이 모든 끈질김과 저항의 형태는 여전히 공적인 것의 그림자-삶 내부에서 발생하며, 또한 자신의 집단적 가치를 주장함으로써 때때로 자신을 폄하하는 구조들을 깨뜨리고 그 구조들과 경합하곤 한다. 그렇다. 애도 불가능한 이들은 때로 슬픔을 공적으로 분출하면서 모이기도 한다. 바로 이것이 그토록 많은 나라들에서 시위와 장례식을 구분하기 어려운 이유다.

따라서 지금 나는 상황을 과장해 말하고 있는데, 여기에는 그럴 만한 이유가 있다. 누군가가 애도되지 않는다거나 이미 애도될 수 없는 이로 확정되었다면 그것은 그 사람의 삶을 지탱할 어떤 구조도 현재로서는 존재하지 않기 때문이다. 이는 곧 그 사람의 삶이 지배적인 가치체계에 의해 하나의 온전한 삶으로서 지원받거나 보호받을 가치가 없는 것으로 폄하되고 있다는 뜻이다. 다름 아닌 내 삶의 미래는 바로 그런 지원의 조건에 달려 있고, 따라서 내가 지원받지 못한다면 내 삶은 보잘것없고 불안정한 것으로 확립되며, 그런 의미에서 상해나 상실로부터 보호받을 가치가 없게 되는 것이고, 그렇기에 애도 불가능한 것이다. 애도될 수 있는 삶에만 가치가 있을 수 있고, 시간을 거치며 가치가 있을 수 있다면, 오직 애도될 수 있는 삶만이 사회적·경제적 지원, 주택, 의료보장, 고용, 정치적 표현의 권리, 사회적 인정의 형태들, 그리고 정치적 행위성의 조건들을 가질 자격을 얻게 된다. 말하자면 나는 나 자신이 상실되기 전에, 무시당하고 유기되는 것에 관한 질문을 제기하기에 앞서, 애도될 수 있어야 한다. 나는 나 자신인 바의 이 삶의 상실이 애도될 것이고 이런 상실을 방지할 모든 조처가 취해질 것이라는 점을 알면서 살 수 있어야 한다.

그러나 누군가가 살아 있으나 동시에 자신의 삶이 결코 하나의 온전한 삶으로 여겨진 적이 없기 때문에 자신이 살고 있는 삶이 결코 상실될 수 있는 혹은 상실된 것으로 여겨질 리 없다는 생각을 한다면, 과연 우리는 이와 같은 실존의 어두운 영역을, 어떤 인구가 그럼에도 여전히 살아내고 있는 이와 같은 비존재(nonbeing)의 양상을 어떻게 이해할 수 있을까? 자신의 삶이 애도될 수 없고, 있으나 마나 한 것이라는 절절한 느낌으로부터 어떻게 도덕적 질문이 정식화될 것이며, 어떻게 공적 애도에 대한 요구가 발생할 것인가? 달리 말해, 내게 누군가에게 말해줄 삶이 없다면, 혹은 내가 영위하려는 삶이 없어도 되는 것으로 간주되거나 사실상 이미 폐기되었다면, 나는 어떻게 올바른 삶을 영위하려고 하겠는가? 내가 영위하는 삶이 살 만한 것이 아닐 때 잔인하고 혹독한 역설이 따라오게 되는데, 왜냐하면 그 질문, '나는 어떻게 올바른 삶을 영위하는가'에는 영위될 삶들이 존재한다는, 즉 살아가고 있는 것으로 인정된 삶이 존재하고 내 삶도 그중에 하나라는 것이 전제되어 있기 때문이다. 그 질문에는 또한 그 질문을 성찰적으로 제기할 권력을 가진 나(I)라는 게 있음이 전제되어 있고, 나는 나 자신에게 나타난다는 사실도 전제되어 있다. 이는 곧, 나는 나에게 가능한 출현의 장 안에서 나타날 수 있다는 것을 의미한다. 그 질문이 타당하려면, 그 질문을 제기하는 사람은 제기될 수 있는 모든 대답을 추구할 수 있어야 한다. 그 질문이 내가 밟아나갈 수 있는 길을 열어주려면, 세계는 나의 성찰과 행동이 가능할 뿐 아니라 효과가 있을 방식으로 구조화되어야 한다. 내가 삶을 가장 잘 살 수 있는 방법을 숙고하려 한다면, 설사 내 삶이 보다 일반적인 차원에서 긍정되지 않는다 해도, 심지어 내 삶에 대한 사회적·경제적 긍정이 존재하는지를 식별하는 게 항상 쉽진 않은 조건 아래서도, 내가 추구하려는 삶이 하나의 온전한 삶으로서 긍정될 수 있다고 가정해야 한다. 결국, 내 것인 이 삶은 삶의 가치를 차별적으로 할당하는 경향이 있는 세계, 나 자신의 삶이 다른 사람들의 삶보다 어느정도 더 가치를 인정받고 있는 세계로부터 나에게 반사되어 온 것이다. 즉 나의 것인 이 삶은 불평등과 권력의 문제, 더 넓게는 가치 할당에서의 정의나 부정의를 내게 반사시킨다.

따라서 우리가 부득불 "그릇된 삶"이라 부르게 될 이 세계가 살아 있는 존재로서의 나의 가치를 반사하는 데 실패한다면, 나는 그런 형태의 삭제와 불평등을 생산하는 범주들과 구조들에 대해 비판적이게 되어야만 한다. 달리 말해, 삶 자체를 차별적으로 가치화하는 그 구조들을 비판하지 않고서는 나는 나 자신의 삶을 긍정할 수가 없다. 이와 같은 비판의 실천은 나 자신의 삶이 내가 사유하는 대상들과 떼려야 뗄 수 없게 묶여 있는 그런 실천이다. 나의 삶은 여기서 살아낸 삶, 나의 신체에 의해 확립된 시공간적 지평 속의 이 삶이지만, 나의 삶은 또한 저곳에, 내가 그저 그 일부에 불과한 다른 삶의 과정들에 연루되어 있기도 하다. 나아가 그것은 누구의 삶이 더 중요하고 누구의 삶이 덜 중요한지를 결정하는, 그리고 누구의 삶이 모든 살아 있는 것의 패러다임이 되는지를, 또 살아 있는 존재들의 가치를 통치하는 오늘날의 규약들 안에서 누구의 삶이 삶이 아닌 삶이 되는지를 결정하는 권력 격차에 연루되어 있다. 아도르노는 "Man muss an dem Normativen, an der Selbstkritik, an der Frage nach dem Richtigen oder Falschen und gleichzeitig an der Kritik der Fehlbarkeit der Instanz festhalten, die eine solche Art der Selbstkritik sich zutraut"("우리는 도덕규범들을, 자기비판을, 옳고 그름의 질문을, 동시에 그런 자기비판에 자신 있게 착수할 권위가 가진 오류 가능성에 대한 인식을 계속 고수할 필요가 있다")라고 논평한다.[5] 이 "나"는 스스로 주장하는 만큼 자기 자신에 대해 잘 알고 있지 않을 수 있다. 또 이 내가 스스로를 이해할 때 사용하는 유일한 용어들은 사유에 선행하면서 사유를 형성하기에 우리 중 누구도 그 작용 과정과 효과를 완전히 이해할 수는 없을 담론에 속하는 용어들일 것 같다. 그리고 가치들은 우리가 그 권위에 문제 제기를 해야만 하는 권력 양태들을 통해 정의되고 유포되기 때문에, 나는 다음과 같은 곤란한 상황에 놓이게 된다. 나는 내 삶을 가치 있게 만들 용어들로 나를 확립하는가? 아니면 나는 가치들을 지배하는 질서에 대한 비판을 제공하는가?

따라서 나는 '도대체 나는 어떻게 올바른 삶을 살 수 있을까'라고 물어야만 하며 지금 묻고 있다. 실로 이런 열망은 중요하다. 나는 내 것인 이 삶, 더 넓게는 사회적 삶이기도 한 이 삶, 즉 내가 살고 있거나 살고자 노력하는 삶과 가치의 담론적 질서들과 내가 비판적 관계를 유지할 수 있는 방식으로 다른 살아 있는 존재들과 연결되어 있는 이 삶에 대해 신중히 사유해야 한다. 무엇이 그 질서들에 그런 권위를 수여하는가? 그리고 그 권위는 정당한가? 나 자신의 삶은 그런 탐구와 질문 안에서 위태로워지기에, 생명정치적 질서에 대한 비판은 내게는 살아 있는 쟁점이다. 그리고 올바른 삶을 사는 것의 가능성이 위태로운 만큼, 살고자 하는 투쟁과 공정한 세계에서 살고자 하는 투쟁 역시 위태롭다. 가치 있는 삶을 살 수 있는가 없는가는 내가 스스로 결정할 수 있는 것이 아니다. 왜냐하면 이 삶이 나 자신의 것이면서 동시에 나 자신의 것이 아닌 것으로 판명 나기에, 그리고 바로 그것이 나를 사회적 동물로 또 살아 있는 존재로 만들기에 그렇다. 그렇다면 어떻게 올바른 삶을 살 것인가라는 질문은 이미 처음부터 이런 모호성과 관계를 맺고 있고, 비판의 살아 있는 실천과 밀접하게 관련되어 있는 것이다.

내가 이 세계에서 일시적인 방식이 아닌 다른 방식으로는 나의 가치를 확립할 수 없다면, 나의 가능성에 관한 느낌 역시 일시적일 것이다. 올바른 삶을 이끌어가라는 도덕적 명령과 그 명령이 일으키는 성찰적 질문은 희망 없이 살아가는 이들에게는 때로 아주 잔인하고 경솔해 보일 수도 있다. 그리고 우리는 어쩌면 바로 그러한 도덕의 실천을 에워싸고 있는 다음과 같은 냉소를 쉽게 이해할 수 있다. 나의 삶이 이미 온전한 삶으로서 여겨지지 않는데, 이미 일종의 죽은 것과 같은 형태로 다뤄지고 있는데, 혹은 올랜도 패터슨(Orlando Patterson)이 "사회적 죽음"—그는 이 용어를 노예제 아래 삶의 조건을 기술하는 데 사용한 바 있다—이라 부른 것에 속하는데, 왜 나는 도덕적으로 행동해야 하며, 심지어 어떻게 가장 올바른 삶을 살 것인가라는 질문을 왜 해야만 하는가?[6]

신자유주의적 합리성의 제도화, 혹은 불안정성의 차별적 생산에서 유래한 오늘날의 경제적 유기와 박탈의 형식들은 대체로 노예제와의 유비를 통해서는 이해될 수 없기에, 사회적 죽음의 여러 양상들을 구분하는 것이 중요하다. 삶을 위태롭게 바꾸는 조건들을 한마디로 기술할 수는 없겠지만, "불안정성"이란 용어로 "삶의 위태로움"의 여러 양태들을 구분해볼 수는 있다. 가령 정당한 법 절차 없이 투옥된 사람들, 교전 지역이나 점령 치하에서 살아가는 사람들, 안전에 대한 보장이나 도망갈 출구도 없이 폭력과 파괴에 노출된 사람들, 강제 연행을 당하고 국경이 열리길 기다리거나 식량이 도착하길 기다리고 체류 허가를 갖춘 삶의 가능성을 기다리며 경계 지대에서 살아야 하는 사람들, 안정적인 생계의 가능성으로부터 점점 멀어지고 있는 이들이 속해 있는, 없어도 되거나 소모품으로 사용될 만한 노동인구의 일부로서 자신의 조건을 드러내는 사람들, 그리고 시간의 지평이 붕괴된 곳에서 손상된 미래에 대한 느낌을 온몸으로 체험하며, 느끼려고 애쓰지만 느껴질 것에 더욱 두려워하며 하루하루를 살아가는 사람들. 삶을 이끌 어떤 힘도 느끼지 못할 때, 자신이 살아 있음에 대해 확신이 없을 때, 혹은 자신이 살아 있다는 느낌을 느끼려고 고군분투하지만 그런 느낌과 그런 식으로 살아가는 고통을 두려워할 때, 우리는 삶을 영위할 가장 나은 방법을 어떻게 물을 수 있을까? 오늘날 강제 연행과 신자유주의의 조건 아래서 이제 엄청난 인구가 안전한 미래에 대한 느낌 없이, 연속적인 정치적 소속의 느낌 없이 살아가고 있고, 신자유주의에 대한 일상적 경험의 일환인 손상된 삶을 감각하며 살아가고 있다.

나는 생존 투쟁이 도덕의 영역이나 도덕적 의무에 앞선다고 말하려는 게 아니다. 극한의 위협을 받으면서도 사람들은 할 수 있는 한 모든 방식을 동원해서 지원하고 돕는다는 것을 우리는 안다. 우리는 강제수용소에서 나온 몇몇 놀라운 보고들을 통해 이를 알고 있다. 가령 그것은 로베르 앙뗄므(Robert Antelme)의 저작에서 볼 수 있듯 어떤 공통의 언어도 없는 사람들이 그럼에도 똑같이 수용소에서 감금과 위험을 겪고 있다는 점을 서로 알게 되면서 나눠 피우는 담배 한개비일 수 있다. 혹은 쁘리모 레비(Primo Levi)의 저작에서 볼 수 있듯 타자에 대한 반응은 그저 그 타자가 들려주는 이야기의 세부를 경청하고 기록하는 형태를 띨 수 있는데, 이는 그 이야기가 부인할 수 없는 사료의 일부가 되도록, 우리에게 멈추지 않고 계속 애도할 것을 강제하는 항구적인 상실의 흔적이 되도록 한다. 아니면 샤를로뜨 델보(Charlotte Delbo)의 저작에서 보듯 자신에게 꼭 필요한 마지막 남은 빵 조각을 미련 없이 다른 사람에게 주는 것일 수 있다. 물론 마찬가지로, 손을 내밀지 않을 사람들, 자신을 위해서만 빵을 취하고, 자신을 위해서만 담배를 비축하고, 때로는 끔찍한 궁핍에 놓인 사람의 것을 빼앗음으로써 괴로워할 사람들도 존재한다. 즉 극단의 위험과 고양된 불안정성의 상황에서도 도덕적 딜레마는 없어지지 않는다. 그것은 다름 아닌 살려는 바람과 다른 사람들과 더불어 어떻게든 살려는 바람 사이에서 존속한다. 이야기를 암송하거나 들을 때, 다른 사람들의 삶과 고통을 승인해야 하는 그 모든 순간을 긍정할 때에도 우리는 미약하면서도 역동적인 방식으로 "삶을 영위하고 있는" 것이다. 특히 누군가의 이름이 없어졌을 때, 이름이 숫자로 바뀌었을 때, 혹은 그 사람이 전혀 불리지 않을 때, 그 이름을 부르는 것만으로도 가장 놀라운 형태의 인정이 도래할 수 있다.

한나 아렌트는 논쟁적인 순간에, 유대 민족에 대해 이야기하면서, 유대인에게는 생존 투쟁으로는 충분하지 않다는 점, 생존이 삶 자체의 목적일 수 없다는 점을 분명히 했다.[7] 아렌트는 소크라테스를 인용해 삶의 욕망과 잘 살려는 욕망, 혹은 올바른 삶을 살려는 욕망의 결정적인 차이를 단언했다.[8] 아렌트가 보기에 삶 자체는 내재적 선이 아니기에, 생존은 그 자체로 목적이 아니고 목적이 되어서도 안 된다. 오직 올바른 삶만이 삶을 살 만한 가치가 있는 것으로 만든다. 아렌트는 소크라테스의 딜레마를 아주 쉽게, 그러나 어쩌면 너무 빨리 해소한 것 같다. 적어도 내가 보기에는 그렇다. 나는 아렌트의 대답이 우리에게 유효한지 확신하지 못하며, 또한 그것이 그 당시에는 유효했다고도 확신하지 못한다. 아렌트가 보기에 신체의 삶은 대부분 정신의 삶과 구분되어야 하는 것이고, 바로 이런 이유 때문에 아렌트는 『인간의 조건』에서 공적 영역과 사적 영역을 구분했다. 사적 영역에는 필요의 영역, 물질적 생활의 재생산, 섹슈얼리티, 삶, 죽음, 일시성이 포함되었다. 아렌트는 사적 영역이 행동과 사유의 공적 영역을 떠받들고 있다고 이해했지만, 그녀의 관점에서 정치적인 것은 적극적인 의미에서의 말하기를 포함하는 행동에 의해 정의된다. 따라서 언어적 행위는 정치가 토의되는 공적 공간에 대한 행동으로 바뀐다. 공적 영역 안으로 들어간 이들은 사적 영역으로부터 비롯되어 그렇게 할 수 있었고, 따라서 공적 영역은 사적인 것의 재생산, 그리고 공적인 것에서 사적인 것으로 나아가는 분명한 길에 근본적으로 의존했다. 그리스어를 하지 못하는 사람들, 다른 곳에서 왔고 이해 불가능한 언어로 말하는 사람들은 야만인들로 간주되었는데, 이는 공적 영역은 다언어주의의 공간으로 이해될 수 없다는, 따라서 공적 의무로서 번역의 실천을 수반하는 데 실패했다는 것을 의미한다. 그러나 우리는 효력을 갖는 언어 행위가 (1) 남성 화자와 행위자를 재생산한 안정적이면서도 격리되어 있는 사적 영역에 그리고 (2) 단일 언어 사용의 요구에 부합하고 순응하기에, 들릴 수 있고 이해될 수 있는 언어적 행동, 즉 정치의 결정적 특징인 언어적 행동을 명시하는 언어에 의존했다는 것을 이해할 수 있다. 이해 가능하고 효력을 갖는 일련의 발화 행위들로 정의된 공적 영역에는 따라서 (여성과 노예의) 인정받지 못한 노동과 다언어주의의 문제들이 영원한 그늘로 드리워져 있다. 그 둘이 수렴하는 현장이 바로 노예의 상황, 대체될 수 있고, 정치적 위상이 전혀 없으며, 자신들의 언어가 전혀 언어로 대접받지 못하는 이들인 노예의 상황이었다.

물론 아렌트는 신체가 모든 행동의 착상(conception)에 중요하다는 점, 저항이나 혁명에서 싸우는 사람들도 신체적 행위에 가담해 자신들의 권리를 주장하고 새로운 것을 창조해야 한다는 점은 이해했다.[9] 그리고 신체는 행동의 언어적 형식으로서의 공적 발화에 분명 중요했다. 신체는 아렌트의 탄생(natality) 개념이라는 중요한 착상에서 중요한 형상으로 다시 등장하는데, 이 개념은 미학과 정치 양자에 대한 아렌트의 구상과 연결된다. 결국 "출산"(giving birth)으로 이해된 그런 행동은 혁명에 수반된 행동과 완전히 같지는 않지만, 그럼에도 그 둘은 모두 선례가 없는 상태로 새로운 것을 창조하는 상이한 방식들이란 사실에 의해 하나로 연결된다. 정치적 저항 행위, 혹은 출산의 고통은 이 세계로 새로운 것을 가져다주는 목적에 봉사하는 고통이다. 그러나 느리거나 빠르게 노동자의 신체를 파괴하는 노동 형식들, 혹은 어떤 도구적 목적에도 봉사하지 않는 다른 형식들에 속할 이 고통으로 우리는 무엇을 할 수 있을까? 정치를 분명하게 분리되어 있는 공적 영역 내부에서 일어나는 언어적이고도 물리적인 차원의 능동적 입장들로 엄격하게 정의한다면, 우리는 "쓸모없는 고통"과 인정받지 못한 노동을 선정치적인 것 —정치적인 것 자체의 바깥에 존재하는, 행동이 아닌 경험들— 이라 부를 수밖에 없을 것이다. 그러나 정치적인 것에 관한 그 어떤 착상도 어떤 권력의 작동 방식이 선정치적인 것과 정치적인 것을 분리하게 되는지를, 그리고 공과 사의 구분이 어떻게 상이한 삶의 과정에 상이한 가치를 수여하는지를 고려해야 하기에, 설사 아렌트의 정의가 우리에게 아주 중요한 것을 제공한다 한들 우리는 그 정의를 거부해야한다. 아니, 우리는 그녀가 구분한 신체의 삶과 정신의 삶을, 다른 종류의 신체 정치에 대한 사유의 출발점이 되도록 고려해야 한다. 요컨대 아렌트는 데까르뜨(René Descartes)식으로 신체와 정신을 구분한 게 아니다. 오히려 아렌트는 새로운 것을 창조할 신체화된 사유와 행동의 여러 형태들, 수행적인 효력을 갖춘 행동에 착수할 형태들만을 긍정하고 있다.

수행적 행동들은 기계적인 적용으로 환원될 수 없는 행동들이며, 수동적이고 일시적인 형태의 경험들과도 구분되는 행동들이다. 따라서 고통이나 일시성이 존재하는 시간과 장소, 바로 거기에서 행동과 사유가 삶으로 바뀌는 일이 일어난다. 미적 판단에 기반하여 만들어지고 새로운 것을 이 세계 안으로 갖고 들어오는 그 행동과 사유는 발화수반적인 의미에서 분명 수행적이다. 이는 오직 생존의 문제들에만, 물질적 조건의 재생산과 기본적 필요의 만족에만 관심이 있는 신체는 아직 "정치적"신체가 아니라는 것을 의미한다. 분명 사적인 것은 필요하다. 왜냐하면 정치적 신체는 잘 먹여지고 집에서 제대로 보호받고, 아울러 그 행동이 정치적이지 않은 수많은 선정치적인 행위자들에 의해 지원받을 때에만 공적 공간의 광명 속으로 출현하여 행동하고 사유할 수 있기 때문이다. 사적 영역이 지지대로서 작동한다고 여길 수 없는 정치적 행위자란 존재할 수가 없다면, 공적인 것으로 정의된 정치적인 것은 본질적으로 사적인 것에 의존할 수밖에 없다. 이것이 의미하는 바는 사적인 것은 정치적인 것의 반대가 아니며, 다름 아닌 정치적인 것의 정의 안으로 들어온다는 것이다. 이렇게 잘 양육된 신체는 공개적으로 그리고 공적으로 말한다. 밤에는 잠자리에 들고, 사적으로 다른 사람들과 교제하는 그 신체는 항상 그뒤에야 출현하여 공적으로 행위한다. 그러한 사적 영역은 다름 아닌 공적 행위의 배경이 된다. 그러나 그런 이유로 그것이 선정치적인 것이라고 치부되어야 하는 걸까? 가령 여성들, 아이들, 노인들, 노예들이 거주하는 그림자가 드리운 배경 공간에 평등 관계, 혹은 존엄, 혹은 비폭력이 존재하는지가 과연 중요할까? 또다른 평등의 영역을 정당화하고 촉진시키기 위해 어떤 불평등의 영역이 부인된다면, 우리에게 필요한 것은 분명 바로 그런 모순, 그리고 그 모순을 유지시키는 부인의 작동 방식을 명명하고 폭로할 수 있는 정치다. 공과 사를 나누어 정의한 아렌트의 방식을 받아들이면 그와 같은 부인을 승인할 위험이 발생한다.

따라서 지금 고대 그리스 폴리스에서의 공과 사 구분에 대한 아렌트의 설명을 재검토할 때 무엇이 중요할까? 의존성에 대한 부인은 자율적으로 사유하고 행동하는 정치적 주체의 전제를 이루는데, 이는 그 즉시 이것이 어떤 종류의 "자율적" 사유와 행동인가라는 질문을 제기한다. 그리고 만일 우리가 아렌트가 제시한 공과 사의 구분에 동의한다면, 우리는 그러한 부인의 기제를 비판적 분석의 대상으로 간주하는 대신에 의존성의 부인을 정치의 전제조건으로 받아들이게 된다. 새로운 신체 정치의 시작, 즉 인간의 의존성과 상호의존성에 대한 이해와 함께 시작되는 정치, 달리 말해 불안정성과 수행성의 관계를 설명할 수 있는 새로운 신체 정치의 시작을 확립하는 것은 다름 아닌 이 승인되지 않은 의존성에 대한 비판이다.

의존성의 조건, 그리고 의존성의 부인을 가능하게 하는 규범들을 갖고서 시작한다면 어떨까? 그런 출발점은 정치의 이념에, 심지어 정치적인 것 내부에서 수행성이 행하는 역할에 어떤 차이를 만들게 될까? 수행적 발화의 행위자적이고 능동적인 차원과 신체 적 삶의 다른 차원들 — 의존성과 취약성을 포함하는 한편, 모호하 지 않은 행동의 형태들로 쉽게 혹은 완전히 바뀔 수 없을 살아 있 는 신체의 양태들 — 을 구분할 수 있을까? 우리는 언어 행위가 인 간 동물과 비인간 동물을 구분한다는 생각을 버릴 필요가 있을 뿐 아니라 늘 의식적이고 신중한 의도를 반영하는 것은 아닌 말하기 의 차원을 긍정할 필요가 있다. 비트겐슈타인(Ludwig Josef Johann Wittgenstein)이 언급했듯이 가끔 우리는 말하고, 단어를 내뱉고, 오 직 그뒤에야 그 단어의 삶의 느낌을 알게 된다. 우리가 확실히 의도 라 부를 수 있는 어떤 것이 우리가 말할 때 형성된다고 해도, 나의 발화는 내 의도와 더불어 시작하지 않는다. 게다가 인간 동물의 수 행성은 몸짓, 걸음걸이, 이동의 양태들, 소리와 이미지, 그리고 언어 행위의 공적 형태들로 환원될 수 없을 다양한 표현 수단을 통해 발 생한다. 그런 공화주의적 이상은 감각 중심의 민주주의에 대한 더 넓은 이해에 굴복해야만 할 것이다. 우리가 거리에 모여 노래하거나 구호를 외치고, 심지어 침묵을 지키는 방식은 발화를 여타 많은 신 체적 행위들 중 하나로서 자리매김하는, 정치의 수행적 차원의 일부 일 수 있고 또 일부이다. 따라서 신체는 말할 때 행위하는 게 확실하 다. 그러나 말하기가 신체가 행위하는 유일한 방식은 아니며, 말하 기가 정치적으로 행위하는 유일한 방식도 분명 아니다. 그리고 공공 시위나 정치적 행동의 목적이, 결함이 있는 지원의 형태들 — 식량 이나 주거지의 부족, 신뢰할 수 없는 혹은 보상이 없는 노동 등 —

에 반대하는 것일 때, 이전에는 정치의 "배경"으로 이해되었던 것이 정치의 명시적 목적으로 바뀌게 된다. 유발된 불안정성의 조건들에 맞서기 위해 모인 사람들은 수행적으로 행위하면서 아렌트가 말한 단결 행동에 신체적 형태를 수여한다. 그러나 그런 순간에 정치의 수행성은 불안정성의 조건들로부터 그리고 그 불안정성에 대한 정치적 반대로서 출현한다. 경제적이거나 정치적인 정책에 의해 유기된 인구의 삶은 지원을 받을 만한 가치가 없는 것으로 간주된다. 그런 정책에 반대하는 동시대 수행성의 정치는, 인구로부터 살 만한 삶을 박탈하거나 박탈하려고 애쓰는 모든 정책에 대한 비판에서 비롯된 윤리적이고 정치적인 의무들뿐 아니라 살아 있는 피조물들의 상호의존성도 강조한다. 수행성의 정치는 그런 인구의 가치를 폄하하려 위협하는 생명정치적 도식 한가운데에서 가치를 언표하고 상연하는 방식이기도 하다.

물론 지금의 논의는 또다른 질문을 제기하게 한다. 우리는 오직 인간 신체들에 대해서만 말하고 있는가? 우리는 신체가 환경, 기계, 그리고 신체가 의존하는 상호의존성의 사회적 조직 ── 이것들은 모두 신체의 끈질긴 지속성과 번성의 조건을 이룬다 ── 이 없다면 결코 이해될 수 없다고 줄곧 지적해왔다. 그리고 결국, 우리가 신체가 필요로 하는 것을 이해하고 열거할 수 있게 되었다고 해도, 과연 우리는 오로지 이런 신체의 필요를 충족시키려고 싸우는 것일까? 앞서 보았듯 아렌트는 분명히 이런 생각에 반대했다. 내가 지금까지 설명해왔듯이 우리는 신체를 계속 살아 있게 만들어줄 필요들을 충족시키지 않는 한, 올바른 삶, 살 만한 삶을 위해 싸울 수 없다. 분명 생존이 우리가 제기할 다른 모든 요청의 전제이기에, 신체는 생존에 필요한 것을 가져야 한다고 주장하는 것은 필수적이다. 그러나 우리는 분명 살려고 생존하는 것이기에, 그 요구는 불충분한 것으로 드러난다. 삶은 생존을 필요로 하는 만큼이나, 살 만한 것이 되기 위해 생존 이상의 것이어야 한다. 자신의 삶을 살 수 없어도 우리는 생존할 수 있다. 그리고 어떤 경우에는 그런 조건들 아래 생존하는 것은 사는 것이라 할 수 없을 것 같다. 따라서 다름 아닌 살 만한 삶, 즉 살아낼 수 있는 삶을 위해서는 아주 중요한 요구를 제기해야 한다.

그렇다면 우리는 살 만한 삶을 위한 단일한 혹은 균일한 이상을 단언하지 않은 채 어떻게 살 만한 삶을 사유할 수 있는가? 이 책의 앞 장들에서 지적했듯이 내가 보기에 인간이 실제로 무엇인지, 혹은 무엇이어야 하는지를 찾아내는 것이 중요한 게 아니다. 왜냐하면 인간도 동물이라는 사실은, 그리고 다름 아닌 인간의 신체적 실존은 인간적이면서 동시에 비인간적인 지원체계에 달려 있다는 사실은 이제 분명해졌기 때문이다. 따라서 나는 어느정도는 나의 동료도나 해러웨이를 따르면서 신체적 삶을 구성하는 복잡한 관계성들에 대해 사유해볼 것을 요청할 것이고, 또 우리는 인간이란 것의 이상적인 형태들을 더이상 필요로 하지 않으며, 오히려 우리가 존재하는 데 없어서는 안 될 복잡한 관계성들을 이해하고 그것들에 관심을 기울일 필요가 있다고 주장하고자 한다.[10]

물론 내가 언급하고 있는 것과 같은 의존성과 관계성이 견딜 수 없게 되는 조건들이 있다. 노동자가 자신을 착취하는 고용인에게 의존할 때 이 노동자의 의존성은 착취당할 수 있는 능력과 같을 수 있다. 혹자는 의존성이 취하는 사회적 형태란 착취이므로 모든 의존성을 제거해야 한다는 결론을 내릴 수도 있다. 그러나 착취적 노동관계의 조건 아래서 의존성이 취하는 불확정적 형태를 의존성의 최종적 혹은 필수적 의미와 동일시한다면 이는 잘못이다. 설사 의존성이 항상 이러저러한 사회적 형태를 취한다 해도, 의존성은 그러한 형태들 사이를 넘나들 수 있으며, 따라서 의존성은 그와 같은 형태들 중 어떤 한가지로 환원될 수 없음이 밝혀질 것이다. 내가 보다 강력하게 주장하는 바는 아주 간단하다. 바로 어떤 인간 피조물도 지속적 환경, 관계성의 사회적 형태들, 그리고 상호의존성의 전제이자 상호의존성을 구조화하는 경제적 형태들에 의존하지 않고서는 생존하거나 존속하지 못한다는 것이다. 의존성이 취약성을 내포하고 있다는 것, 그리고 때로 취약성은 다름 아닌 우리의 실존을 위협하거나 감소시키는 권력 형태들에 대한 것임은 사실이다. 그러나 이것이 우리가 사회적 형태들에 대한 의존성이나 취약성의 조건들에 반대하는 법률을 제정할 수 있다는 것을 의미하지는 않는다. 실로, 만일 살고자 하는 우리의 욕망을 착취하거나 혹은 교묘하게 조작하는 권력 형태들에 우리가 취약하지 않다면, 그릇된 삶에서 올바른 삶을 영위하는 것이 왜 그토록 어려운지에 대한 이해를 시작할 수 없다. 우리는 때로 다름 아닌 우리 삶을 폐기 가능한 것 혹은 무시해도 좋은 것으로 확립하거나 더 끔찍하게는 우리 삶을 부정하려 하는 사회적 삶의 조직과 생명정치적 체제들 안에서 살고자, 심지어 잘 살고자 욕망한다. 우리가 사회적 삶의 형태들 없이는 존속할 수 없다면, 그리고 유일하게 가능한 형태의 삶이 우리 삶에 대한 가능성에 거슬러 작동하는 삶이라면, 우리는 헤쳐나가기 불가능할 정도는 아니라 해도 어려운 곤경에 놓여 있는 것이다.

좀더 다르게 말해본다면 우리는 신체로서, 다른 사람들에게 또 기제들에 취약하고, 바로 이 취약성이 신체를 존속하게 하는 사회적 양상의 한 측면을 구성한다. 사회 불평등의 형식들을 생산하고 자연화하는 과정에서 취약성은 투사되고 부인될 수 있기에(정신분석적 범주들), 또 착취당하고 교묘히 조작될 수 있기에(사회적·경제적 범주들), 나의 혹은 너의 취약성이라는 쟁점은 평등과 불평등이라는 보다 넓은 정치적 문제에 우리를 연루시킨다. 바로 이것이 취약성의 불평등한 할당이 의미하는 것이다.

그러나 나의 규범적 목적은 단지 취약성의 평등한 할당을 주장하는 데 있지 않다. 왜냐하면 할당되고 있는 사회적 취약성의 형태 자체가 살 만한 형태인지 아닌지에 많은 것이 달려 있기 때문이다. 달리 말해, 모두가 평등하게 살 만하지 않은 삶을 살기를 원하는 사람은 없다. 평등은 꼭 필요한 목적인 만큼이나, 만일 우리가 취약성의 사회적 형태가 공정하게 할당되는지 여부를 가장 잘 평가할 수 있는 방법을 알지 못한다면, 평등으로는 충분하지 않다. 한편으로 나는 의존성의 부인, 그리고 특히 의존성이 일으키는 사회적 취약성의 형태가 의존적인 사람과 그렇지 않은 사람의 차이를 확립하면서 작동한다고 주장하고 있다. 그리고 이런 구분과 차이는 불평등에 기여하면서 작동하고, 여러 형태의 개입주의를 떠받치거나, 혹은 도움이 필요한 사람들을 본질주의적 규약 안으로 내던진다. 다른 한편으로 나는 오직 신체의 의존성, 불안정성의 조건들, 수행성의 가능성들을 긍정하는 상호의존성 개념을 통해서만 우리는 살 만한 삶이라는 이름으로 불안정성을 극복하고자 하는 사회적·정치적 세계를 사유해 낼 수 있다고 제안하는 중이다.

내가 보기에 취약성은 신체의 정치적 양상의 한 측면을 구성하는데, 여기서 신체는 분명 인간의 신체이지만, 그저 인간인 것이 아닌 인간 동물의 하나로 이해된다. 서로에 대한 취약성은, 즉 그것이 심지어 호혜적인 것으로 상상될 때에도 우리의 사회적 관계의 전계약적인 차원을 나타낸다. 이는 또한 상호적 취약성은 어느정도 네가 나의 취약성을 보호할 때에만 나는 너의 취약성을 보호할 것이라는 도구적 논리(이 안에서 정치는 거래를 중개하는 문제나 기회의 가능성을 계산하는 문제가 된다)에 도전한다는 것을 의미한다. 사실 취약성은 계약상으로 명기할 수 없는 사회성과 정치적 삶의 조건들 중 하나를 구성하기에, 그것을 부인하고 조작하는 것은 상호의존적인 정치의 사회적 조건들을 파괴하거나 관리하려는 시도가 된다. 제이 번스타인(Jay Bernstein)이 분명히 했듯이, 취약성은 반드시 상처받을 가능성하고만 관련되지는 않는다. 일어나고 있는 것에 대한 반응성은, 그것이 아직 말해지지 않았던 역사를 기입하는 것에 대한 개방성이건, 혹은 심지어 또다른 신체가 사라지고 없을 때에도 그 신체가 겪고 있거나 겪어왔던 것에 대한 수용성이건 간에 모두 취약성의 기능이자 효과다. 내가 앞서 제안했듯이 신체들은 항상 어떤 의미에서 자기 바깥에 있고, 자신의 환경을 탐색하거나 돌아다니고 있고, 감각들을 통해 확장되며 심지어 가끔은 박탈당하기도 한다. 만일 우리가 서로에게로 넘어가 상실될 수 있다면, 혹은 만일 우리의 촉감 능력, 운동 능력, 촉각 능력, 시각 능력, 후각 능력, 혹은 청각 능력이 우리를 우리 자신 너머로 행동하게 한다면, 이는 신체가 제자리에 머무르지 않기 때문이자, 이런 종류의 박탈이 보다 일반적인 차원에서 신체적 감각을 특징짓고 있기 때문이다. 사회성 안에서 박탈당하는 것이 산다는 것과 존속한다는 것의 의미를 구성하는 기능이라고 여겨질 때, 그렇다면 그것이 정치라는 관념 자체에 대체 어떤 차이를 만들어내는 걸까?

우리의 처음 질문, '나는 어째서 그릇된 삶에서 올바른 삶을 영위할 수 있는가'라는 질문으로 돌아가 보면, 우리는 이 질문의 도덕적 중요성을 근절하지 않은 채로 사회적·정치적 조건들에 비추어 그 도덕적 질문을 재고해볼 수 있다. 어떻게 올바른 삶을 살 것인가라는 질문은 삶을 영위할 권력을 갖는 것에, 그리고 온전한 생명을 갖고 있다는 느낌, 혹은 사실상 살아 있다는 느낌을 갖는 것에 달려 있는 것 같다.

물론 도덕과 도덕의 개인주의를 잊고, 대신에 사회정의를 위한 투쟁에 헌신하는 게 중요하지 않으냐는 냉소적 반응의 가능성은 언제나 존재하기 마련이다. 그런데 이런 길을 따르게 되면 우리는 가장 넓은 의미에서의 정치, 즉 보편화될 수 있을 방식으로 정의와 평등의 이상을 실현할 공동의 기획으로서의 정치에 도덕이 자리를 양보해야 한다는 결론에 이르게 될 것이다. 물론 이런 결론에 이르려면 여전히 성가시고 완고한 문제, 즉 더 넓은 사회적·정치적 운동 안에서 실천으로 들어가 협상하고 의무를 져야 할 이 "내"가 여전히 존재한다는 문제가 남는다. 그리고 그 운동이 이 "나"와 나 자신의

"삶"의 문제를 와해하거나 근절시키려고 할 때, 또다른 형태의 삭제가 발생한다. 즉 공동 규범으로의 흡수, 따라서 살아가는 것의 파괴가 발생한다. 이 삶을 어떻게 가장 잘 살 것인가, 혹은 어떻게 올바른 삶을 영위할 것인가 하는 질문은 이 "나"와 나의 "삶"의 삭제나 파괴로 귀결될 수 없다. 아니, 만약 그렇게 된다면 그 질문에 대답하는 방식이 그 질문 자체의 파괴를 야기하게 된다. 나는 도덕의 질문이 사회적·경제적 맥락 밖에서, 누가 삶의 주체로 혹은 살아 있는 주체로 여겨지는지에 대해 뭔가를 전제하지 않은 채 제기될 수 있다고는 생각하지 않는다. 나는 가장 잘 사는 방법을 묻는 질문에 대한 대답이 삶의 주체를 파괴함으로써 올바르게 주어질 수는 없다고 확신한다.

그리고 그릇된 삶에서 올바른 삶을 사는 것은 가능할 수 없다는 아도르노의 주장을 떠올린다면, "삶"이란 용어가 두번 등장한다는 것, 그리고 이것이 우발적인 일은 아니라는 것을 깨닫게 된다. 만약 내가 올바른 삶을 영위하는 법을 묻는다면, 내가 그 삶을 이끌고 있는 바로 그 사람이건 아니건 간에 나는 올바른 "삶"에 호소하고 있는 것이 된다. 그러나 나는 알고 싶어 하는 그 사람이고, 그렇기에 어떤 의미에서 그것은 나의 삶이다. 즉 이미 도덕의 관점 내부에서 삶자체는 이중화되어 있다. 내가 그 문장의 두번째 부분에 도착해 그릇된 삶에서 올바른 삶을 사는 방법을 알고자 할 무렵이 되면, 나는 사회적·경제적으로 조직화된 삶이라는 관념에 직면한다. 삶의 사회적·경제적 조직이 살 만한 삶에 대한 조건을 제공하는 것은 아니기에, 생존 가능성은 불평등하게 할당되기에, 그 삶의 조직은 "그릇된" 것이다. 최선을 다해서 자기 길을 개척하고, 또한 특정한 삶의 조직을 통해 양산된 보다 넓은 차원의 사회적·경제적 불평등을 무시하면서 그릇된 삶의 한가운데에서 올바른 삶을 살기를 소박하게 바랄 수도 있지만, 문제는 그렇게 단순하지 않다. 결국 내가 살아가는 삶, 분명 이 삶이지 다른 삶은 아닌 이 삶은 이미 삶의 방대한 네트워크와 연결되어 있고, 만약 그것이 네트워크와 연결되어 있지 않다면 나는 사실상 살아갈 수 없다. 따라서 나 자신의 삶은 내 것이 아닌 삶, 단지 타자의 삶이 아닌 더 넓은 사회적·경제적 삶의 조직에 의존한다. 따라서 나 자신의 삶, 나의 생존은 더 넓은 의미의 삶에, 즉 유기체, 살아서 존속하는 환경들, 상호의존성을 긍정하고 지지하는 사회적 네트워크들을 포함하는 더 넓은 의미의 삶에 의존한다. 그것들은 본연의 나를 구성한다. 이 말인즉, 나는 살기 위해, 인간이기 위해 나의 변별적으로 인간적인 삶의 일부를 양도한다는 것을 의미한다.

그릇된 삶에서 올바른 삶을 사는 방법을 묻는 질문에는, 우리는 여전히 무엇이 올바른 삶인지에 대해 생각할 수 있다는, 우리는 더 이상 개인의 올바른 삶이라는 관점에서만 그것을 이해할 수는 없다는 생각이 내재되어 있다. 만일 나의 삶, 그리고 일종의 사회적 삶의 형태로 이해되는 올바른 삶이라는 두개의 삶이 존재한다면, 전자의 삶은 후자의 삶에 연루되어 있다. 그리고 이것은 사회적 삶에 대한 이야기를 하면서 우리는 사회적인 것이 어떻게 개인적인 것을 횡단하고 심지어 개체성의 사회적 형태를 확립하게 되는지를 말하고 있다는 것을 의미한다. 동시에 제아무리 자기지시적인 개인이라 해도 그 개인은 항상 어떤 매개적 형식을 통해, 어떤 미디어를 통해 자기 자신을 가리키고 있는 것이고, 그 개인이 자신을 인정하는 데 필요한 언어는 어딘가 다른 곳에서 온다. 사회적인 것이 내가 착수한 나 자신에 대한 이런 인정을 조건짓고 매개한다. 우리가 헤겔을 통해 알고 있듯이, 자기 자신, 자기 자신의 삶을 인정하는 "나"는 항상 자신을 또다른 사람의 삶으로도 인정하고 있는 셈이다. "나"와 "너"가 모호한 이유는 둘이 상호의존성의 다른 체계들, 헤겔이 인륜성(Sittlichkeit)이라 부른 것에 각기 연루되어 있어서 그렇다. 그리고 이것은 설사 내가 나 자신에 대한 인정을 수행하고 있을지라도 내가 지은이인 이 퍼포먼스의 과정 중에 일련의 사회규범이 작동하고 있다는 것, 그리고 어떤 규범이 작동하고 있건 그것은 설사 그것이 있어야 내가 있을 수 있다고 해도 나와 함께 비롯된 것은 아니라는 것을 의미한다.

아도르노의 『도덕철학의 문제』에서, 그릇된 삶에서 올바른 삶을 추구하는 방법에 대한 도덕적 질문으로 시작된 논의는 마침내 올바른 삶을 추구하려면 그릇된 삶에 대한 저항이 있어야 한다는 주장으로 귀결된다. 그는 다음과 같이 쓰고 있다. "das Leben selbst eben so entstellt und verzerrt ist, dass im Grunde kein Mensch in ihm richtig zu leben, seine eigene menschliche Bestimmung zu realisieren vermag ─ ja, ich möchte fast so weit gehen: dass die Welt so eingerichtet ist, dass selbst noch die einfachste Forderung von Integrität und Anständigkeit eigentlich fast bei einem jeden Menschen überhaupt notwendig zu Protest führen muss"("삶 자체가 너무나도 일그러지고 왜곡되어 누구도 그 안에서 올바른 삶을 살

거나 인간으로서 자신의 운명을 다 살아낼 수도 없다. 실로 이 세계가 조직화된 방식에 유념한다면, 나는 심지어 진정성과 품위에 대한 가장 단순한 요구마저도 결국 모든 사람을 항의하게끔 이끌게 될 것이라고 거의 극단적으로 나아가 말하고자 한다").[11] 그런 순간에 아도르노가 자신이 말하고 있는 것을 말하기 위해 거의(fast) 극단적으로 나아가야 한다고 주장한 것은 흥미롭다. 아도르노는 자신의 정식이 꽤 옳은 것인지 확신하지는 못했지만, 그럼에도 논의를 지속하고 있다. 그는 결국 망설임을 그치고 있지만, 그럼에도 위 문장에 그 망설임을 녹여놓고 있다. 도덕적 삶의 추구가 동시대 조건들에서는 마침내 항의로 귀결될 수 있고 또 그렇게 되어야 한다고 단순명료하게 말할 수 있을까? 저항이 항의로 환원될 수 있을까? 아니면 더 나아가 아도르노에게 항의는 올바른 삶이 지금 취하고 있는 사회적 형태에 있는가? 똑같은 사변적 특성이 아도르노의 다음과 같은 문장에서도 지속된다. "Das einzige, was man vielleicht sagen kann, ist, dass das richtige Leben heute in der Gestalt des Widerstandes gegen die von dem fortgeschrittensten Bewusstsein durchschauten, kritisch aufgelösten Formen eines falschen Lebens bestünde"("어쩌면 말해질 수 있는 유일한 것은 오늘날 올바른 삶은 가장 진보적인 정신을 통해 이해되었고 비판적으로 분석된 그릇된 삶의 여러 형태들에 대한 저항 안에 존재할 것이라는 사실이다").[12] 아도르노는 독일어로 "허위의"(false) 삶을 언급했고, 영어로 그것은 "그릇된 삶"(the bad life)으로 번역되었는데, 물론 둘의 차이는 아주 중요하다. 도덕, 즉 올바른 삶의 추구는 당연히 진실한 삶일 수 있지만 그 둘의 관계는 여전히 설명되어야 하기 때문이다. 게다가 아도르노는 추구해야 할 비판적 활동을 이끌기에 충분한 능력이 있는 진보적인 사람들로 이뤄진 선별적인 집단에 자신을 지명해 넣은 것 같다. 중요한 점은, 이런 비판의 실천이 이 문단에서 "저항"과 동일한 말로 표현되고 있다는 것이다. 그러나 앞의 문단에서처럼 이런 일련의 주장을 하면서 아도르노는 여전히 어떤 의심을 견지하고 있다. 항의와 저항은 모두 인민의 투쟁, 대중 행동의 특징을 이루지만, 이 문단에서 그 둘은 그저 소수가 가진 비판적 능력의 특징을 이룬다. 아도르노는 줄곧 자신의 사변적 논지를 분명하게 표현하고 있을 때에도 다소 망설이고 있는데, 예를 들어 그는 조금 다른 식으로 성찰성에 대한 주장을 전개한다. "dieser Widerstand gegen das, was die Welt aus uns gemacht hat, ist nun beileibe nicht bloss ein Unterschied gegen die äussere Welt (…) sondern dieser Widerstand müsste sich allerdings in uns selber gegen all das erweisen, worin wir dazu tendieren, mitzuspielen"("이 세계가 우리에게서 만들어낸 것에 대한 저항은 단지 우리가 온전히 저항할 자격이 있다는 이유에서 외부 세계에 대항한다는 뜻이 전혀 아니다. (…) 덧붙여 우리는 그 세계에 가담하고 싶은 유혹에 빠진 우리의 일부분에 저항하기 위해서 우리가 가진 저항의 권력을 동원해야 하기도 한다").[13]

아도르노가 그런 순간들에 배제했다고 알려진 것은 인민의 저항이란 관념, 신체들이 거리에 모여서 동시대 권력 체제에 대한 자신들의 반대를 분명하게 표현할 때 구체화되는 비판 형태들의 관념이다. 그러나 또 저항은 현 상황에 맞춰가고(mitzuspielen) 싶어 하는 자기(self)의 부분에 "아니라고 말하는 것"으로 이해된다. 그것은 오직 선별적인 소수만이 취할 수 있는 비판의 형식이면서 동시에 그릇된 것에 가담하려고 하는 자기의 일부분에 대한 저항, 즉 공모에 맞서는 내면에 대한 감시로 볼 수 있다. 이러한 주장들은 나 자신은 최종적으로 받아들일 수 없는 방식으로 저항의 관념을 제한하고 있다. 내가 보기에 두 주장은 모두 또다른 질문들을 촉발한다. 저항을 통해서 자기의 어느 부분이 거부되고 있고, 어느 부분이 힘을 얻고 있는 것인가? 만일 내가 그릇된 삶과 공모하는 나 자신의 일부분을 거부한다면 나는 나 자신을 순수하게 만든 것인가? 나는 내가 물러나 있던 그 사회적 세계의 구조를 바꾸기 위해 개입한 것인가, 아니면 나 자신을 고립시킨 것인가? 나는 타자들과 함께 사회변혁을 위한 투쟁과 저항운동에 가담했던 것인가?

물론 이런 질문들은 한동안 아도르노의 견해에 제기되었던 질문들이다. 나는 1979년 하이델베르크에서 있었던 시위를 기억한다. 당시 좌파 진영의 한 무리가 아도르노에게 이의를 제기하면서 그가 항의의 관념을 제한한다고 항의하고 있었다! 내가 보기에, 또 어쩌면 오늘날 우리가 보기에, 우리는 여전히 저항이 어떤 면에서 삶의 한 방식을 거부하는 것 그 이상이 되어야 하는지를 묻고 있는 것 같다. 이는 결국 연대를 희생한 댓가로 정치적인 것으로부터 도덕적인 것을 추출해내는 입장인데, 저항의 모델로서 매우 영리하고 도덕적으로 순수한 비판가를 만들어내는 것이나 다름없다. 만일 저항이라는 게 그것이 쟁취하고자 하는 민주주의의 바로 그 원칙들을 실행하는 일이라면, 저항은 **복수**(複數)여야 하고, **신체를 매개로** 한 것이어야 한다. 또한 그것은 공적 공간에 애도 불가능한 이들이 모이는 일을 수반하게 될 것이고, 그들의 실존과 살 만한 삶에 대한 그들의 요구, 간단히 말해 죽음에 앞서 삶을 온전히 살겠다는 요구를 보여주게 될 것이다.

만일 저항이 새로운 삶의 방식, 차별적으로 할당된 불안정성에 반대하는 살 만한 삶을 불러일으키는 것이라면, 저항의 행동은 어떤 삶의 방식에는 '아니'라고 말하면서 동시에 또다른 삶의 방식에는 '그렇다'고 말할 것이다. 이런 목적을 위해 우리는 아렌트적 의미에서 단결 행동의 수행적 결과들을 이 시대를 위해 고려해야 한다. 그러나 내가 보기에 저항의 특징을 이루는 단결 행동은 때로 언어적 발화 행위나 영웅적인 싸움에서 발견되지만, 또한 거부, 침묵, 움직임, 움직임에 대한 거부 같은 신체적 몸짓에서도 발견된다. 이러한 신체적 몸짓은 더 급진적으로 민주적이고 더 본질적으로 상호의존적인 새로운 삶의 방식을 요청하는 행동 안에서 민주적 평등의 원칙들과 경제적 상호의존성의 원칙들을 실행하는 운동들의 특징이다. 사회운동 자체는 일종의 사회적 형태다. 그리고 어떤 사회운동이 새로운 삶의 방식, 살 만한 삶의 형태를 요구할 때, 그 순간 그 운동은 자신이 실현시키려는 바로 그 원칙을 실행하고 있는 것이다. 이는 그러한 사회운동이 작동할 때, 살 만한 삶이라는 관점에서 올바른 삶을 영위한다는 것이 무슨 의미인지를 그 자체로서 표현할 수 있는 운동들 안에 급진 민주주의의 수행적 실행이 존재한다는 것을 의미한다. 내가 이 책에서 제안하려 했던 바는 불안정성은 여러 새로운 사회운동들이 맞서 투쟁하고 있는 조건들이라는 것이었다. 그런 운동들은 불안정성에 맞서 투쟁할 때 상호의존성이나 심지어 취약성을 극복하려고 하지 않는다. 오히려 그 운동들은 취약성과 상호의존성이 살 만한 것이 되는 조건들을 만들어내고자 한다. 이것은 수행적 행동이 복수의 신체 형태를 취하게 되는 정치로서, 급진 민주주의 체제 내 신체의 생존·존속·번성의 조건들에 대한 우리의 비판적 관심을 유도한다. 내가 올바른 삶을 영위하고자 한다면, 그 삶이란 다른 이들과 함께 살아낸 삶, 그들이 없다면 어떤 삶도 아닌 삶일 것이다. 나는 나 자신인 바의 이 나를 상실하지 않을 것이다. 내가 누구건 간에 나는 내가 타자들과 맺고 있는 관계들에 의해 변화하게 될 것이다. 왜냐하면 다른 이에 대한 나의 의존성, 그리고 나의 의존 가능성은 사는 데, 그리고 잘 사는 데 필수적이기 때문이다. 우리가 공유하고 있는 불안정성에 대한 노출은 우리의 잠재적 평등과 살 만한 삶의 조건을 함께 만들어야 한다는 우리 서로 간 의무의 한 토대일 뿐이다. 우리가 서로에 대해 갖고 있는 필요를 인정할 때 우리는 또한 여전히 "올바른 삶"이라 부를 수 있는 것의 사회적·민주적 조건들을 일러주는 기본 원칙들 역시 인정하게 된다. 이것들이야말로 현재 진행 중인 위기의 일부라는 점에서, 그러나 또한 우리 시대의 절박함에 반응하는 사유와 행동의 한 형식이기 때문에 민주적 삶의 비판적 조건들인 것이다.

주

들어가며

1 Chantal Mouffe and Ernesto Laclau, *Hegemony and Socialist Strategy* (London: Verso 1986).

2 Hamid Dabashi, *The Arab Spring: The End of Postcolonialism* (London: Zed Books 2012).

3 Shoshana Felman, *The Scandal of the Speaking Body: Don Juan with J. L. Austin, or Seduction in Two Languages* (Palo Alto, CA: Stanford University Press 2003).

4 Wendy Brown, "Neo-liberalism and the End of Liberal Democracy," *Theory and Event* 7, no.1 (2003), accessed July 20, 2014, muse.jhu.edu/journals/theory_and_event/v007/7.1brown.html.

5 "폐기 가능한 생명"이라는 개념은 최근 몇몇 저작들에서 등장한 바 있다. 다음을 보라. Achille Mbembe, "Necropolitics," *Public Culture* 15, no.1 (2003), 11-40면; Elizabeth Povinelli, *Economies of Abandonment* (Durham, NC: Duke University Press 2011). 또한 다음을 참고하라. http://historiesofviolence.

308

com/specialseries/disposable-life.

6 Michel Foucault, *Society Must Be Defended: Lectures at the Collège de France, 1975-76*, trans. David Macey (New York: Picador 2002); Foucault, *Security, Territory, Population: Lectures at the Collège de France, 1977-78*, trans. Graham Burchell (New York: Picador 2009).

7 Isabell Lorey, *State of Insecurity: Government of the Precarious* (London: Verso 2015).

8 Michel Feher, "Self-Appreciation; or, The Aspirations of Human Capital," *Public Culture* 21, no.1 (2009), 21-41면.

9 Lauren Berlant, *Cruel Optimism* (Durham, NC: Duke University Press 2011).

10 같은 책.

11 Sheldon S. Wolin, "Fugitive Democracy," *Constellations: An International Journal of Critical and Democratic Theory* 1, no.1 (1994), 11-25면.

12 나의 책 *Frames of War: When Is Life Grievable?* (London: Verso 2009)의 "Introduction: Precarious Life, Grievable Life"를 참고하라.

1장 젠더 정치와 출현할 권리

1 이와 같은 집회가 함의하는 정치적 요구에 귀 기울이기를 거부하는 한가지 소름 끼치는 예가 2011년 런던에서, 그리고 2005년 빠리 교외에서 일어난 바 있다. 다음을 참고하라. "Paul Gilroy Speaks on the Riots," *Dream of Safety* (blog), August 16, 2011, http://dreamofsafety.blogspot.com/2011/08/ paul-gilroy-speaks-on-riots-august-2011.html. 또한 미국 내 지역 경찰에게 시위들을 진압하고 와해시키는 방법을 교육하기 위해 이스라엘 및 바레인으로부터 군인들을 데려온 예에 대한 최근 보고서들을 참고하라. Max Blumenthal, "How Israeli Occupation Forces, Bahraini Monarchy Guards

Trained U.S. Police for Coordinated Crackdown on 'Occupy' Protests,"
The Exiled, December 2, 2011, http://exiledonline.com/max-blumenthal-
how-israeli-occupation-forces-bahraini-monarchy-guards-trained-u-s-
police-for-coordinated-crackdown-on-occupy-protests.

2 Jacques Derrida, "Signature Event Context," in *Limited Inc*, trans. Samuel
Weber and Jeffrey Mehlman (Evanston, IL: Northwestern University Press
1988); Pierre Bourdieu, *Language and Symbolic Power* (Cambridge, MA:
Harvard University Press 1991); Eve Kosofsky Sedgwick, *Epistemology of the
Closet* (Berkeley: University of California Press 1990).

3 헤겔적 의미에서 볼 때, 인정 투쟁은 삶과 죽음의 투쟁을 결코 완전히 극복
할 수 없다.

4 나의 책 *Frames of War* (London: Verso 2010)를 참고하라.

5 다음을 참고하라. Linda Zerilli, "The Arendtian Body," and Joan Cocks,
"On Nationalism," in *Feminist Interpretations of Hannah Arendt*, ed. Bonnie
Honig (University Park: Penn State University Press 1995).

6 Hannah Arendt, *On Revolution* (New York: Penguin 1963), 114면.

7 같은 책.

8 Zerilli, "Arendtian Body," 178-79면.

9 다음을 참고하라. Ruth Wilson Gilmore, *Golden Gulag: Prisons, Surplus,
Crisis, and Opposition in Globalizing California* (Berkeley: University of
California Press 2007), 28면.

10 신체적 이동성이 어떻게 민주주의 정치의 핵심인지에 관한 설명은 다음을
참고하라. Hagar Kotef, *Movement and the Ordering of Freedom: On Liberal
Governances of Mobility* (Durham, NC: Duke University Press 2015).

11 Hannah Arendt, "The Decline of the Nation-State and the End of the

Rights of Man," in *On Totalitarianism* (San Diego: Harcourt, Brace, Jovanovich 1973), 267-302면. 또한 다음을 참고하라. Judith Butler and Gayatri Chakravorty Spivak, *Who Sings the Nation-State? Language, Politics, Belonging* (Calcutta: Seagull Books 2007).

12 Joan W. Scott, *Politics of the Veil* (Princeton, NJ: Princeton University Press 2010).

13 다음을 참고하라. http://baltimore.cbslocal.com/2011/04/22/video-shows-woman-being-beaten-at-baltimore-co-mcdonalds.

14 '이스라엘에 대한 보이콧, 투자 철회와 제재를 지지하는 팔레스타인의 퀴어들'에 관해서는 다음을 참고하라. http://www.pqbds.com.

15 Jorge E. Hardoy and David Satterthwaite, *Squatter Citizen: Life in the Urban Third World* (London: Earthscan 1989).

16 Denise Riley, *"Am I That Name?" Feminism and the Category of Women in History* (Minneapolis: University of Minnesota Press 1988).

17 Eve Kosofsky Sedgwick, "Queer Performativity: Henry James's *The Art of the Novel*," *GLQ* 1, no. 1 (1993), 1-16면.

18 이 마지막 논의는 내가 지난 2014년 7월 스페인 알깔라에서 했던 강연, '취약성과 저항을 재사유하기'(Rethinking Vulnerability and Resistance)에서 가져온 것이다. 이 강연의 일부는 2014년 1월 현대 언어 협회(MLA)의 온라인 저널 『프로페션』(*Profession*)을 통해 출간된 바 있다. https://profession.commons.mla.org/2014/03/19/vulnerability-and-resistance.

2장 연대하는 신체들과 거리의 정치

1 Jasbir Puar, *Terrorist Assemblages: Homonationalism in Queer Times* (Durham, NC: Duke University Press 2007).

2 Hannah Arendt, *The Human Condition* (Chicago: University of Chicago Press 1958), 198면.

3 같은 책.

4 같은 책 199면.

5 "윤리가 가진 관점은 다음과 같다. '너는 무엇을 할 능력이 있는가, 너는 무엇을 할 수 있는가?' 고로 이것은 스피노자의 다음과 같은 외침, 즉 '신체는 무엇을 할 수 있는가?'라는 질문으로 회귀하는 것이라 할 수 있다. 우리는 우리가 어떻게 조직되는지, 그리고 실존의 양태들이 어떻게 누군가에게 씌워지는지에 대해 결코 알 수 없다." Gilles Deleuze, *Expressionism in Philosophy: Spinoza*, trans. Martin Joughin (New York: Zone Books 1992), 217-34면. 들뢰즈의 이런 설명은 여러 면에서 스피노자의 설명과 다르다. 특히 스피노자가 신체의 복수성을 통해 신체를 고찰했고 신체가 여하튼 무언가를 할 수 있을 때 무엇이 그것의 조건인지를 물었다는 점에서 다르다.

6 Adriana Cavarero, *For More than One Voice: Toward a Philosophy of Vocal Expression*, trans. Paul A. Kottman (Palo Alto, CA: Stanford University Press 2005).

7 Arendt, *Human Condition*, 199면.

8 Giorgio Agamben, *Homo Sacer: Sovereign Power and Bare Life*, trans. Daniel Heller-Roazen (Palo Alto, CA: Stanford University Press 1998).

9 난민의 맥락에서 권리를 가질 권리에 대한 아렌트의 최초 논의는 1943년 『더 메노라 저널』(*The Menorah Journal*)에 「우리, 난민들」(We, Refugees)을 기고하며 이루어졌다. 또한 이 에세이에 대한 조르조 아감벤의 짧은 논평 역시 참고하라. http://roundtable.kein.org/node/399.

10 Zeynep Gambetti, "Occupy Gezi as Politics of the Body," in *The Making of a Protest Movement in Turkey*, ed. Umut Özkırımlı (Houndmills,

Basingstoke: Palgrave Pivot 2014).

11 Hans Wehr, *Dictionary of Modern Written Arabic*, 4th ed., ed. J. Milton Cowan (Ithaca, NY: Spoken Language Services 1994), s.v. "salima."

12 Ruth Wilson Gilmore, *Golden Gulag: Prisons, Surplus, Crisis, and Opposition in Globalizing California* (Berkeley: University of California Press 2007).

3장 불안정한 삶과 공거의 윤리

1 Susan Sontag, "Looking at War: Photography's View of Devastation and Death," in *Regarding the Pain of Others* (New York: Picador 2003).

2 나의 책 *Parting Ways: Jewishness and the Critique of Zionism* (New York: Columbia University Press 2012), 23면을 보라. 또한 다음을 참고하라. http://laphilosophie.blog.lemonde.fr/2013/03/21/levinas-trahi-la-reponse -de-judith-butler. 유대-기독교 문화의 윤리적 근간을 위협하는 이른바 "아시아의 무리들"에 대한 레비나스의 설명은 다음을 참고하라. Emmanuel Levinas, "Jewish Thought Today," in *Difficult Freedom: Essays on Judaism*, trans. Sean Hand (Baltimore: Johns Hopkins University Press 1990), 165면. 이와 같은 논의는 나의 책 *Giving an Account of Oneself* (New York: Fordham University Press 1995)의 90-96면에서 보다 본격적으로 다루고 있다.

3 나의 책 *Parting Ways: Jewishness and the Critique of Zionism*을 참고하라.

4 Hannah Arendt, *Eichmann in Jerusalem: A Report on the Banality of Evil* (New York: Schocken Books 1963), 277-78면.

5 1961년 아렌트가 카를 야스퍼스(Karl Jaspers)에게 보낸 유명한 편지를 보라. 이 편지에서 아렌트는 아랍 혈통의 유대인들에 대한 자신의 혐오를 표현하고 있다. "내가 본 첫인상에 대해 말씀드리도록 하지요. 우선 판사들은 독일계 유대인들 중 으뜸이지요. 그들 아래에는 아주 귀찮은 족속인 변호

사들, 즉 스페인계인 갈리시아인들이 있는데, 그래도 그들은 여전히 유럽인이라 할 수 있지요. 요새 모든 것이 경찰력에 의해 좌지우지되고 있는데 정말 소름 끼쳐요. 그들은 히브리어로 말하지만 생긴 건 꼭 아랍인들 같다니까요. 말하자면 그들 중에서 가장 야만적인 족속인 거죠. 그들에게 질서라는 건 없어요. 게다가 바깥에서는 그 아시아계 폭도가 돌아다니고 있는데, 마치 우리가 이스탄불이나 어디 다른 반쯤 아시아에 걸친 국가에 사는 것만 같다니까요. 게다가 예루살렘에서 도드라지게 보이는 이들, 곧 터키 출신 유대인들의 존재는 이곳에 사는 모든 합리적 인민의 삶을 불가능하게 만들고 있답니다." 이 글의 원문은 다음을 참고하라. Hannah Arendt and Karl Jaspers, *Correspondence 1926-1969*, ed. Lotte Kohler and Hans Saner, trans. Robert and Rita Kimber (New York: Harcourt Brace Jovanovich 1985), Letter 285, April 13, 1961, 435면.

6 Meron Benvenisti, "The Binationalism Vogue," *Haaretz*, April 30, 2009, http://www.haaretz.com/print-edition/opinion/the-binationalism-vogue-1.275085.

4장 신체의 취약성, 연합의 정치

1 거리에 함께 모이는 데 동의하지 않은 사람들의 권리를 변호하는 것과 실제 시위를 경축하거나 찬성하는 것은 별개의 문제다. 이 글은 집회의 권리의 조건과 한계는 다루지 않을 테지만, 내가 아주 격하게 동의하지 않는 이들을 포함한 모든 종류의 집단이 거리에서 집회할 권리가 있음을 내가 인정한다는 점을 처음부터 이해하는 게 중요할 것 같다. 집회의 권리에 한계가 있음은 분명하지만, 그 한계들은 어느 한 집단이 공적 공간에 대한 동등하고 적법한 요청을 제기하는 다른 이들의 물리적 안녕에 의도적으로 위협을 제기한다는 것을 설득력 있게 보여줌으로써 적어도 부분적으로 그리고

최소한으로 확립될 것이라는 게 내 생각이다.

2 공공재의 사유화에 대한 웬디 브라운(Wendy Brown)의 저작은 2014년 7월 20일 접속한 논문 "Neo-liberalism and the End of Liberal Democracy," *Theory and Event* 7, no. 1 (2003)을 포함해서 muse.jhu.edu/journals/theory_ and_event/v007/7.1brown.html을 보라. 사유화에 대한 웬디 브라운의 논평에 대해서는 다음을 참고하라. http://cupe3913.on.ca/wendy-brown-on-the-privatization-of-universities.

3 Hannah Arendt, *The Human Condition* (Chicago: University of Chicago Press 1958), 198면.

4 Zeynep Gambetti, "Occupy Gezi as Politics of the Body," in *The Making of a Protest Movement in Turkey*, ed. Umut Özkırımlı (Houndmills, Basingstoke: Palgrave Pivot 2014).

5 다음을 참고하라. "Posture Maketh the Man," in *The Richness of Life: The Essential Stephen J. Gould*, ed. Steven Rose (New York: Norton 2007), 467–75면.

6 이것은 로지 브라이도티(Rosi Braidotti)가 최근 저작 *The Posthuman* (Cambridge: Polity 2013)에서, 그리고 엘렌 미알레(Hélène Mialet)가 *Hawking Incorporated: Stephen Hawking and the Anthropology of the Knowing Subject* (Chicago: University of Chicago Press 2012)에서 주장한 핵심이다.

7 내가 쓴 "Introduction: Precarious Life, Grievable Life," in *Frames of War: When Is Life Grievable?* (London: Verso 2009)을 참고하라.

8 도나 해러웨이가 복잡한 관계성들을 어떻게 이해하는지는 *Simians, Cyborgs, and Women: The Reinvention of Nature* (New York: Routledge 1991) 및 *The Companion Species Manifesto: Dogs, People, and Significant Otherness* (Chicago: Prickly Paradigm Press 2003)를 참고하라.

9 취약성을 다룬 페미니즘 이론가들은 많지만, 그 개념이 정책적으로 얼마나 중요한지를 다룬 최근 기사나 논설은 얼마 되지 않는다. Martha A. Fineman, "The Vulnerable Subject: Anchoring Equality in the Human Condition," *Yale Journal of Law and Feminism* 20, no. 1 (2008); Anna Grear, "The Vulnerable Living Order: Human Rights and the Environment in a Critical and Philosophical Perspective," *Journal of Human Rights and the Environment* 2, no.1 (2011); Peadar Kirby, "Vulnerability and Globalization: Mediating Impacts on Society," *Journal of Human Rights and the Environment* 2, no. 1 (2011); Martha A. Fineman and Anna Grear, eds., *Vulnerability: Reflections on a New Ethical Foundation for Law and Politics* (Burlington, VT: Ashgate 2013); Katie E. Oliviero, "Sensational Nation and the Minutemen: Gendered Citizenship and Moral Vulnerabilities," *Signs: Journal of Women and Culture in Society* 32, no. 3 (2011). 그리고 Bryan S. Turner, *Vulnerability and Human Rights* (University Park: Pennsylvania State University Press 2006); Shani D'Cruze and Anupama Rao, *Violence, Vulnerability and Embodiment: Gender and History* (Oxford: Blackwell 2005) 도 참고하라.

10 오늘날 불안정성에 대한 성찰은 Luc Boltanski and Eve Chiapello, *The New Spirit of Capitalism*, trans. Gregory Elliot (London: Verso 2007)을 참고하라.

11 취약함과 비취약함의 차이의 전술적인 배치 및 전개는 차별적으로 할당되는 침투성에 의존한다. 9·11 이후로 미국에서 매우 중요해진 침투성의 언어는 국경의 취약성을 가리키면서, 자신의 의지와 상관없이 침입당한다는 불안, 즉 신체적 경계들의 침입에 대한 불안에 의존한다. 성적인 금지와 젠더 규범 모두가 그런 언어 안에서 작동하는 게 확실하다. (모든 신체는 구

멍이 있고 도구에 의해 꿰뚫릴 수 있기에) 젠더화된 차이들은 관리될 수는 있지만 결코 피할 수는 없는 조건인바 침투성에 의해 제기된 정치적 문제들을 통해 확립되는 몇몇 방식들이 존재한다. 예를 들어 강간에 대한 공포라든가 강간에 대한 사면과 같은 방식 말이다. 그럼에도 한 젠더는 침투 가능한 것으로, 다른 젠더는 그렇지 않은 것으로 간주되는 불가능한 기획이 계속되고 있다.

12 Albert Memmi, *Dependence: A Sketch for a Portrait of the Dependent*, trans. Philip A. Facey (Boston: Beacon Press 1984).

13 Gilles Deleuze, "What Can a Body Do?" in *Expressionism in Philosophy: Spinoza*, trans. Martin Joughin (New York: Zone Books 1992)을 참고하라.

14 Isabelle Stengers, *Thinking with Whitehead: A Free and Wild Creation of Concepts*, trans. Michael Chase (Cambridge, MA: Harvard University Press 2011)를 참고하라.

15 슬럿 워크는 비록 공적 공간을 장악하는 데서 대담했고 공적이었음에도, "슬럿"이란 용어를 재전유하는 것의 불가능성을 이해하지 않았다는 이유에서 흑인 여성들로부터 유익한 비판을 받기도 했다. "An Open Letter from Black Women to the SlutWalk," *Black Women's Blueprint Blog*, September 23, 2011, http://www.newblackmaninexile.net/2011/09/open-letter-from-black-women-to.html을 참고하라.

16 Bernice Johnson Reagon, "Coalition Politics: Turning the Century," in *Home Girls: A Black Feminist Anthology*, ed. Barbara Smith (New York: Kitchen Table: Women of Color Press 1983), 356-57면.

5장 "우리 인민"—집회의 자유에 대한 사유들

1 국제노동기구(ILO)는 평화적 집회의 권리가 국제적 노동기구들의 단체교

섭, 참여, 멤버십의 중심이라는 점을 명시한다. David Tajgman and Karen Curtis, *Freedom of Association: A User's Guide —— Standards, Principles, and Procedures of the International Labour Organization* (Geneva: International Labour Office 2000), 6면을 참고하라. 유엔의 '보편적 인권 선언'(1948)은 20조항과 23조항에서 집회의 권리를 명기하고 있다. 아마 가장 중요한 것은 '시민권과 정치권에 대한 국제 규약'(1976)일 텐데, 국제노동기구가 정식화한 원칙을 22조항에서 연합의 권리이자 단결권으로 재명명하면서 그 원칙을 확고히 하고 있다. http://www.ohchr.org/en/professionalinterest/pages/ccpr.aspx.

2 조르조 아감벤이 *State of Exception*, trans. Kevin Attell (Chicago: University of Chicago Press 2005)에서 국가주권을 설명할 때의 핵심이 이것이다.

3 아렌트는 직접적으로 『혁명론』에서 집회의 자유를 다루지는 않지만, 프랑스 혁명기에 거리에 나타나고 고통으로 분노한 사람들이 복수(復讐)를 일차적 목표로 둔 군중이 되었던 방식을 추적한다(*On Revolution*, London: Penguin Books 1965, 110-11면). 고통에서 해방되려는 그들의 목적은 아렌트가 보기에는 자유의 고유한 목적과는 같지 않았다. 자유는 새로움을 생산하려는, 정치적 용어로는 평등을 토대로 해서 새로움을 창출하려는 행위와 일치하여 행동하는 것을 수반한다. 아렌트가 보기에 그 과제는 복수로부터 "새로운 정치체를 정초하려는 행위"로 이동하는 것(긍정의 자원을 찾기 위해 노예 도덕을 실천하는 이들을 깨우치고 자극하려는 니체의 노력을 반향하는 움직임)이다(같은 책 222-23면). 아렌트의 논문 "Civil Disobedience," in *Crises of the Republic* (New York: Harcourt Brace Jovanovich 1972), 49-102면에서 그녀가 그려 보이는 또끄빌의 "자발적 연합"을 생각해봐도 된다. 그 텍스트에서 "집회"와 연관해 유일하게 언급된 것이 민족의 집회로 이해된 "헌법 제정 집회"라는 점은 시시하

는 바가 많다. 집회의 자유에서 "헌법 제정의 권력"을 발견하고 있는 학자가 바로 제이슨 프랭크인데, 그가 보기에 아렌트의 논의는 프랑스 혁명을 분석하느냐 미국 독립운동을 분석하느냐에 따라서 다른 가치를 가진다 (Jason Frank, *Constituent Moments: Enacting the People in Postrevolutionary America*, Durham, NC: Duke University Press 2010, 62-66면). 또한 다음을 참고하라. Seyla Benhabib, *The Reluctant Modernism of Hannah Arendt* (Oxford: Rowman and Littlefield 2000), 123-29면.

4 John D. Inazu, *Liberty's Refuge, The Forgotten Freedom of Assembly* (New Haven, CT: Yale University Press 2012). 집회의 자유는 결사의 자유, 그리고 표현적 결사의 권리와는 분리되어야만 한다고 이나주는 적고 있다. "한 집단의 형성, 구성, 그리고 존재와 그 표현 사이의 관계를 이해하지 못할 때 뭔가 중요한 것이 사라진다. 많은 집단의 표현은 그들에게 의미를 수여하는 체험된 관행들에 맞설 때에만 이해 가능해진다"(2면).

5 J. Kēhaulani Kauanui, *Hawaiian Blood: Colonialism and the Politics of Sovereignty and Indigeneity* (Durham, NC: Duke University Press 2008)를 참고하라.

6 Frank, *Constituent Moments*.

7 Ernesto Laclau, *On Populist Reason* (London: Verso 2005), 65-128면.

8 들뢰즈의 배치(assemblage) 개념과 이런 언급이 갖는 관련성은 Naomi Greyser, "Academic and Activist Assemblages: An Interview with Jasbir Puar," in *American Quarterly* 64, no. 4 (December 2012), 841-43면에서 확인할 수 있다.

9 이런 관점에서 "스탠딩맨"(the standing man)으로 알려진 터키의 예술가 에르뎀 귄뒤즈(Erdem Gunduz)를 고려해보라. 그는 광장에 홀로 서서 집회에 대한 금지에 맞섰으며 결국 다른 사람들 역시 홀로 서서 시위하는 것

에 가세했는데, 이로써 침묵을 지키며 서 있는 단수의 개인들이 금지에 복종함과 동시에 그 금지에 도전하면서 만들어내는 진정한 집회가 도래하게 되었다. https://www.youtube.com/watch?v=SldbnzQ3nfM; Emma Sinclair-Webb, "The Turkish Protests — Still Standing," Human Rights Watch, June 21, 2013, http://www.hrw.org/news/2013/06/21/turkish-protests-still-standing.

10 Banu Bargu, "Spectacles of Death: Dignity, Dissent, and Sacrifice in Turkey's Prisons," in *Policing and Prisons in the Middle East: Formations of Coercion*, eds. Laleh Khalili and Jillian Schwedler (New York: Columbia University Press 2010), 241-61면; Banu Bargu, "Fasting unto Death: Necropolitical Resistance in Turkey's Prisons" (미출간본).

11 Angela Davis, *Are Prisons Obsolete?* (New York: Seven Stories Press 2003); Angela Davis, *Abolition Democracy: Beyond Empire, Prisons, and Torture* (New York: Seven Stories Press 2005).

12 Frank, *Constituent Moments*, 33면.

13 Agnes Heller, *The Theory of Need in Marx* (London: Allison and Busby 1974).

14 사유화에 대한 웬디 브라운의 다음 연속되는 비판을 보라. "Sacrificial Citizenship: Neoliberal Austerity Politics," http://globalization.gc.cuny.edu/events/sacrificial-citizenship-neoliberal-austerity-politics; "The End of Educated Democracy," in *The Humanities and the Crisis of the Public University*, ed. Colleen Lie, Christopher Newfield, and James Vernon, special issue, *Representations* 116, no. 1 (Fall 2011), 19-41면; "Neoliberalized Knowledge," *History of the Present* 1, no. 1 (May 2011); *Undoing the Demos: Neoliberalism's Stealth Revolution* (New York: Zone

Books 2015).

15 마하트마 간디의 *Selected Political Writings* (Indianapolis, IN: Hackett 1996)를 보라. 간디는 수동적 저항과 비폭력적인 시민 불복종을 구분했다. 그가 보기에 수동적 저항은 원칙의 지배를 받지 않는 전술인 데 비해 비폭력은 원칙의 지배를 받고 모든 상황에서 일관되게 관철되는 행위의 형태다. 그는 수동적 저항을 약자의 권력과 연결했고, 반면 그가 보기에 비폭력 시민 불복종은 "강렬한 활동"이자 "힘"이다(50-52면).

16 M. K. Gandhi, *Non-violent Resistance (Satyagraha)* (Mineola, NY: Dover Publications 2001), 2면.

6장 그릇된 삶에서 올바른 삶을 영위할 수 있을까?

1 Theodor W. Adorno, *Minima Moralia: Reflections from Damaged Life*, trans. E. F. N. Jephcott (London: New Left Books 1974), 39면.

2 Theodor W. Adorno, *Probleme der Moralphilosophie* (Frankfurt: Suhrkamp 1996), 34-35면; Adorno, *Problems of Moral Philosophy*(이하 *PMP*), trans. Rodney Livingstone (Palo Alto, CA: Stanford University Press 2002), 19면.

3 같은 책 205면; *PMP* 138면.

4 같은 책 262면; *PMP* 176면.

5 같은 책 250면; *PMP* 169면.

6 Orlando Patterson, *Slavery and Social Death: A Comparative Study* (Cambridge, MA: Harvard University Press 1985).

7 아렌트는 주간지 『아우프바우』(*Aufbau*, 1941)에 실린 「유대인 군대: 유대 정치의 시작?」에서 이렇게 말한다. "삶에 대한 유대인의 의지는 유명하면서도 동시에 악명이 높다. 그것은 유럽 인민의 역사에서 비교적 긴 기간을 망라하기에 유명한 것이다. 아울러 지난 200년 동안 전적으로 부정적

인 것 ─ 즉, 어떤 댓가를 치르더라도 생존하겠다는 의지 ─ 으로 퇴보하는 조짐을 보여왔기에 악명이 높은 것이다." *Jewish Writings*, eds. Jerome Kohn and Ron H. Feldman (New York: Schocken 2007), 137면. 나치 강제수용소의 공포가 여전히 계속 폭로되고 있었고, 시오니즘의 정치적 결과를 놓고 아직도 활발한 논쟁이 일고 있던 1946년에 아렌트는 「유대인 국가: 50년 후, 헤르츨의 정치는 어디로 이끌어왔는가?」에서 그 부분을 다시 언급한다. 거기서 그녀는 이렇게 적었다. "생존자들이 무엇보다도 지금 원하는 것은 존엄하게 죽을 권리다. 공격을 받게 된다면 무기를 손에 쥐고 싸우다가 죽는 것 말이다. 수세기 동안 유대 민족의 주요한 관심사였던 것, 즉 어떤 댓가를 치르고서라도 생존하려는 것은 어쩌면 영원히 사라졌다. 대신에 우리는 유대인들 사이에서 본질적으로 새로운 어떤 것, 즉 어떤 댓가를 치르더라도 지키려는 존엄에 대한 욕망을 발견한다." 그녀는 계속해서 이렇게 말한다. "이러한 새로운 발전이 본질적으로 건강한 유대인의 정치적 운동에서 위대한 자산이 될 수 있는 만큼이나, 그것은 현재 시오니즘적 태도의 프레임 내부에 어떤 위험한 것을 구성한다. 헤르츨의 독트린, 즉 반유대주의에 힘입어 지녀왔던 애초의 믿음과 확신은 이제 사라졌으며, 이 독트린은 이제 오직 자기파괴적 행동만을 독려하고 있다. 이로써 죽음에 익숙해진 민족의 자연스러운 영웅주의가 이런 목적으로 이용되고 있는 것이다"(386면).

8 Hannah Arendt, "The Answer of Socrates," in *The Life of the Mind*, vol. 1 (New York: Harcourt 1977), 168-78면.

9 Hannah Arendt, *Zwischen Vergangenheit und Zukunft: Übungen im politischen Denken 1*, ed. Ursula Ludz (München: Piper 1994), 44f면.

10 복잡한 관계성들에 대한 논의가 필요하다면, Donna Haraway, *Simians, Cyborgs, and Women: The Reinvention of Nature* (New York: Routledge

1991); *The Companion Species Manifesto: Dogs, People, and Significant Otherness* (Chicago: Prickly Paradigm Press 2003)를 참고하라.

11 Adorno, *Probleme der Moralphilosophie*, 248면; *PMP* 167면.

12 같은 책 249면; *PMP* 167-68면.

13 같은 책; *PMP* 168면.

감사의 말

우선 2010년 '메리 플렉스너 강연 시리즈'(Mary Flexner Lectures)에서 강연할 수 있도록 초청해준 브린 모어 대학교, 특히 강연 시리즈 준비 및 운영에 집중적으로 참여해준 교수·학생 여러분, 그리고 감사하게도 이와 같은 초청을 해준 전임 총장 제인 매콜리프와 나의 체류를 아주 편안하고도 생산적일 수 있도록 만들어주어 나를 감동시킨 직원 여러분에게 깊은 감사의 말씀을 전한다. 이 책의 전체 원고가 나올 때까지 인내심을 갖고 기다려준 하버드 대학교 출판부에도 감사한다. 그리고 이 강연록을 더 확장시켜 각 장으로 나누고 마침내 한권의 책이 만들어지는 시간 동안 '저명 학자 업적상'(Distinguished Academic Achievement Award)을 통해 지원을 아끼지 않은 앤드루 멜런 재단에도 감사한다. 이 책은 정치적 집회, 불안정성, 저항에 대한 여러 질문을 놓고 나와 비슷한 작업을 진행 중인 학자들 및 활동가들과의 대화와 공동 기획에서 나오게 됐다. 1장,

2장, 그리고 4장은 내가 브린 모어 대학교에서 한 강연이 그 출발점이 되었다. 이후 이 장들은 다른 새로운 자리들에서 다듬고 준비하면서 다른 형태들로 선보인 바 있다. 그리고 2013년 게지 공원 시위가 있고 몇달 뒤 터키 보아지치 대학교에서 진행한 강연에서 이 책 5장 「"우리 인민"──집회의 자유에 대한 사유들」을 너그럽게 비평해준 대담자들에게도 감사한다. 3장 「불안정한 삶과 공거의 윤리」 첫번째 버전을 다뤘던, 2011년 스톡홀름의 노벨 박물관에서 진행된 '왓슨 강연'(Watson Lecture)에 참석한 청중에게 여러 유익한 반응을 보내준 데 대해 감사한다. 그리고 내가 2장 「연대하는 신체들과 거리의 정치」 초기 버전을 발표했던 2010년 베네찌아 비엔날레 측에도 깊은 감사의 말씀을 전한다. 6장 「그릇된 삶에서 올바른 삶을 영위할 수 있을까?」는 2012년 9월 프랑크푸르트에서 내가 '아도르노상'(Adorno Prize)을 수상하며 발표했던 원고다.

초고가 나왔을 때 지적인 면에서나 글쓰기 면에서나 이루 말할 수 없을 만큼 귀한 도움을 주었던 사라 브라커와 알렉세이 뒤빌레에게 감사한다. 줄곧 이 책의 출간을 채근하고 종용했던 린지 워터스에게, 그리고 너무 많은 도움을 준 어맨다 피어리에게도 감사한다. 늘 그렇듯이 나는 가까이에 있는 이들, 거의 보지 못하고 있는 이들, 그리고 앞으로도 만나야 할 이들인 나의 대담자들에게 가장 행복한 빚을 졌다. 내 가장 가까이 있는 사람, 웬디 브라운에게 감사한다. 그녀는 헤아릴 수 없을 만큼의 관심과 적절한 기리 두기를 통해 이 작업을 후원하고, 또 내 논의에 대한 이의를 제기해주었다. 아울러 헤아릴 수 없을 만큼 소중한 생산적 논쟁과 탁월한 질문을 제기해준 다음의 독자 여러분에게도 감사한다. 미셸 페허, 레티시아 삽사이, 제이넵 감베티, 미셸 티, 에이미 후버, 알렉스 체이신, 그리고 익명의 독자들, 이 모두는 의심이 쌓이기 시작했을 때, 그리고 얼마나 뒤늦은 것이건 혹은 설익은 것이건 이러한 나의 사변들을 책의 형태로 퍼뜨려야 할 시간이 왔을 때 놀라울 정도로 좋은 동료가 되어주었다. 나타나는 법, 공개적으로 발언하는 법을 이미 배운 아이작 버틀러-브라운에게 이 책을 바친다.

출처

2장 「연대하는 신체들과 거리의 정치」는 *Sensible Politics: The Visual Culture of Nongovernmental Activism*, ed. Meg McLagan and Yates McKee (New York: Zone Books 2012), 117-38면에 처음 수록되었던 텍스트를 발전시킨 원고다.

3장 「불안정한 삶과 공거의 윤리」는 2011년 스톡홀름 노벨 박물관의 '왓슨 강연'에서 처음 발표되었고, *Journal of Speculative Philosophy* 26, no. 2 (2012), 134-51면에 '불안정한 삶, 취약성, 그리고 공거의 윤리'라는 조금 다른 이름과 형태로 수록되었다.

4장 「신체의 취약성, 연합의 정치」는 *Differences in Common: Gender, Vulnerability, Community*, ed. Joana Sabadell-Nieto and Marta Segarra (Amsterdam/New York: Rodopi Publishing 2014)에 '신체의 취약성, 연합, 그리고 거리 정치'라는 제목으로 처음 수록되었다.

6장 「그릇된 삶에서 올바른 삶을 영위할 수 있을까?」는 2012년 9월 프랑크푸르트에서 열린 '아도르노상' 수상 기념행사에서 처음 발표되었고, *Radical Philosophy* 176 (November/December 2012)에 처음 수록되었다.

2015년 하버드 대학교 출판부에서 출간된, 이 책의 원서 *Notes toward a Performative Theory of Assembly*는 주디스 버틀러(Judith Butler)가 2010년 브린 모어 대학교에서 진행한 시리즈 강연문 세개를 포함, 여러 장소에서 낭독한 글들을 수정·보완해 묶은 것이다. 근래 들어 동시대 정치적 상황에 대한 자신의 정치철학적 분석과 윤리적 반응성(responsiveness)을 기록하고 공적인 장소에서 발표하며 책으로 묶고 있는 버틀러의 문장은, 현장성을 담지한 논증과 성찰적 사유가 함께 짜인 텍스트의 특성을 그대로 드러낸다. 이 책은 저자가 책의 말미에 배치한 「감사의 말」에 적었듯이 "정치적 집회, 불안정성, 저항에 대한 여러 질문을 놓고 나(버틀러 자신)와 비슷한 작업을 진행 중인 학자들 및 활동가들과의 대화와 공동 기획"(324면)에 근거한다. 저자 본인만의 고독한 사유나 지성의 결과가 아니라 어쩌면 상호배타적일 수도 있는 학자들과 활동가들의 공동 작업의 산물이라는 것인데, 근대적 합리성이나 효율성이 그어놓은 분할선들을 지우려는 이러한 접속과 연결의 시도는 버틀러의 글쓰기에 있어 다름 아닌 수행성일지도 모르겠다. 이 책은 동시대의 시위들, 집회들이 우리로 하여금 정치, 민주주의, 인민, 행위성에 대해 새로운 사유를 하도록 이끌고 있음을 보여준다. 즉 기존 정치와 민주주의의 인식론적 틀을 구성했던 사유 방식으로는 포착하기 어려운 집단들, 장소들에 대해 깊은 사유를 하고 있는 것이다.

기존 인식론에서 배제되어왔던 타자들의 행위성을 조명하는 이와 같은 논지는 버틀러가 자신의 이전 저작들에서 이미 중요하게 다뤄왔던 관계성(relationality)과 상호의존성(interdependency)에 기인한다. 버틀러는 기본적으로 집회를 비롯한 신체적 행동, 그리고 이 세계에서 살아가는 것 자체가 나와 너 사이의 관계에 의해 일어난다고 주장한다. 버틀러는 나와 너를 아우르는 복수 인칭대명사인 '우리'가 단수인 '나'의 이 삶을 이미 "언제나 사회적 삶"으로 이끈다고 말한다. 나는 항상 우리 안에서 나이고 그러므로 너는 나의 일부이고 그러므로 나는 너와의 관계이고 우리는 서로에게 의존적이다. 이와 같은 우리의 관계성과 상호의존성은 자연스럽게 윤리의 문제로 이어진다. 버틀러는 우리가 선택하지 않았고 선택할 수도 없는 사람들과 어쩔 수 없이 이 지상에서 공거해야 하는 것이 우리의 숙명이라면, 그리고 타인, 인프라, 또 여러 사회적 지지대들에 대한 의존성 없이 독립적인 행위자로 출현할 수 있는 인간이란 존재하지 않는다면, 우리의 생명은 이미 타자들의 생명과 직결되어 있는 것이라고 말한다. 이러한 타자들의 생명과 다양성, 그리고 복수성을 보존하는 것은 이 지상에서 살아가는 우리가 가진 윤리적 책무인 것이다. 조금 비유를 하자면 버틀러는 "네 이웃을 사랑하라"는 그 평범하고 절대적인 명령을, 멀리서 초연한 자의 말씀이 아닌 가까이에서 느끼고 책임지려는 유한한 신체적 글쓰기를 통해 전달하고 있는 것이다.

버틀러는 과연 누가 불안정성에 더 취약한 인구인 것인지, 누가 인정 폭력의 사슬에서 고통받고 있는지, 그리고 과연 누가 경찰 폭력의 대상이 되며, 누구의 정당한 주장들이 거부되고 있는지 묻고 있다. 이 책에서 버틀러가 인종차별, 미등록 이주민에 대한 차별, 젠더 소수자, 성소수자 및 이슬람교도에 대한 혐오에 많은 지면을 할애하여 논의하고 있는 까닭은 분명 이와 같은 타자의 생명을 보존하고 그들과 함께 살아가야 한다는 책무가 오롯이 실천되고 있지 않기 때문일 것이다. 최근 백인 경찰이 조지 플로이드(George Floyd)를 살해한 사건으로 촉발된 "흑인의 생명도 중요하다" 운동은 과연 우리가 이러한 윤리적 책무를 제대로 이행해왔는지, 우리 사회가 특정 집단에 대한 구조적인 폭력을 효과적으로 제어해왔는지에 대해 의문을 갖게 한다.

물론 이는 비단 미국만의 문제가 아니다. 이 책에서 다루고 있는 실례들은 한국을 비롯한 아시아의 현안과는 직접적으로 관계가 없어 보이지만, 책의 여러 부분에서 두 옮긴이는 한국의 상황이 교차되는 듯한 기시감을 느꼈다. 인종차별을 비롯한 소수자 차별 및 혐오 문제는 우리나라에서 거의 미국을 비롯한 서구 사회의 문제인 양 치부되고 있으나 우리나라의 인종차별, 동남아시아를 비롯한 특정 국가 출신 외국인에 대한 혐오, 젠더 소수자 및 성소수자에 대한 혐오 또한 심각한 수준이다. 오늘날 이주노동자들에 대한 유무형적 폭력과 중국 동포들에 대한 혐오 발언은 우리 사회 곳곳과 온라인상에서 별다른 제재 없이 이루어지고 있다. 일부 기독교 단체나 극우 단체의 선동과 이들의 선동에 침묵하는 대다수의 사람들 때문에 포괄적 차별금지법 하나 통과되지 못하고 있는 나라가 바로 한국이기 때문이다.

국가가 소수자에 대한 차별과 폭력을 예방하지 못하는, 아니 예방하지 않는 것에 대해 버틀러는 "그 자체로 범죄적인 태만"(83면)이라며 매우 단호한 어조로 비판하고 있다. 페미니스트인 버틀러는 또한 "여성"의 이름으로 가해지는 인정 폭력에 대해서도 신랄하게 비판하고 있다. 예를 들어 얼마 전 미디어를 뜨겁게 달궜던 모 여대의 트랜스젠더 학생 입학 관련 논쟁이나 최근 이른바 터프(TERF, 트랜스젠더를 배제하는 급진적 페미니스트trans-exclusionary radical feminist)의 트랜스젠더에 대한 혐오 발언과 배제에 대한 이 책의 논지는 매우 단호하다. 버틀러는 트랜스젠더를 배제하고 자신들만을 잠정적으로 "여성들"이라 부르는 집단이 잠정적으로 "남성들"이라 불리는 집단보다 더 취약한 것은 아니라고 말한다. 오히려 여기서 도드라지는 취약성이란 "젠더를 따르지 않는 사람들, 그리고 그런 토대 위에서는 차별, 괴롭힘, 폭력에의 노출이 강화될 게 분명한 사람들"(206면)이 가진 취약성인 것이며, 이와 같은 취약성을 가진 트랜스젠더를 여성이 아니라고 배제하는 '페미니스트'들은 자신들이 주장하는 '여성'을 "차별, 인종주의, 그리고 배제의 기제"로서 오용하고 있는 것이라 할 수 있다.

동시대 지배적 이데올로기 혹은 전지구적 패러다임은 민족/국가주의 공동체, 신자유주의식의 책무, 정체성 정치, 자아주의와 같은 것들이다. 경제적 자립과 자기 자신을 책임지는 것을 최고의 가치로 간주하는 신자유주의의 패러다임에 동의했건 동의하지 않았건 이를 따라야 하는 우리의 현실적 조건은, 그러나 젠더, 인종, 계급, 세대, 각자가 놓인 여타의 위치 및 상황에 따라 다르게 배치된다. 그리고 더 불안정하고 더 취약한 집단에 속한 이들은 그런 집단적이고 구조적인 문제를 신자유주의가 원하는 대로 자신의 개인적 무능이나 무책임으로 돌리고 있을지도 모른다. 딛고 올라가서 뒤처진 자들을 혐오하거나, 혹은 뒤처진 자신을 혐오하도록 이 구조가 강요하고 있는 것이다. 푸꼬의 생명정치, 즉 버틀러가 정의하는바 "삶을 조직하는 권력, 심지어 통치 수단과 비통치적인 수단을 통해 보다 폭넓게 인구를 관리하는 것의 일환으로서 삶의 불안정성을 차별화해 배치하고 삶 자체를 차별적으로 가치 매기기 위해 일련의 척도를 설정하는 권력"(279면)에 대한 저항은 그렇기에 자신의 문제를 전체 사회의 구조의 문제로 확장하는, 혹은 '일인칭의 사회성'을 자각하는 문제와 다름없다. 버틀러는 그런 저항을 2010년대 전세계에서 일어나고 있던 가시적이고 비가시적인 집회, 시위에서 읽어내려고 한다.

이 책에서 인용되는 시위는 극히 예외적으로 폭력적인 방법을 사용해 자신들의 요구 사항을 관철시킨 경우도 있지만, 대부분은 단지 거리에 나타나고 함께 신체로서 모여 있고 그 모여 있음을 수행하는 것 외에는 어떤 목적도 실현하지 못했던 무력한 자들의 출현이었다.

인민으로는 보이지 않는 이들, 단지 폭도나 대중이나 군중으로 재현되고 전유되었을 이들을 "인민"으로 부르려는 버틀러의 저항적 글쓰기는 다음과 같은 집회에 대한 직접적인 반응이다. 즉 '이집트 타흐리르 광장의 혁명적 시위' '점령하라 운동들' '범죄자로서의 자신들의 지위에 항의하면서 거리에 출현할 수 있는 권리를 주장한 프랑스의 히잡을 쓴 유색인 여성들' '스페인의 로스 인디그나도스 시위' '흑인의 생명도 중요하다 운동' '칠레와 몬트리올, 유럽 전역에 걸친 학생들 중심의 공교육 운동들' '공적 공간의 매각에 반대한 터키 게지 공원의 집회' '스페인 마드리드 뿌에르따 델 쏠 광장의 시위' '아르헨띠나의 건물을 점거하고 그에 대한 권리를 주장한 무단 거주자들' '브라질의 슬럼가 파벨라 운동' 등등은 구체적인 시간과 장소를 특정할 수 있는 집회이자 시위다. 그리고 '트랜스젠더 성노동자들' '미등록 이주노동자들' '주거지, 식량, 피난처를 요구하는 난민들의 집단 봉기' '감옥에서 집회의 자유를 실행한 수감자들' '가상의 네트워크나 디지털 네트워크를 통한 운동'은 장소와 시간을 가리지 않고 여기저기서 계속 출현하는 시위의 양상을 가리킨다. 버틀러는 또한 '교전 지역이나 점령 치하에서 살아가는 사람들' '안전에 대한 보장이나 도망갈 출구도 없이 폭력과 파괴 속에서 살아가는 사람들' '강제 연행을 당한 채 체류 허가증 없이 경계에서 살아가는 사람들' '안정적인 생계의 가능성에서 멀어진 채 비정규직을 전전하는 사람들' '살아 있음에 대한 확신이 없고 심지어 살아 있다는 느낌이 두려운 사람들'처럼 시리아나 팔레스타인과 같이 여기에는 거의 들리지 않는 곳에 있는 사람들의 목소리와 침묵, 그리고 정지의 상태까지도 아우르고 있다.

버틀러의 문장이 체현하고 있는 이들 "우리 인민"은 그렇기에 어떤 식으로건 유사성이나 동질성으로 묶이지 못한다. 그들은 '국가나 계급을 중심으로 구성된 인민'이란 개념을 훼손하는 이들이고, 불평등한 구조 안에서 가장 불안정하고 취약한 사람들이고, 계산 가능한 인구에서 배제된 난민이나 미등록 이주노동자, 빈민이나 트랜스젠더 성노동자이고, "우리"라고 부르기 어려운 '혐오스런' 타자들이다. 그러므로 "경계 안으로 모인, 동일한 언어로 통일된, 그리고 어떤 인민 혹은 민족을 구성하는 확립된 공동체라는 맥락에서만 나타난다"(153면)고 볼 수 있는 윤리적 책무로는 이들을 사유할 수 없고 이 글을 읽어낼 수 없을 것이다. 따라서 동시대 정치철학적·윤리적 실천으로서의 글쓰기는 인민, 민주주의, 책무와 같은 근대적 이념을 견지하되 그것을 다른 식으로, 다른 관점에서 구성해야 한다. 버틀러가 이를 위해 꺼내 든 언어인 취약성이나 불안정성은 인정의 체제에서 밀려나고 배제된 잊혀진 이들의 실존을 가리키는 '부정적인' 언어일 것이다. 그러나 버틀러는 그런 언어를 수행성, 신체로서의 인간과 같은 행위성의 새로운 출처와 연결함으로써 그들과는 다른 방식으로 그 언어에 대한 '패러디적 반복'에 도달하려고 한다.

주지하다시피 삶이 불안정하고 취약하다는 것은 신자유주의적 맥락에서는 수치와 고통의 근원이다. 그것은 경쟁에서 밀린 자들, 규범에서 배제된 자들, 공적 공간에 출현할 권리도 아직 얻지 못한 이들의 상황을 글자 그대로 드러낸다. 무엇보다 불안정성은 "어떤 인구가 제대로 작동하지 않는 사회적·경제적 지원체계 탓에 남들보다 더 많이 고통받으며 상해, 폭력, 그리고 죽음에 더 많이 노출되는, 정치적인 문제로 초래된 어떤 상태"(51면)를 의미한다. 불안정성은 불안정 상태의 차별적 할당이고 그렇기에 생명정치에 의한 인구의 불평등한 배치인 것이다. "헤게모니적 담론 안에서 '주체'로서 출현하지 않고, 출현할 수도 없는 이들"(57면)인 취약한 이들이 무리 ─ 맥락에 따라 폭도, 군중, 인민 가운데 어느 하나로 불릴 수 있을 ─ 를 이루어 거리로 출현하는 일은 국가의 검열이나 자기검열을 거치지 않는 미디어의 도움이 없다면 충분히 재현되지도, 제대로 재현되지도 못한다. 그러나 "권리를 가질 권리"를 요청하는 이들의 출현은 계속 있을 것이고, 실제로 지금의 그 많은 소요들, 폭동들, 집회들이 그렇게 하고 있다. 단 버틀러가 볼 때, 자신들의 불안정한 삶에 대한 분노를 집단으로서 가시화하려는 이들, 버틀러가 "우리 인민"이라 부르는 이들의 시위의 '목적'은 자신들의 상호의존성이나 취약성을 극복하려는 데 있지 않다. 즉 그들을 이기고, 인정받고, 권리를 획득하려는 자들로 읽어서는 안 된다. 그렇게 읽는다면 그들은 성공하거나 실패한 것이고, 결국 신자유주의적 프레임은 재강화될 것이다.

버틀러는 이들을 멀리서 구경하거나 판단하려 하지 않고 그들의 현장, 그들이 자신의 신체를 상연하는 바로 그 순간의 "행위성"을 읽으려고 한다. 버틀러는 기존 헤게모니적 프레임이 일시적으로 붕괴되거나 해제되는 순간을, 그럼으로써 출현하는 수행적 전복을 글로 쓰려고 한다. 따라서 버틀러가 보기에 불안정한 삶이 함축하고 있는바 상호의존성과 취약성이 "살 만한"(livable) 것이 될 수 있는 조건을 만들기 위한 젠더·인종·계급·세대적 소수자들의 시위에서 우리는 신체로서의 삶, 상호의존성, 그리고 함께 있음의 공적 출현을 읽어내야만 한다. 그들은 단지 거리에서 함께 모여 있거나 함께 침묵을 지키고 있거나, 자신이 지금 있는 그 자리를 떠나지 않는 방식으로 거리에 나타났다——2020년 버틀러의 신간 제목은 '비폭력의 힘'(*The Force of Non-Violence*)이다. 2010년 이후의 시위에서 자주 드러나는 이런 시위 형태를 보면서 버틀러는 '불안정성이 연대의 현장으로 작동할 수 있음'을 새롭게 배운다. 실로 이러한 집회, 혹은 연대는 언제나 비폭력의 원칙을 따라야만 성공할 수 있다고 버틀러는 말하고 있다. 그녀는 비폭력이란 "대립이 일어나는 어떤 공간에서 자기 스스로 그리고 다른 이들과 함께 견디고 절제하며 처신하는 방식"(270면)이자 "살아 있는 존재의 불안정한 특성을 헤아리는 일상적 실천"(270면)이라고 정의하고 있다. 고로 비폭력이 일종의 실천이자 행동이라는 버틀러의 주장을 비폭력의 수행성에 대한 논의로 이해해도 될 것이다.

실로 버틀러는 이 책에서 자신의 담론 전체를 대표하는 개념이 된 수행성 개념에 다시 한번 천착한다. "새로운 상황을 초래하거나 일련의 효과들을 이끌어내는 데 언어가 가진 힘을 명명하는 한가지 방식"(44면)으로서의 수행성을 통해 버틀러는 강제적 규범을 반복하면서도 그 규범이 강요하는 방식으로 행동하지 '않을' 수 있는 가능성을 이야기했다. 그렇기 때문에 버틀러에게 수행성은 "체제들이 가진 절대적 목적들을 와해할 수 있는 문화적 가능성"(50면)을 뜻하는데, 그녀는 규범의 강제적 반복으로서의 정체성이 담론적이고 언어적인 수행성으로 전치될 수 있는 가능성이 항상 존재한다는 것을 바로 이들 거리에 모인 복수의 신체들에서도 발견하고 있다. 때문에 취약성, 상호의존성, 불안정성은 단지 부끄러워하고 극복해야 하고 거부해야 하는 부정적인 상황, 혹은 위치가 아니다. 취약성을 보이거나 혹은 불안정성에 노출되는 것은 "우리의 잠재적 평등과 살 만한 삶의 조건을 함께 만들어야 한다는 우리 서로 간 의무의 한 토대"(307면)라는 것이 버틀러의 제안이고 명령이다. 따라서 불안정성은 여성들, 이주노동자들, 종교적 소수자들, 빈민들, 퀴어들, 장애인들, 인종적 소수자들을 한데 엮어내는 이름이라 할 수 있으며 이들의 연대를 가능케 하는 토대인 것이다.

아울러 버틀러는 이처럼 불안정성의 이름으로 이루어지는 타자들의 연대 안에서 퀴어의 윤리를 발견하고 있기도 하다. 그녀는 "퀴어라는 용어가 정체성을 의미하는 것이 아니라 연대를 의미"(105면)하는 것임을 다시 한번 우리에게 상기시키고 있다. 비록 우리나라의 경우 퀴어가 게이, 레즈비언을 비롯한 성소수자들을 일컫는 말로서 매우 제한적인 의미로 통용되고 있기는 하지만, 버틀러가 지적하다시피 퀴어라는 용어가 문화정치적인 용어이자 구호로서 전용되었던 1980년대 미국에서 이 말은 분명 연대의 약속이자 연대의 희망을 선언하는 용어였다. 본인 스스로가 레즈비언이자 페미니스트, 퀴어인 버틀러는 이스라엘의 핑크워싱처럼 동성애에 대한 개방적이고도 포용적인 정책 뒤에 팔레스타인인들에 대한 무자비한 학살이 있음을 지적하면서, 정체성 정치와 인정 투쟁에 함몰된 채 우리 집단에 권리를 부여하는 것이 다른 집단에 대한 차별에 눈감는 데 쓰이는 것에 반대해야 한다고 말한다. "나"의 권리, 혹은 "우리"의 권리나 "우리"의 정체성에 대한 맹목적인 인정을 넘어서서 고통받는 이들의 연대를 통해 사회구조의 문제점을 드러내고 그것에 함께 저항하는 것이야말로 바로 퀴어라는 개념, 혹은 '선언'이 보여줄 수 있는 윤리적 지평인 것이다.

거리에 모인 신체들, 집단적이고 한결같이 통일된 구호를 외치며 한 방향을 바라보는 주체가 아닌, 그저 (비폭력적으로) 모여 있고 침묵을 지키거나 어떤 무력한 자들의 몸짓을 상연하는, 즉 심지어 '언어적 발화로 번역될 수 없는' 시위를 벌이고 있는 이들의 복수의 신체가 버틀러에게는 수행적 신체(의 정치)다. "단일한 하나의 행동에 순응하거나 단일한 요구로 환원되지 않는 방식으로, 수렴하면서 또한 분기하는 자신들의 목적들을 실행해내는 신체들의 복수성"(229면)을 인정하고 받아들이자는 것이 이 책의 주된 주장인 것이다. 그런 점에서 공적 공간에 모여 있는 이들이 "우리 인민"이라고 언표할 때 늘 비가시적으로 전제되어 있을 뿐 사유의 대상은 아니었던 신체를 새로운 행위성으로 전유하는 버틀러의 방식은 우리 두 옮긴이에게는 새로운 부분이다. 아렌트가 제시하고 있는 공적인 것과 사적인 것의 구분을 인용하며 그것의 역사적 한계와 문제점을 지적하면서도 아렌트를 폐절하지 않고 책임지려는 버틀러에게서 우리는 또 무언가를 배운다. 싸우고 이기고 폐절시키는 관행, 즉 서구·백인·이성애자·남성 중심의 지성사가 보여왔던 오랜 관행을 따르는 것이 아니라, 대신에 역사적 한계를 드러내면서도 함께 이끌고 가야 한다는 것을 말이다.

아도르노상 수상 기념 강연문이기도 한 6장에서 버틀러는 아도르노가 제기한 "그릇된 삶에서 올바른 삶을 영위할 수 있을까?"라는 질문을 탐구하며 마침내 "올바른 삶을 추구하려면 그릇된 삶에 대한 저항이 있어야 한다"는 아도르노의 결론을 소개한다. 그러나 버틀러는 아도르노의 주장을 그대로 인정하는 것이 아니라 그 주장을 넘어 앞서의 장들에서 논의했던 집회, 실천, 상호의존성, 관계성에 대한 사유로 나아간다. 버틀러는 "살 만한 삶이라는 관점에서 올바른 삶을 영위한다는 것이 무슨 의미인지를 그 자체로서 표현할 수 있는 운동들 안에 급진 민주주의의 수행적 실행이 존재한다"(306면)고 말하고 있다. 그리고 여기서 올바른 삶이란 다름 아닌 "다른 이들과 함께 살아낸 삶, 그들이 없다면 어떤 삶도 아닌 삶"(307면)인 것이다. 결국 아렌트, 레비나스를 경유하여 마지막으로 아도르노를 통해 버틀러가 질문하고 있는 바는 개인의 행위와 가치를 묻는 윤리가 왜 정치적 실천을 전제로 하는가다. 따라서 우리는 이 책에서 상호배타적인 정치철학과 윤리학이 왜 서로에게 의존하고 있는지를 계속 설득하고 있는 버틀러의 지치지 않는 성찰성을 엿볼 수 있는 것이다.

*

이 책의 앞부분인 「들어가며」와 1·2·3장은 김응산이, 뒷부분인 4·5·6장과 「감사의 말」은 양효실이 각각 번역했다. 각자의 번역을 마친 이후 두 옮긴이는 서로의 번역을 교환하고 숙독하면서 용어 통일과 수정의 과정을 거쳤다. 공역이라는 작업 방식에는 분명 그 한계가 있지만, 달리 보면 번역 과정 중에 두 옮긴이의 언어와 생각, 그리고 문체가 끊임없이 충돌하고 교섭하며 절충된다는 점에서 공역이 가진 장점 또한 분명히 존재한다. 이미 각기『불확실한 삶: 애도와 폭력의 권력들』『윤리적 폭력 비판: 자기 자신을 설명하기』『주디스 버틀러, 지상에서 함께 산다는 것』과『박탈: 정치적인 것에 있어서의 수행성에 관한 대화』를 번역했던 두 옮긴이에게 이 책의 번역 작업은 실로 즐거운 여정이었다. 최초 번역의 경우 각각 다른 공간에서 작업을 했지만 이후 각 장의 수정과 검토, 그리고「옮긴이 해제」에 이르기까지 두 옮긴이는 온라인을 통해 함께 작업하고 함께 의견을 공유했다. 따라서 한국과 미국이라는 각기 다른 공간에서 학생들을 가르치며 연구하고 있는 두 옮긴이에게 이 책의 번역은 버틀러가 말하고 있는바 시공간을 가로질러 '먼 거리'를 '가까운 곳'으로 전환해내려는 시도를 조금이나마 체험하게 해준 값진 작업이었다. 이 책을 통해 버틀러는 앞의 네 저작들에서 보여주었던 국가 폭력 및 공거의 윤리를 비롯한 정치윤리학적 논의들, 인정이라는 양날의 칼을 거부하고 오히려 취약성과 관계성의 중요성을 역설하는 퀴어 윤리적 사유, 그리고 주체 및 젠더 구성에 대한 페미니즘적 관점들에 대해 한결 더 깊은 논의들을 펼쳐내고 있다. 이 책의 번역 과정에서 두 옮긴이는 앞서 출간된 역서들에서 사용한 용어 및 표현을 수정하고 보완했으며, 개념어 번역상의 문제점을 바로잡았다.

책에서 가장 많이 나오는 단어 가운데 하나인 appearance는 대부분 "출현"으로 옮겼으며, 문맥에 따라 "나타남"으로 옮기기도 했다. 아울러 이 단어가 우리가 보여주고 있는 젠더 표현의 경우처럼 외적 모습을 의미할 경우엔 "외양"이라고 옮겼다. 다음으로 책에서 끊임없이 등장하는 용어인 precarity는 "불안정성"으로, precariousness와 precaritization은 각 단어 어미의 의미를 살려 "불안정 상태"와 "불안정성의 일상화"로 옮겼다. precarity는 거의 대부분의 경우 신자유주의적 세계질서에 따른 고용 불안, 노동 유연성 등으로 경제적 기반과 생존할 가능성을 박탈당한 상태를 의미하는 전문 용어로 사용되고 있다. 이 용어의 번역어로 "위태로움" 등의 번역어를 사용하는 경우를 일부 보았는데, 이는 이 용어가 가진 다분히 정치경제적인 극한의 상황을 오롯이 표현해낼 수 없거니와 정치경제적 전문 용어로서의 의미도 퇴색시킨다는 것이 옮긴이들의 생각이다. 두 옮긴이가 그 번역어 선택에서 마지막까지 고심했던 용어는 아도르노의 용어 richtiges Leben과 falsches Leben에 대한 버틀러의 번역어인 good life와 bad life였다. 본문의 각주에서 간략하게 밝혔듯이, 버틀러가 가치판단의 의미가 확실한 richtig와 falsch라는 독일어 형용사를 보다 넓은 의미를 가진 일상용어인 good과 bad로 옮긴 것은 분명 의도적이다. 그러나 아도르노의 원문에서 의도한 의미대로 번역하는 것이 독자들에게 더 명확할 것이란 생각에 각각 "올바른 삶"과 "그릇된 삶"으로 옮겼다. 이에 대한 옮긴이들의 설명은 6장의 각주를 참고하기 바란다.

마지막으로 예정보다 많이 늦어진 번역 과정에 인내심을 갖고 기다려준 창비에 깊은 감사의 말씀을 전한다. 특히 세심하고도 책임감 있는 편집과 번역에 대한 응원으로 옮긴이들의 부족한 부분을 한껏 채워준 이하림 팀장에게 감사한다. 꼼꼼한 교정 및 교열로 옮긴이들의 언어를 한 차원 높게 다듬어준 김유경과 번역 과정에서 옮긴이들을 끊임없이 독려해준 허원에게도 고마운 마음을 전한다. 번역이란 저자의 언어를 독자에게 전달해주는 것일 뿐만 아니라, 버틀러의 표현을 빌리자면 저자가, 그리고 나아가 옮긴이가 '선택하지 않았던' 또 '결코 선택할 수 없는' 미래의 독자들에 대한 말걸기다. 두 옮긴이에게 있어 우리의 참된 스승은 언제나 바로 우리가 가르치고 부대끼며 영향을 주고받아 왔던 학생들, 그리고 가까이에서 혹은 먼 곳에서 우리의 글을 읽으며 '말을 걸어준' 독자들이었다. 이 책을 읽고 감응하며, 아니 버틀러의 표현을 빌리자면 '반응하고' '영향받을' 우리의 학생들을 비롯한 다른 여러 독자들을 생각하면서 두 옮긴이는 길고도 고된 번역 작업을 끝마칠 수 있었다. 조만간 이 책을 접할 독자들이 다시 우리의 스승이 되어 함께 사유하고, 논쟁하며, 대화할 수 있기를 바란다.

2020년 7월
두 옮긴이 함께 씀

찾아보기

연대하는 신체들과 거리의 정치
집회의 수행성 이론을 위한 노트

초판 1쇄 발행 / 2020년 7월 24일
초판 3쇄 발행 / 2024년 7월 11일

지은이 / 주디스 버틀러
옮긴이 / 김응산 양효실
펴낸이 / 염종선
책임편집 / 이하림 김유경
조판 / 박지현
펴낸곳 / (주)창비
등록 / 1986년 8월 5일 제85호
주소 / 10881 경기도 파주시 회동길 184
전화 / 031-955-3333
팩시밀리 / 영업 031-955-3399 편집 031-955-3400
홈페이지 / www.changbi.com
전자우편 / human@changbi.com

한국어판 ⓒ (주)창비 2020
ISBN 978-89-364-8671-6 93100